普通高等教育汽车类专业规划教材

Qiche Jianding yu Pinggu
汽车鉴定与评估

马晓春　主　编
尹继辉　副主编

人民交通出版社股份有限公司
China Communications Press Co.,Ltd.

内 容 提 要

本书将汽车评估分为新汽车评估和旧汽车评估两大部分；围绕汽车评估涉及的理论分别讲解评估原理、评估方法以及评估标准等内容。全书共分十章，第一、二章分别介绍汽车鉴定评估概述、汽车使用寿命等基本理论；第三～六章主要介绍旧汽车评估，分别是旧汽车的合法鉴定、旧汽车技术状况鉴定、旧汽车的估价方法、旧汽车评估报告等相关的理论与实务；第七、八章以新汽车评估为主要内容，分别介绍新汽车的技术鉴定、新汽车的定价的理论与实务；第九、十章介绍了事故车辆损失评估以及旧汽车收购估价和销售评估。

本书可作为交通运输、汽车服务工程、汽车运用工程、汽车营销等相关专业的教材，也可作为汽车类其他相关专业的参考用书和从事汽车评估、维修、营销工作相关工作人员的学习、培训参考用书。

图书在版编目(CIP)数据

汽车鉴定与评估/马晓春主编. —北京：人民交通出版社股份有限公司，2017.6

ISBN 978-7-114-13787-7

Ⅰ.①汽… Ⅱ.①马… Ⅲ.①汽车—鉴定—基本知识②汽车—价格评估—基本知识 Ⅳ.①U472.9②F766

中国版本图书馆 CIP 数据核字(2017)第 088325 号

书　　名：汽车鉴定与评估
著 作 者：马晓春
责任编辑：夏 韡 李 良
出版发行：人民交通出版社股份有限公司
地　　址：(100011)北京市朝阳区安定门外外馆斜街 3 号
网　　址：http://www.ccpress.com.cn
销售电话：(010)59757973
总 经 销：人民交通出版社股份有限公司发行部
经　　销：各地新华书店
印　　刷：北京市密东印刷有限公司
开　　本：787×1092 1/16
印　　张：13.5
字　　数：308 千
版　　次：2017 年 6 月 第 1 版
印　　次：2017 年 6 月 第 1 次印刷
书　　号：ISBN 978-7-114-13787-7
定　　价：30.00 元

前言 PREFACE

改革开放以来，我国的汽车业如雨后春笋般地蓬勃发展，截至2015年年底，我国汽车年产销量已超过2450万辆，连续七年蝉联全球第一，创全球历史新高。新车的生产与销售，加快了汽车产品的更新换代，随之旧汽车交易量的增长速度也会加快，因而需要规范汽车市场行业规则，解决遇到的问题，从而使汽车市场竞争有序，公平合理。

新汽车评估不仅注重汽车厂本身的利润和发展，还要适应汽车市场的变化，新车的定价就要顾及供应链上的每一个节点的利益与社会效益，方方面面、纷繁复杂，因此，新车评估时所选择的策略、方法要恰当准确、有的放矢。

旧车评估主要是遵守行业规则，依据国家规定的法规进行鉴定估价。用传统的评估方法结合现代理念的方式开展旧汽车评估，培训评估人员，采用专业人才考核上岗的机制，则旧车交易市场会规范公开，保障了社会秩序和经济效益。

本教材知识体系完整，涵盖汽车评估的各个方面，内容编排合理、深浅适中、条理清晰、文字规范，并且理论联系实际，便于学生学习。

本教材由东北林业大学马晓春任主编，尹继辉任副主编。

在本教材编写过程中，编者参阅了大量文献和相关资料，在此谨向其作者表示真挚的谢意。

由于时间仓促及编者水平有限，书中难免有错误和不当之处，恳请广大读者批评指正。

编　者

2016年12月

目录 CONTENTS

第一章　汽车鉴定评估概述

第一节　资 产 评 估

一、资产评估概念

资产评估是市场经济的产物，其业务涉及企业间的产权转让、资产重组、破产清算、资产抵押以及财产保险、财产纳税等经济行为。经过100多年的发展，资产评估已经成为现代市场经济中发挥基础性作用的专业服务行业之一。

1. 资产评估

资产评估经过100多年的发展，评估范围在不断扩展，现在资产评估不仅已成为一个独立的行业，而且资产评估已成为一个约定俗成的概念和专业术语。目前学术界和执业界对资产评估比较有共识的表述为：资产评估是专业机构和人员，按照国家法律、法规和资产评估准则，根据特定目的，遵循评估原则，依照相关程序，选择适当的价值类型，运用科学方法，对资产价值进行分析、估算并发表专业意见的行为和过程。

资产评估作为一种评价过程，要经历若干评估步骤和程序，同时也会涉及以下基本的评估要素：

(1)评估主体，即从事资产评估的机构和人员，他们是资产评估工作的主导者。我国对汽车评估机构和人员有严格的要求和限制。

(2)评估客体，即被评估的资产，它是资产评估的具体对象，又称评估对象。汽车评估客体不仅仅是车辆本身，有时还包括与车辆相关的无形资产，如评估长途客运车辆时，往往还包括线路营运权等。

(3)评估目的，即资产业务引发的经济行为对资产评估结果的要求或资产评估结果的具体用途。它直接或间接地决定和制约资产评估的条件，以及价值类型的选择。

(4)评估依据，即资产评估工作所遵循的法律、法规、经济行为文件、重大合同协议以及收费标准和其他参考依据。

(5)评估原则，即资产评估的行为规范，是调节评估当事人各方关系、处理评估业务的行为准则。

(6)评估程序，即资产评估工作从开始准备到最后结束的工作程序。

(7)评估价值类型，即对评估价值的规定，它对资产评估参数的选择具有约束性。

(8)评估方法，即资产评估所运用的特定技术，是分析和判断资产评估价值的手段和途径。

(9)资产评估假设，即资产评估得以进行的前提条件假设等。

(10)资产评估基准日,即资产评估价值对应的时点。

2. 资产

资产在资产评估中是最基本、最重要,也是使用频率较高的一个概念,理论界对此尚无统一定义。经济学中的资产泛指特定经济主体拥有或控制的,能够给特定经济主体带来经济利益的经济资源。会计学中的资产是指过去的交易或事项形成并由企业拥有或控制的资源,该资源预期会给企业带来经济利益。在国际评估准则中,强调资产的权益——"评估工作的对象与其说是有形资产或无形资产,不如说是有形资产或无形资产的所有权或所有者的权益"。而美国的USPAP(the Uniform Standards of Professional Appraisal Practice)虽然没有对资产定义的描述,但却将资产划分为不动产、动产、无形资产和珠宝首饰等,它们强调"资产的权利事实"。评估学中所说的资产既具有经济资源的属性,强调收益性,又强调权利构成。

根据我国注册资产评估师考试辅导教材对资产的解释,资产具有以下三个基本特征:

(1)资产必须是经济主体拥有或控制的,依法取得财产权利是经济主体拥有并支配资产的前提条件。

(2)资产是能够给经济主体带来经济利益的资源,即可能给经济主体带来现金流入的资源。也就是说,资产具有能够带来未来利益的潜在能力。

(3)资产必须能以货币计量,也就是说资产价值能够运用货币进行计量,否则不能作为资产确认。

资产作为资产评估的客体,存在多种多样的形式,为了科学地进行资产评估,可以对资产进行以下适当的分类:

(1)按资产存在形态分类,可以分为有形资产和无形资产。有形资产是指那些具有实物形态的资产,包括机器设备、房屋建筑物和流动资产等。由于这类资产具有不同的功能和特性,在评估时应分别进行。无形资产是指那些没有实物形态,但在很大程度上制约着企业物质产品生产能力和生产质量,直接影响企业经济效益的资产,主要包括专利权、商标权、非专利技术、土地使用权、商誉等。

(2)按资产的构成和是否具有综合获利能力分类,可以分为单项资产和整体资产。单项资产是指单台、单件的资产;整体资产是指一组单项资产组成的具有整体获利能力的资产综合体。

(3)按资产能否独立存在分类,可以分为可确指的资产和不可确指的资产。可确指的资产是指能独立存在的资产,前面所列示的有形资产和无形资产,除商誉以外都是可确指的资产;不可确指的资产是指不能脱离企业有形资产而单独存在的资产,如商誉。商誉是指企业基于地理位置优越、信誉卓著、生产经营出色、劳动效率高、历史悠久、经验丰富、技术先进等原因,所获得的投资收益高于一般正常投资收益率所形成的超额收益资本化的结果。

(4)按资产与生产经营过程的关系分类,可以分为经营性资产和非经营性资产。经营性资产是指处于生产经营过程中的资产,如企业中的机器设备、生产用厂房、交通工具等。经营性资产又可按是否对盈利产生贡献分为有效资产和无效资产。非经营性资产是指处于生产经营过程以外的资产。

(5)按现行企业会计制度及其资产的流动性分类,可以分为流动资产、长期投资、固定资产和无形资产等。

3. 价格与价值

资产评估理论中的价格是指在特定的交易行为中,特定的买方或卖方对商品或服务的交换价值的认可,以及提供或支付的货币数额。价格是一个历史数据或事实,是特定的交易行为中特定买方和卖方对商品或服务实际支付或收到的货币数额。

资产评估理论中的价值属于交换价值范畴,它反映了可供交易的商品、服务与其买方、卖方之间的货币数量关系。资产评估中的价值不是一个历史数据或事实,它只是专业人士根据特定的价值定义在特定时间内对商品、服务价值的估计。

资产评估的目标是判断评估对象的价值而不是评估对象的实际成交价格。

二、资产评估的目的和内容

资产评估的目的有资产评估一般目的和资产评估特定目的之分。资产评估一般目的包含着特定目的,而资产评估特定目的则是一般目的的具体化。

1. 资产评估的一般目的

资产评估的一般目的或资产评估的基本目标是由资产评估的性质及其基本功能决定的。资产评估作为一种专业人士对特定时点及特定条件约束下资产价值进行估计和判断的社会中介活动,它一经产生就具有为委托人以及资产交易当事人提供合理的资产价值咨询意见的功能。不论是资产评估的委托人还是与资产交易有关的当事人,他们所需要的无非是评估师对资产在一定时间及一定条件约束下公允价值的判断。如果我们暂且不考虑资产交易或引起资产评估的特殊需求,资产评估所要实现的一般目的只能是资产在评估时点的公允价值。

公允价值是一个有着广泛意义的概念,是会计、资产评估等专业和行业广泛使用的专业术语。资产评估中的公允价值是一个相对抽象的价值概念。它是对评估对象在各种条件下与评估条件相匹配的合理的评估价值的抽象。评估对象在各种条件下与评估条件相匹配的合理的评估价值,是泛指相对于当事人各方的地位、资产的状况及资产面临的市场条件的合理的评估价值。它是评估人员根据被评估资产自身的条件及其面临的市场条件,对被评估资产客观价值的合理估计值。资产评估中公允价值的一个显著特点是,它与相关当事人的地位、资产的状况及资产所面临的市场条件相吻合。

2. 资产评估的特定目的

资产评估作为一种资产价值的判断活动,总是为满足特定资产业务的需要而进行的。据我国资产评估实践表明,资产业务主要有:资产转让,企业兼并,企业出售,企业联营,股份经营,中外合资、合作,企业清算,担保,企业租赁,债务重组等。

(1)资产转让。资产转让是指资产拥有单位有偿转让其拥有的资产,通常是指转让非整体性资产的经济行为。

(2)企业兼并。企业兼并是指一个企业以承担债务、购买、股份化和控股等形式有偿接收其他企业的产权,使被兼并方丧失法人资格或改变法人实体的经济行为。

(3)企业出售。企业出售是指独立核算的企业或企业内部的分厂、车间及其他整体资产产权出售的行为。

(4)企业联营。企业联营是指国内企业、单位之间以固定资产、流动资产、无形资产及其他资产投入组成各种形式的联合经营实体的行为。

(5)股份经营。股份经营是指资产占有单位实行股份制经营方式的行为,包括法人持股、内部职工持股、向社会发行不上市股票和上市股票。

(6)中外合资、合作。中外合资、合作是指我国的企业和其他经济组织与外国企业和其他经济组织或个人在我国境内举办合资或合作经营企业的行为。

(7)企业清算。企业清算包括破产清算、终止清算和结业清算。

(8)担保。担保是指资产占有单位以本企业的资产为其他单位的经济行为担保,并承担连带责任的行为。担保通常包括抵押、质押、保证等。

(9)企业租赁。企业租赁是指资产占有单位在一定期限内,以收取租金的形式,将企业全部或部分资产的经营使用权转让给其他经营使用者的行为。

(10)债务重组。债务重组是指债权人按照其与债务人达成的协议或法院的裁决同意债务人修改债务条件的事项。

(11)引起资产评估的其他合法的经济行为。

三、资产评估的种类和特点

1. 资产评估的种类

由于资产种类的多样化、资产业务的多样化,以及资产评估委托方及其相关当事人对资产评估内容及其报告需求的多样化,资产评估也相应出现了多种类型。

(1)按资产评估对象的构成和获利能力划分,资产评估可具体划分为单项资产评估和整体资产评估。

对以单项可确指的资产为对象的评估称为单项资产评估,例如机器设备评估、土地使用权评估、建筑物评估、无形资产评估等。

对若干单项资产组成的资产综合体所具有的整体生产能力或获利能力的评估称为整体资产评估,最为典型的整体资产评估就是企业价值评估。单项资产评估和整体资产评估在评估的复杂程度和需要考虑的相关因素等方面有较大差别,整体资产评估更为复杂,需要考虑的因素更为全面。

(2)按引起资产评估的经济行为划分,资产评估可划分为资产转让评估、企业兼并评估、企业出售评估、企业改制评估、股权重组评估、中外合资/合作资产评估、企业清算评估、税基评估、抵押评估、资产担保评估、债务重组评估等。

(3)按资产评估服务的对象、评估的内容和评估者承担的责任等方面划分,资产评估还可分为评估、评估复核和评估咨询。

(4)按资产评估面临的条件、资产评估执业过程中遵循资产评估准则的程度及其对评估报告披露的要求的角度划分,资产评估可分为完全资产评估和限制性资产评估。

2. 资产评估的特点

理解资产评估的特点对提高资产评估的质量具有重要意义。一般来说,资产评估具有以下几方面的特点:

(1)市场性。资产评估是适应市场经济要求的专业中介服务活动,其基本目标就是根据

资产业务的不同性质,通过模拟市场条件对资产价值做出经得起市场检验的评定估算和报告。

(2)公正性。公正性是指资产评估行为服务于资产业务的需要,而不是服务于资产业务当事人的任何一方的需要。公正性的表现有两点:一是资产评估按公允、法定的准则和规程进行,公允的行为规范和业务规范是公正性的技术基础;二是评估人员是与资产业务没有利害关系的第三者,这是公正性的组织基础。

(3)专业性。资产评估是专业人员的活动,从事资产评估业务的机构应由一定数量和不同类型的专家及专业人士组成。一方面,这些资产评估机构形成专业化分工,使得评估活动专业化;另一方面,评估机构及其评估人员对资产价值的估计判断也都是建立在专业技术知识和经验的基础之上的。

(4)咨询性。咨询性是指资产评估结论是为资产业务提供专业化的评估意见,该意见本身并无强制执行的效力,评估师只对结论本身是否合乎职业规范要求负责,而不对资产业务定价决策负责。事实上,资产评估为资产交易提供的估价往往由当事人作为要价和出价的参考,最终的成交价取决于当事人的决策动机、谈判地位和谈判技巧等综合因素。

第二节　新汽车评估

一、新汽车价值定义

1. 汽车的定义

汽车是指由动力驱动,具有 4 个或 4 个以上车轮的非轨道承载的车辆,主要用于:①载运人员和(或)货物;②牵引载运人员和(或)货物的车辆;③特殊用途。

汽车是应用最广、数量最大、最常见的、与广大人民群众关系最为密切的一种机动车。机动车是指由动力装置驱动或牵引、在道路上行驶、供乘用或(和)运送物品或进行专项作业的轮式车辆。其主要类型有:汽车、挂车、汽车列车、摩托车及轻便摩托车、拖拉机运输机组和轮式专用机械车,但不包括任何在轨道上运行的车辆。

2. 新汽车的定义

1)商品新车

商品新车就是用来展出的车,只是一种新款式的展示,还没有投入使用,但是以后可以销售。

商品新车又称零公里汽车,下板车之后没有上路行驶过。零公里汽车是一个销售术语,指行驶里程为零(或里程较低,如不高于 10km)的汽车,它的出现是为了满足客户对所购车辆"绝对全新"的要求。零公里表示汽车从生产线上下来后,还未有任何人驾驶过。为了保证里程表的读数为零,从生产厂到各销售点,均采用大型专用汽车运输,以保证车辆全新。

2)准新车

旧汽车市场上"准新车""次新车"这两个词汇颇为流行,也是经营者和消费者共同关注的焦点。所谓"准新车""次新车"就是指一些使用时间较短、但已经进入市场交易的车辆。由于准新车车况与新车没有多少差异,并且有些车辆还处在原车质保期内,使很多消费者打消了购买二手车的顾虑。在某些市场,准新车交易量已经占到30% ~40%。

3. 新汽车价值的定义

1)价值

(1)价值是商品的一种属性,指的是商品在一般等价物上的数量值,如:财产价值。

(2)哲学概念的价值指的是存在、存在者的数量值,或者一定数量值的存在或存在者,如:卫护古典传统的价值。

作为单独的两个汉字,价、值都是作为数量值的含义,“价”指的是货币的数量值得多少,“值”指的是数字的高低。

2)汽车价值的定义

汽车价值是指汽车企业设计研制与生产该产品时所消耗的代价,同时也是指汽车企业的产品和服务带给消费者的利益。

它是决定汽车价格高低和汽车品牌崇尚度的依据。

新汽车价值评估是汽车制造企业对汽车定价的主要依据,为消费者购车提供参考和咨询服务。

二、新汽车价格定义

1. 价格的定义

价格是商品同货币交换比例的指数,或者说,价格是价值的货币表现。价格是商品的交换价值在流通过程中所取得的转化形式。在经济学及营商的过程中,价格是一项以货币为表现形式,为商品、服务及资产所订立的价值数字。在微观经济学里,资源在需求和供应者之间重新分配的过程中,价格是重要的变数之一。

在现代社会的日常应用之中,价格(Price)一般指进行交易时,买方所需要付出的代价或付款。

2. 新汽车价格

汽车价格是指汽车价值的货币体现,直接关系到汽车产品被市场的接受程度,决定着经营者、生产者和车主的切身利益。

新车购置价是指保险合同签订地购置与保险车辆同类型新车(含车辆购置附加费)的价格,它是投保时确定保险金额的基础。

三、消费者的购车动机和购车行为分析

动机是推动人们从事某种行为、达到某种目的、满足某些需要的意图、愿望和信念。行为是动机的具体外在表现。消费者的购车动机必然直接或间接地表现在购车过程之中,影响其购车行为,不同的购车动机影响着消费者对新车价格的不同看法。

1. 常见的汽车购买动机

1)求实动机

消费者追求“实惠”“实用”,以汽车的使用价值为导向的购买动机。持有这种动机的消费者对所谓的汽车“个性”、汽车的造型、款式、色彩、品牌等并不是特别强调。收入不高的用户和商用车的用户持此种动机的较多。针对持有求实动机的客户,企业在对新车定价时,应

坚持薄利多销的原则，价格不可定得过高。

2）求新动机

消费者追求“时髦”“奇特”，以追求汽车的新潮、时尚、新颖、奇特为导向的购买动机。在求新动机支配下，消费者选择汽车时，特别注重款式、颜色、造型等是否流行与新颖，相对而言，对汽车的耐用性、价格等并不十分介意。一般而言，在收入水平较高的人群及经济条件比较好的青年消费者中较常见，他们一般是新产品的尝试者，喜欢领导新潮流。针对持有求新动机的客户，对于刚上市的新车定价时，可以适当地提高一些，以获取较高的利润，也为以后的降价行为留有空间。

3）求名动机

消费者以追求高档、名牌汽车为主要特征，几乎不考虑汽车的价格和实际使用价值，期望通过高档名牌汽车显示或提高自己的身份或地位，从而得到心理上的满足。具有这种购买动机的顾客一般都具有相当的经济实力和一定的社会地位。此外，表现欲望较强的顾客，即使经济条件一般，也可能具有此种购买动机，他们是高档名牌汽车的主要消费者。针对持有求名动机的客户，若企业的汽车品牌比较有名，则可以将汽车价格定得较高，在满足顾客心理需求的同时获取较高的利润。

4）求廉动机

消费者以追求汽车的价格低廉为导向，在求廉动机的支配下，消费者在选择汽车时，最注重的是汽车的价格，相对而言，对汽车的颜色、款式、内饰等不太计较，而对降价、折让等促销活动怀有较大兴趣，喜欢在促销、降价时购买汽车，并且特别注重厂家的赠品。购买前顾客会花费较多的精力和时间，多途径了解、比较各种汽车的价格，从而选择价格相对便宜的汽车。2002 年我国汽车市场发生“井喷”以来，汽车市场的每次降价都会带来一定的购车热潮，这也说明，目前我国消费者的经济水平相对较低。针对持有求廉动机的客户，企业可以减少不必要的配置，从而降低实际成本，将汽车价格定得较低，使之具有市场竞争力，提高市场占有率，达到薄利多销。

5）攀比动机

消费者在购买汽车时自觉不自觉地与周围的人进行比较，以争强好胜、不甘居人后为主要特征。这类顾客在购买汽车时不是出于对汽车的了解和实际需求，而是为了与别人攀比、向别人炫耀，购买行为在很大程度上取决于归属的社会群体，具有较大的盲从性。针对持有攀比动机的客户，企业在定价时要考虑当地汽车市场的消费文化。

6）嗜好动机

消费者以满足个人兴趣、爱好为导向的购买动机称为嗜好动机。在嗜好动机的驱使下，消费者往往对某类或某品牌汽车表现出特别的兴趣，从而成为这类汽车的购买者。他们的购买行为取决于个人的嗜好，一般不受他人或广告的影响，如有人喜欢四驱车或 SUV，尽管价格较贵、油耗较高，在市区内其性能得不到充分发挥，但还是要买。针对有嗜好动机的客户，企业在对新车定价时，要考虑产品的目标客户群，了解顾客的嗜好，掌握顾客的心理诉求。

7）模仿动机

消费者在购买汽车时自觉不自觉地模仿他人称为模仿动机。形成模仿动机的原因多种多样，或是仰慕名人，或是缺乏主见，或是对汽车不了解而模仿，不管何种缘由，持模仿动机的消费者，其购买行为受他人影响比较大。所以，企业在进行新车定价时，可以聘请对消费者具有较大影响力的歌星、影星等作为代言人，以刺激模仿者的视觉神经，进行市场促销。

上述购买动机往往相互影响、相互制约。有些情况下，一种动机居支配地位，其他动机起辅助作用，亦可能是几种动机共同起作用。不同的购买动机，使消费者能够接受的汽车价格差别很大。

目前，我国消费者的购车动机还相对情感化，购买汽车有解决交通的动机，也有攀比的动机、炫耀的动机，当然也有提高生活质量的动机等。不像西方发达国家的消费者，购车动机比较简单实用，消费者往往是在充分了解汽车的性能后，再结合自己的需要才决定是否购买。我国消费者在购买汽车时，往往关注的是朋友、同事花多少钱买什么车，受周围环境的影响较大。

2. 不同顾客购车动机的差异

消费者由于收入和观念上的差别，以及年龄、性别、职业、兴趣、爱好等方面的不同，消费需求不同，对汽车的追求也不同，从而导致不同的购车动机。下面以性别和年龄两个因素为例，简要说明一下不同消费者的购买动机。

1）不同性别的顾客购车动机的差异

（1）男性顾客购车动机的特点。

第一，动机形成迅速、果断，自信心强。男性消费者的独立性和自尊心相对较强，善于控制自己的情绪，考虑问题时一般能够理性、冷静地权衡各种利弊因素，受他人的影响相对轻一些，一旦产生购买动机，决策形成很快，决策过程相对较短。

第二，购车动机具有被动性。通常，男性消费者对汽车的购买动机不像女性消费者那么强烈。一般情况下，往往由于实际需要并且家庭经济情况允许购买才会产生购买动机，不会盲从。

第三，购车动机感情色彩淡薄。男性顾客在购买汽车时，主要考虑汽车的性能、质量、品牌、使用的效果、售价和保修期限，属于理性的消费者，不会为了面子而购买不适合自己需求的车辆。另外，男性顾客认为男性的特征是粗犷有力，购买汽车时往往对明显具有女性特征的车辆不感兴趣，甚至连看都不看一眼。

第四，购买商用车的动机是实用性。由于商用车是用于经营，而不是用作代步工具，购买目的是为了赚钱而不是为了享受也不是为了炫耀，况且商用车的驾驶人一般为男性，男性消费者在购买商用车时往往考虑车的实用性，注重车的配置和适用工况。

（2）女性顾客购车动机的特点。

社会上流行这样一句话：女人的钱最好赚。谁吸引住了女性顾客，谁就逮住了赚钱的机会。在汽车营销过程中，营销人员应充分重视女性消费者，掌握女性顾客的购车动机，挖掘女性汽车消费市场。女性消费者的购车动机一般具有以下消费特点。

第一，追求时尚。俗话说“爱美之心，人皆有之”，对于女性消费者来说，更是如此。不论是青年女子，还是中老年女性，尽管年龄不同，消费心理有所差异，但是她们在选购汽车时，首先想到的就是车辆能否增加自己的形象美，使自己显得更加年轻和富有魅力。

第二，追求外观。女性消费者非常注重汽车的外观式样，将外观与质量、价格当成同样重要的因素来看待，因此在选购汽车时，她们会注重汽车的色彩、式样。

第三,购车动机具有主动性、灵活性。与男性不同,女性的购买原因是多方面的,或者客观需要,或者作为爱好消遣,或者为了炫耀等,购买动机具有较强的主动性、灵活性。所谓灵活性是指女性购车变数较多,如原本打算购买某种车辆,若此时看到有更时尚的新车上市,就会放弃原来的购买计划转而购买新款车。

第四,购车动机带有浓厚的感情色彩。女性消费者一般具有比较强烈的情感特征。在女性消费者特别是年轻女性看来,汽车不仅仅是代步工具,而且是一个温馨的家,所以她们对汽车的式样、外观、颜色、内饰等的期望值比男性更高。同时女性的感情比较丰富、细腻,富于幻想、联想,因此购车动机带有强烈的感情色彩。如看到某种时尚的车型新颖漂亮,马上会联想到自己驾驶的感觉会是什么样子,心旷神怡,随之就会产生强烈的喜欢、偏爱等感情,促发购买动机。

第五,购车动机波动性较大,易受外界因素影响。女性心理活动较男性细腻、复杂,易受外界因素的影响,购车动机的变化较大。如广告宣传、促销活动、销售人员的服务、4S店的陈列布置、周围朋友的意见等,都会使女性临时改变购车计划。

第六,喜欢炫耀,自尊心强。对于许多女性消费者来说,之所以购买汽车,除了满足代步需求之外,还可能为了显示自己的社会地位和财富,向别人炫耀自己的与众不同。在这种心理的驱使下,她们会追求中高档汽车,而不特别考虑汽车是否适合自己的家庭需要,只要能显示自己的身份和地位,她们就会乐意购买。

2)不同年龄段的顾客购车动机的差异

(1)青年顾客购车动机的特点。

第一,追求时尚和新颖,追赶潮流。青年人的特点是热情奔放,思想活跃,富于幻想,喜欢冒险,感觉敏锐,追求刺激,标新立异,容易接受新鲜事物,尝试新的生活,喜欢追赶时代潮流。他们的购车行为趋于求新求美,喜欢购买时尚有特色的车辆。因此,刚刚上市的新车,或当前社会流行的某一款车,都会引起他们极大的兴趣和购买欲望,即使一时经济上不允许,他们也会通过其他途径与车辆接触。

第二,张扬个性,表现自我。青年消费者处于由少年不成熟阶段向中年成熟阶段的过渡时期,特别是现在的年轻一代,大多是独生子女,“80后”甚至“90后”生活在改革开放的年代,自我意识日益加强,强烈地追求个性独立,力图表现自己完美的个性形象,自我意识强烈。反映在消费行为上就是通过购买具有特色的座驾表现自我个性与追求,喜欢个性化强烈的汽车,力求在消费活动中充分表现自我,决不人云亦云,对于大众化的车辆一般不屑一顾。

汽车厂商也嗅出“个性化”的味道,为了满足消费者的个性,通过产品差异化手段纷纷给自己的车辆加入了“自我”的元素。个性化的元素,不仅体现在车型、外观、颜色上,还逐渐延伸到内部设计、功能服务等方面,目的就是满足追求个性的消费者的需求。

第三,购买动机具有冲动性。年轻人的心理特征一方面表现出果断迅速、反应灵敏,另一方面也由于这一阶段的消费者人生阅历并不丰富,思想感情、兴趣爱好、个性特征正处在由不稳定向稳定过渡的时期,对事物的分析判断能力还没有完全成熟,容易感情用事,甚至产生冲动行为,容易出现吃“后悔药”的现象,因此他们的购车动机具有明显的冲动性特点。很多年轻消费者并没有冷静地分析车辆的各种性能,而仅仅凭着对车辆的感情色彩来判断车辆的好坏、优劣,就形成了对车辆的好恶倾向。选购车辆时他们首先注重的是车辆的美观和时尚,其次才是质量和价格。

很多年轻人购买汽车之后,最初的一段时间感觉非常新奇,对新车爱不释手,爱护有加,细心维护。经过一段时间后,新鲜感渐渐褪去,此时年轻人特有的多变心理使得他们开始对自己的汽车失去兴趣,转而对其他车辆产生兴趣,开始盘算如何将手中的车卖掉,置换一款自己更中意的新车。有资料显示,现在的二手车交易中,由于年轻人的喜新厌旧而淘汰的“旧车”在整体二手车交易量中占有不小的比例。

(2)中老年顾客购车动机的特点。

由于中老年顾客(在我国,特别是中年顾客)工作稳定,收入较高,家庭稳定,有条件也有需要改善生活质量,在竞争日益激烈的市场环境下,汽车营销人员应特别注重中老年消费者的市场需求,了解其消费心理特征。中老年消费者所具有的汽车消费心理特征主要有以下几个特点:

第一,注重汽车的品牌,强调汽车安全性。中老年消费者在长期的社会生活中,对于曾经接触过或使用过的汽车品牌印象比较深刻,而且非常相信自己的感觉,对于印象好的汽车品牌的忠诚度较高。

第二,购车动机具有较强的理智性。中老年顾客生活经验丰富,情绪反应比较平稳,很少感情用事,大多会以理智来支配自己的行为,消费心理比较成熟,购车时比较注重车辆的内在质量和性能,购买车辆具有较强的理智性,不会像年轻人那么冲动。

第三,精打细算,注重服务。中老年顾客更注重轿车的售后服务,倾向于到4S店去购买车辆。考虑到购车后的“养车”费用,更追求实惠,按照自己的实际需求购买汽车,量入为出,对汽车的质量、价格等都会详细了解,减少盲目性。

第四,有主见,不易受他人影响。中老年消费者相信自己的生活经验,比较有主见,不会人云亦云,对于商家的广告轰炸和别人的介绍能理性地分析车辆的各种特点,然后决定是否购买。汽车营销人员在对此类消费者进行推销或业务介绍时,不要一味地向他们推荐车辆,防止引起他们的“反感”,要做一个忠实的聆听者,尊重和听取他们的意见,向他们“晓之以理”,促进成交。

3. 消费者购车行为模式

通过对消费者的消费心理研究,结合汽车市场的营销现状,提出我国消费者购买汽车的一般行为模式。

消费者受到某些刺激(购买动机的影响因素)之后,从心里感到并确认自己的确需要有一辆汽车,由此产生购买动机,引发其购买欲望。

当消费者产生购买欲望后,就会主动地通过某些途径去搜集相关汽车的资料,认真研究,加以比较,从中确认适合自己需要的汽车,综合考虑各种影响购买的因素如经济能力等(对比评价—购买决策这个过程可能会重复多次)后,最终作出购买决定,发生购买行为。

当消费者购买某品牌的汽车后,这只是第一阶段的购买行为,属于初次购买,完整地购买行为并没有完全结束。由于汽车属于高档耐用消费品,并不是一次性消费完毕,消费者在购买汽车之后相当长的时间内关于汽车的使用、维护等问题都会使消费者重新认识、评价汽车产品,若汽车产品获得了消费者的认可,则消费者会通过某些渠道正面宣传该汽车产品,对其周围的潜在顾客产生深远的影响，导致重复购买；相反，如果消费者使用之后发现所购汽车并没有原来期望得那么好，就会影响消费者对该产品的评价，并且影响其周围的消费群体，使该产品的部分潜在顾客流失，影响产品的市场预期，导致市场销量下降。

通过对消费者购车行为模式的分析，我们可以看出，在某些环节，营销人员可以通过自己的主动性去影响消费者。例如，在了解哪些刺激能够影响消费者的需求后，有助于汽车营销人员更好地找到刺激消费需求的刺激点，有助于营销人员发布相应的信息吸引消费者注意，使宣传、促销工作的效果更加明显。

消费者即使作出了购买决策，也并不一定能发生购买行为，因为可能受其他条件（如资金）限制而不能执行购买决策，不能立即产生相应的购买行为。如果营销人员观察到这一点，可以帮助消费者解决妨碍购买行为发生的条件，有助于消费者最终产生购买行为。例如，若受资金所限，可为消费者介绍分期付款业务或汽车消费信贷业务帮助消费者解决资金问题，促进消费者购买行为的发生。

在此，我们强调首次购买只是消费者购买行为的第一阶段，考虑到在汽车的使用寿命期间，汽车的维修等问题对消费者的影响，为了提高服务质量、提高顾客满意度，营销人员应牢固树立以消费者为中心的营销理念，将顾客的烦恼、顾虑解决掉，从而提高顾客的忠诚度。

4.汽车消费者购买行为6W2H分析法

消费者购买汽车的过程基本上可分为三个阶段：购买前、购买中、购买后。通过实践和经验，作为一名汽车营销人员，如果能够将以下几个问题（即6W2H）彻底解决了，汽车销售便可轻松搞定。6W2H可以直接反映出消费者的购买行为，通过6W2H分析可以了解消费者购买行为的规律及变化趋势，以便制订和实施相应的市场营销策略。

6W2H——Who、What、Which、Why、When、Where、How、How much。

1）Who

区域市场由谁构成？谁是竞争者？谁做得最好？谁做得不好？谁需要汽车？谁会购买？谁可能参与购买？谁决定购买？谁使用所购产品？谁是购买的发起者？谁影响购买者的思想？作为营销人员，既要了解市场，又要熟悉对手，还要知道潜在顾客在哪里，谁有购买决策权等。如2008年北京国际车展期间，2500万元的布加迪豪华轿车第二天就被神秘客户买走。谁是买主这个问题好像比2500万元的高价更引人关注。

2）What

顾客追求什么？顾客的需求和欲望是什么？对顾客最有吸引力的产品是什么？满足顾客购买愿望的效用是什么？顾客追求的核心利益是什么？顾客欲购买什么品牌或型号的汽车？作为营销人员必须了解顾客的内心活动，顾客追求安全、操控性还是经济性？顾客看中产品的哪些特点？还有哪些问题致使顾客不能尽快下定购买决心等。如2500万元的布加迪轿车被一位中国富翁买走，这事放在哪儿都是新闻。那么，这位车主看中的是汽车的哪些方面？只是炫耀自己的经济实力吗？还是为了保持媒体曝光率、成功制造全民性话题、有意识地塑造具有传奇性质的个人品牌？

3）Which

顾客准备购买哪种型号的汽车产品？在多家经销商中顾客会到哪家经销商购买汽车？

在多个品牌中购买哪个品牌的产品？购买著名品牌还是非著名品牌的产品？在有多种替代品的产品中决定可能购买哪种？

4) Why

顾客为什么要购买汽车(其购买汽车的真正目的是什么)？为什么喜欢这个品牌？为什么喜欢这个型号？为什么讨厌某品牌汽车？为什么不购买或不愿意购买？为什么买这个而不买那个？为什么选择到本公司购买汽车而不到竞争对手那里购买？为什么选择到竞争者的店里购买汽车,而不选择本公司等。如富康和普桑价位、性能差不多,顾客为什么买富康而放弃普桑？顾客为什么不喜欢日系汽车？

5) When

顾客何时产生需求？准备何时购买？什么季节购买？何时需要？何时使用？曾经何时购买过？何时重复购买？何时换代购买？顾客需求何时发生变化？顾客何时过生日？什么时刻可以促成交易？

6) Where

消费者在哪里上班？家住哪个小区？上班习惯走哪条路？计划到哪里购买？配偶在哪里上班？孩子在哪里上学？喜欢到哪家4S店进行爱车维护？或喜欢去哪里维修车辆？

7) How

如何购买？如何决定购买行为？以什么方式付款？消费者对某汽车及其广告如何反应？消费者对这个品牌的汽车质量如何评价？如何服务才能满足顾客需要？如何与顾客进行交流沟通？如何提高顾客满意度？

8) How much

消费者家庭收入多少？计划购买什么价位的汽车？顾客的每月娱乐花费多少？年支配金多少？每月驾车出游多少次？什么价位的车畅销？市场占有率多高？

第三节　旧汽车鉴定评估

一、旧汽车评估的概念

1. 旧汽车的定义

现阶段在我国旧汽车也称为二手汽车,就是已经使用过的汽车。商务部、公安部、国家工商行政管理总局、国家税务总局令2005年第2号《二手车流通管理办法》中首次提出了二手车的概念,并给出了二手车的定义,即二手车是指从办理完注册登记手续到达到国家强制报废标准之前进行交易并转移所有权的机动车。并明确“二手车”的内涵与“旧机动车”相同,在以往的国家正式文件上,一直没有出现过“二手车”,有的只是“旧机动车”。

本书中所谓的旧汽车就是指上了牌照的汽车,不是指那些破旧的汽车,是归属于“二手车”的各类汽车。

当然在国外,二手车确实不等于旧车,有些国家对新车销售年限有严格的规定。例如,年生产600万辆新车,卖掉500万辆,剩下的100万辆,过了规定的一两年新车销售时间,就不能再进入新车的渠道销售，这些车就进入拍卖场，也就归入二手车一族了。

2. 旧汽车评估的定义

旧汽车评估也称作二手车评估，是指依法设立，具有执业资质的二手车评估机构和评估人员，接受国家机关和各类市场主体的委托，按照特定的目的，遵循法定或公允的标准和程序，运用科学的方法，对经济和社会活动中涉及的旧汽车所进行的技术鉴定，并根据鉴定结果对旧汽车在鉴定评估基准日的价值进行评定估算的过程。

做好汽车鉴定评估工作，不仅有利于引导企业正确做出价格决策，有利于保障司法诉讼和行政执法等活动的顺利进行，有利于维护法人和公民的合法权益，而且对维护正常的社会经济秩序，促进经济发展具有重要意义。因此，深入认真研究、探讨汽车鉴定评估问题，建立一套完整、科学、适用的汽车鉴定评估方法，以保证其鉴定结论客观、公正、合理，就显得尤为重要。

二、旧汽车评估的要素

在对旧汽车的鉴定评估过程中，一般要涉及以下基本评估要素。

1. 鉴定评估的主体

鉴定评估的主体就是从事汽车鉴定评估的机构和人员，是汽车鉴定评估工作中的主导者。在汽车鉴定评估业务中，对汽车鉴定评估的主体资格有严格的限制条件，如鉴定评估人员必须获得劳动和社会保障部(局)颁发的二手车鉴定评估师证书，才能取得相应的职业资格。

2. 鉴定评估的客体

鉴定评估的客体就是待评估的车辆，是鉴定评估的具体对象。被评估车辆可以按照不同的标准进行分类。如按照公安机关管理分类，可分为大型汽车和小型汽车；依据旧标准按用途分类，可分为货车、越野汽车、自卸汽车、牵引汽车、专用汽车、客车、轿车。国家标准《汽车和挂车类型的术语和定义》(GB/T 3730.1—2001)抛弃了传统的汽车分类标准，将汽车类别从货车、越野车、自卸车、牵引汽车、专用汽车、客车和轿车等大类分为乘用车和商用车两大类。

根据国家标准，乘用车可定义为：在其设计和技术特性上主要用于载运乘客及其随身行李和(或)临时物品的汽车，包括驾驶人座位在内最多不超过 9 个座位。它也可以牵引一辆挂车。商用车可定义为：在设计和技术特性上用于运送人员和货物的汽车，并且可以牵引挂车，乘用车不包括在内。

按照车辆的使用用途，可以将机动车分为营运车辆、非营运车辆和特种车辆。其中，营运车辆又可细分为公路客运、出租客运、旅游客运、货运、租赁等几种类型。特种车辆又可分为警用、消防、救护和工程抢险等若干种车型。

合理科学地对机动车进行分类，有利于在评估过程中进行信息资料的收集和应用。比如一种车型，由于其用途不同，车辆在用状态所需要的税费就会有较大的差别，其重置成本的构成也往往差异较大。

3. 鉴定评估的依据

鉴定评估的依据也就是汽车鉴定评估工作所遵循的法律、法规、经济行为文件、合同协议、收费标准和其他参考依据。

4. 鉴定评估的目的

鉴定评估的目的就是汽车鉴定评估所要服务的经济行为是什么。汽车鉴定评估的目的往往直接影响着车辆评估方法的选择。

5. 鉴定评估原则

鉴定评估原则就是汽车鉴定评估的行为规范,是调节车辆评估当事人各方关系、处理鉴定评估业务的行为准则。

6. 鉴定评估程序

鉴定评估程序即汽车鉴定评估工作从开始准备到最后结束的工作程序。

7. 鉴定评估的价值类型

鉴定评估的价值类型即对车辆评估价值的质的规定,它对评估方法的选择具有约束性。如要评估车辆的现行市价,则要选择现行市价法进行评估;如要评估车辆的重置成本,则要使用重置成本法。

8. 鉴定评估方法

鉴定评估方法即汽车鉴定评估所运用的特定技术,它是实现汽车评估价值的手段和途径。目前就四种评估方法的可操作性而言,最常使用重置成本法对车辆的价值进行评定和估算。

以上 8 种要素构成了汽车鉴定评估活动的有机整体,它们之间相互依托,是保证汽车鉴定评估工作正常进行和评估价值科学性的重要因素。

三、旧汽车评估的特点

旧汽车作为一类资产,即使生产资料,也是消费资料。作为生产资料,旧汽车是用于生产或经营的车辆,其特征是有明显的价值转移,对产权所有者产生收益,如营运货车、客车、工厂用于生产使用的叉车、工程上用于生产使用的挖掘机等。作为家庭的消费资料,旧汽车是一般家庭中仅次于房产的第二大资产,用于生活和生产服务,以交通代步为主的车辆,其特征是没有明显的价值转移,对所有者不产生经济效益,车辆价值随使用年限及使用里程数的增加而降低。

1. 旧汽车自身的特点

(1)其单位价值大、使用时间长。

(2)和房产一样,所有权须登记,其使用管理严格,税费附加值较高。

(3)其使用强度、使用条件、维护水平的差异较大,并有较高的技术含量。

2. 旧汽车评估的特点

1)旧汽车评估以技术鉴定为基础

由于旧汽车本身具有较强的工程技术特点,其技术含量较高。旧汽车在长期的使用中,由于机件的摩擦和自然力的作用,它处于不断磨损的过程中。随着使用里程和使用年限数的增加,车辆实体的有形损耗和无形损耗加剧;其损耗程度的大小,因使用强度、使用条件、维护水平等的差异很大。因此,评定车辆实物和价值状况,往往需要通过技术检测等技术手段来鉴定其损耗程度。

2)旧汽车评估都以单台车为评估对象

由于旧汽车单位价值相差比较大、规格型号多、车辆结构差异很大,为了保证评估质量,对于单位价值大的车辆,一般都是分整车或分部件逐台、逐件地进行鉴定评估;为了简化鉴定评估工作程序,节省时间,对于以产权转让为目的、单位价值小的车辆,也不排除采取“提篮作价”的评估方式。

3)旧汽车评估要考虑其手续构成的价值

由于国家对车辆实行“户籍”管理,使用税费附加值高,因此,对旧汽车进行鉴定评估时,除了估算其实体价值以外,还要考虑由“户籍”管理手续和各种使用税费构成的价值。

四、旧汽车评估的依据和目的

1.旧汽车评估的依据

旧汽车评估的依据是指评估工作所遵循的法律、法规、经济行为文件以及其他参考资料。一般包括理论依据、行为依据、产权依据和取价依据等。

1)理论依据

旧汽车评估的理论依据就是资产评估学。汽车是属于机器设备一类的资产,评估时实际操作方法和程序按国家有关规定进行。

旧汽车评估一般属于单项资产评估的范畴,它不如一个工厂、一个企业整体资产评估那么复杂。但由于汽车是一种严管商品,就单项资产来说,其价值较高,结构比较复杂,涉及的面也比较广。虽然资产评估的一些基本理论和方法可用于旧汽车评估,但也有许多区别。

汽车是一种消费品,也是一种消耗品。买汽车一般不可能保值,更谈不上会增值。买汽车就只有贬值,使用时间越长,贬值就越多,最后报废,不能上路行驶,没有使用价值,就剩下报废价值了。所以,在旧汽车评估中,不断地总结经验,探索一些新的符合汽车特点的以及简单、实用、便捷的评估方法和理论,是广大评估师的一项义不容辞的责任。

2)行为依据

行为依据是指实施旧汽车评估行业的依据。一般包括经济行为成立的有关的决议文件以及评估当事方的评估业务委托书,主要是指旧汽车鉴定评估委托书。

3)法律依据

法律依据是指旧汽车评估所遵循的法律法规,主要包括:

(1)《国有资产评估管理办法》;

(2)《国有资产评估管理实施细则》;

(3)《汽车报废标准》《机动车强制报废标准规定》;

(4)《机动车登记规定》(公安部令第102号);

(5)《关于规范二手车评估工作的通知》;

(6)《汽车报废管理办法》;

(7)《汽车产业发展政策》;

(8)《二手车流通管理办法》;

(9)《机动车运行安全技术条件》(GB 7258—2012);

(10)其他方面的政策法规。

4)产权依据

产权依据是指表明机动车权属证明的文件,其主要是指《机动车登记证书》。

5)取价依据

取价依据是指实施旧汽车评估的机构或人员,在评估工作中直接或间接地取得或使用对旧汽车评估有借鉴或佐证作用的资料。主要包括价格资料和技术资料。

(1)价格资料。价格资料包括旧汽车整车销售价格、易损零部件价格、车辆精品装备价格、维修工时定额和维修价格资料;国家税费征收标准、车辆价格指数变化、各品牌车型残值率等资料。

(2)技术资料。技术资料包括汽车的技术参数,新产品、新技术、新结构的变化;汽车故障的表面现象与差别;汽车维修工艺及国家有关技术标准等资料。

2. 旧汽车评估的目的

旧汽车评估的目的是指被评估车辆即将发生的经济行为。同样的车辆,因为评估目的不同,其评估结果也往往不同。因此,明确委托鉴定评估的目的,对于科学地组织汽车鉴定评估工作、提高车辆评估质量具有重要的意义。一般而言,汽车鉴定评估服务的目的有以下几个方面。

1)车辆的交易

车辆在交易市场上进行买卖时,买卖双方对于车辆交易价格的期望是不同的,甚至相差很远。因此需要二手车鉴定评估师站在公正、独立的立场上对被交易的车辆进行鉴定评估,评估的价格作为买卖双方的成交参考价格。

2)车辆的转籍、过户

二手车的转籍、过户可能因为交易行为,也可能因为其他经济行为而发生。如单位或个人以其所有的机动车辆来偿还债务时,若债权债务双方对车辆的价值有异议时,也需要委托二手车鉴定评估师对有关车辆的价值进行评定估算,否则车辆无法转籍和过户。

3)车辆置换

车辆置换业务有两种情况:一种是以旧换新业务,另一种是以旧换旧业务。这两种情况都会涉及对置换车辆的鉴定评估。对车辆评估结果的公平与否,直接关系到置换双方的利益。车辆的置换业务尤其是以旧换新业务在我国的汽车市场上是一个崭新的业务,有着广阔的前景。

4)车辆拍卖

对公务车辆、执法机关罚没车辆、抵押车辆、企业清算车辆、海关获得的抵税和放弃车辆等都需要进行鉴定评估,为拍卖车辆提供拍卖底价。

5)车辆保险

在对车辆进行投保时,所缴纳的保险费高低直接与车辆本身的价值大小有关,同样当被保险车辆发生保险事故时,保险公司需要对事故车辆进行理赔。为了保障保险双方的利益,也需要对核保理赔的车辆进行公平的鉴定评估。

6)法律诉讼服务

当事人遇到机动车辆诉讼时,委托鉴定评估师对车辆进行评估有助于把握事实真相,同时法院判决时可以依据鉴定评估师的结论为法院司法裁定提供现时价值依据。

7)抵押贷款

银行为了确保放贷安全,要求贷款人以车辆作为贷款抵押物。银行为了确保贷款的安全性,要对车辆进行鉴定评估。而这种贷款安全性的高低,在一定程度上取决于抵押车辆评估的准确性。

8)担保

担保是指车辆所有单位或所有人,以其拥有的车辆为其他单位或个人的经济行为提供担保并承担连带责任的行为。

9)典当

当典当双方对车辆的价值认知有较大悬殊时,为了保障典当业务的正常进行,可以委托二手车鉴定评估师对车辆的价值进行评估,典当行可以以此作为放款的依据。当车辆发生绝当时,对绝当车辆的处理同样也需要委托二手车鉴定评估师为其提供鉴定估价服务。

10)其他

其他经济行为如在企业发生联营、兼并、出售、股份经营或破产清算时,也需要对企业所拥有的车辆进行鉴定评估,以充分保证企业的资产权益。

在接受车辆评估委托时,明确车辆的评估目的十分重要。我们对车辆的鉴定评估是一种市场价值的评估,所以针对客户不同的评估目的,应采用不同的评估方法。

第二章　汽车使用寿命

第一节　汽车损耗

一般来说,汽车的损耗有两种形式,即有形损耗和无形损耗。

一、有形损耗

汽车的有形损耗是指其本身实物形态上的损耗,又称物质损耗。它是汽车在存放和使用过程中,由于物理和化学原因而导致车辆实体发生的价值损耗,也即由于自然力的作用而发生的损耗。有形损耗的发生有两种情况。

第一种情况:汽车在使用过程中,由于零部件发生摩擦、冲击、振动、腐蚀、疲劳和日照老化等现象而产生的损耗。这种有形损耗通常表现为汽车零部件的原始尺寸、间隙发生变化,公差配合性质和精度降低;零部件变形,产生裂纹,以致断裂损坏等。这种有形损耗具有一定的规律性,大致可分为三个阶段。

第一阶段为初期磨损(磨合)阶段。在这个阶段,汽车的行驶速度不能太高,最好不要满载运行。因为汽车零部件在加工装配过程中,其相对运动的表面不可避免地具有一定的粗糙度,当相互配合作相对运动时,表面上的凸峰由于摩擦会很快被磨平,配合间隙适中。汽车磨合期的长短,各汽车公司都有严格的规定。一般欧美国家的汽车约为7000km,日本的汽车约为5000km,也有的车为3000km,甚至有的车型为1500km。使用中,必须按汽车厂家的规定,行驶到磨合期的里程数,按时进行首次维护,如更换机油、清洗空气滤清器、调整间隙等,使汽车处于最佳状态。

第二阶段为正常磨损阶段。在这个阶段,汽车零部件表面上的高低不平已被磨平,磨损速度较第一阶段缓慢,磨损情况较稳定,磨损量随行驶里程的增加而均匀正常地增加,持续时间较长。此阶段车主应严格按汽车制造厂家在使用手册中规定的技术要求使用汽车,也就是通常所说的正常使用,尽可能延长其正常磨损阶段。

第三阶段是急剧磨损阶段。这一阶段由于破坏了正常磨损关系,从而使磨损加剧,磨损量急剧上升。此时,汽车各零部件的精度、技术性能和效率明显下降,使用费用急剧增加,油耗、排放超标。

从上述磨损规律可知:如果汽车在使用中加强维护,合理使用,则可延长其正常使用阶段的期限,从而可提高经济效益,减少使用费用的支出。此外,对汽车要定期地进行检查,发现问题,及时解决,“小病不理,大病吃苦”,在进入急剧磨损阶段之前就进行修理,以免遭到不可逆转的破坏性损耗。

第二种情况:汽车在存放闲置过程中,由于自然力的作用,而使汽车腐蚀、老化,或由于

管理不善和缺乏必要的养护而使其自然丧失精度和工作能力。这种损耗与闲置时间和保管条件有关。例如,起动时所用的蓄电池在长期闲置中,若没有定期地进行养护,会使其丧失工作能力而报废。发动机在长期的闲置中,首先应进行封存,或至少每年要进行维护和发动一次,否则就有可能因缸内锈蚀而影响其使用寿命。

汽车存在着的上述两种损耗形式不是以单一形式表现出来,而往往是共同作用。其损耗使汽车的使用性能变差,价值降低,到一定程度可使汽车完全丧失使用价值。在经济上,显然会导致汽车的使用费用不断上升,经济效益会逐步下降。在有形损耗严重时,若不采取措施,就会引起行车事故,从而带来极大的经济损失,甚至危及生命。

二、无形损耗

所谓无形损耗,是由于科学技术的进步和发展,从而导致车辆的损耗与贬值。这也分以下两种情况。

第一种情况:因技术不断进步引发劳动生产率提高,而现在再生产制造与原性能和结构相同的车辆,其社会必要劳动时间则会减少,致使重新生产制造结构相同车辆的成本降低,造成现有车辆的价值损耗而贬值。这种无形损耗并不会影响汽车本身的技术特性和功能,汽车可以继续使用,一般也不需要更新。但是,若汽车的贬值速度比维修汽车的费用提高的速度还快,修理费用高于贬值后的车辆价值,这时就应考虑更新了。

第二种情况:因科学技术的进步,不断出现性能更完善、运输效率更高的车辆而使原有车辆在技术上显得陈旧和落后,而产生损耗和贬值。这时,如果继续使用原有车辆,就会降低经济效益。这种经济效益的降低,反映在原有车辆使用价值的局部或全部丧失,这就产生了用新的车辆来取代原有旧的车辆的必要性。不过这种更新的经济合理性取决于原有车辆的贬值程度及经济效益下降的幅度。例如,电控燃油喷射系统的成功使用,使汽车的燃油经济性和排放污染都有明显的改善,使原有化油器汽车产生贬值,并逐渐淘汰退出市场。

第二节 汽车使用寿命的分类

汽车使用寿命主要可分为:技术使用寿命、经济使用寿命和合理使用寿命。三者的关系一般可用下式表示:

技术使用寿命 > 合理使用寿命 ≥ 经济使用寿命

一、技术使用寿命

汽车的技术使用寿命指汽车已达到技术极限状态,而不能用维修的方法恢复其主要使用性能的使用期限。汽车的技术使用寿命取决于汽车各总成的设计水平、制造质量和合理使用与维修。其技术极限状态在结构上表现零部件的工作尺寸、工作间隙极度超标;在性能上表现为汽车的动力性、使用经济性、使用安全性和可靠性极度下降。

汽车到达技术使用寿命时,应进行报废处理。

二、经济使用寿命

汽车的经济使用寿命指综合考虑汽车使用中的各种消耗,以取得汽车使用最佳经济效果为出发点进行分析,保证汽车总使用成本最低时的使用期限。随着汽车使用时间和行驶里程的延长,汽车的技术状况不断变坏,汽车维修费、燃料费等经营费用不断增加。当汽车使用到某一年先后,继续使用将其经济性变坏。根据汽车使用的经济效益所确定的寿命,称为汽车的经济使用寿命。

汽车的经济使用寿命是确定汽车最佳更新时机的依据。

三、合理使用寿命

汽车的合理使用寿命指以汽车经济使用寿命为基础,考虑整个国民经济发展和能源节约的实际情况后,所制定出的符合我国实际情况的使用期限。也就是说,汽车已经达到经济寿命,但是否更新应视国情而定,如更新汽车的来源及更新资金等。

对于汽车,我国早已颁布汽车报废标准。现行的《机动车强制报废标准规定》从 2013 年 5 月 1 日起施行,是在充分考虑上述因素、我国国情和报废标准与国际接轨的基础上颁布的,是旧汽车评估的重要依据之一。

第三节　汽车的经济使用寿命

一、汽车经济使用寿命的主要指标

汽车在经济使用寿命时期内,其使用的经济效益最佳,因此得到了广泛的关注。研究表明:在汽车经济使用寿命时期内,汽车制造费用平均只占总费用的 15%,而使用和维修费则占 85%。

发达国家的汽车经济使用寿命完全按经济规律确定,除考虑车辆本身的运行费用增长外,还须考虑新车型性能的改进和价格下降等因素。表 2-1 列出了几个主要汽车国家的载货汽车的平均经济使用寿命。

主要国家的载货汽车平均经济使用寿命　　表 2-1

国别	美国	日本	德国	法国	英国	意大利	中国
平均经济使用寿命(年)	10.3	7.5.	11.5	12.1	10.6	11.2	10

汽车经济使用寿命的主要指标有:规定使用年限、行驶里程、使用年限和大修次数。

1. 规定使用年限

规定使用年限是汽车从投入运行到报废的年数。用其作为经济使用寿命的量标,除考虑了运行时间以外,还考虑了汽车停驶闲置期间的自然损耗。这种计量方法虽然较简单,但是,尚未真实地反映出汽车的使用强度和使用条件对寿命的影响,造成同年限汽车差异较大。例如,两辆同型号的汽车,一辆每天运行 8h,另一辆则每天只运行 2h,其使用强度相差很大,但规定使用年限是一样的。

我国汽车的规定使用年限为 3 个等级,即 8 年、10 年和 15 年,各种汽车规定使用见表 2-2。

2. 行驶里程

行驶里程是指汽车从开始投入运行到报废,这期间累计行驶的里程数。将其作为汽车使用寿命的量标比较客观地反映了汽车的使用强度,但它也不能反映使用条件对汽车的影响,也未考虑汽车停驶闲置期间的自然损耗。例如,有的汽车长年在大、中城市行驶,道路全为铺设路面。而有的汽车则长期在山区、边远地区行驶,道路条件较差。使用行驶里程这个量标,则没有考虑这种差异。

各种汽车规定使用年限及其可延长年限　　表 2-2

车　型	使用年限(年)	延长年限(年)
总质量为 1.8t 以下的微型载货汽车(含越野型)	8	0
带拖挂的载货汽车	8	0
矿山作业专用车	8	0
各类出租汽车	8	0
营运车辆转为非营运车辆	8	0
非营运车辆转为营运车辆	8	0
营运大客车	10	≤4
总质量为 1.8t 以上的载货汽车	10	≤5
旅游载客汽车	10	≤10
9 座以上非营运载客汽车	10	≤10
吊车,消防车,钻探车等从事专门作业的车辆	10	≤5,还可根据实际使用情况和检验情况,再延长使用年限
9 座(含)以下非营运载客汽车(包括轿车、含越野型)	15	无限制

应该说,汽车累计行驶里程数是考虑汽车各项技术性能指标的重要参数,是一个很实用、很实际的量标,充分反映了汽车使用强度的大小。汽车使用性质不同,同年限的汽车其累计行驶里程数相差是很大的。一般来说,同年限的专业运输车辆,行驶里程数较大。

3. 使用年限

使用年限是指汽车的总行驶里程与平均行驶里程之比所得的折算年限,即:

$$T_{折} = \frac{L_{总}}{L_{年}}$$

式中:$T_{折}$——折算年限,年;

$L_{总}$——总的累计行驶里程,km;

$L_{年}$——年平均行驶里程,km/年。

年平均行驶里程是用统计方法统计确定的,与车辆的技术状态、完好率、平均技术速度和道路条件等因素有关。据统计,我国城市和市郊运输车辆年平均行驶里程一般 4 万 km 左右,长途货运为 5 万 km 左右。对于营运汽车在使用过程中,由于车辆的技术状况、平均技术速度和道路条件等因素的不同,年平均行驶里程的差异较大,但车辆的年平均使用强度基本相同。因此,按折算年限基本上可以在全国范围内取得同一指标。这对于社会专业运输和社会零散使用车辆也是适用的。但由于使用强度相差太大,年平均行驶里程也不相同,其使用年限也不相同。社会零散车辆的管理水平、使用水平、维修水平一般都比较低,所以这些车辆又不能按专业运输车辆的指标要求,应相对于专业运输企业车辆的使用寿命做适当的修正。这种(使用年限)表示方法既反映了车辆的使用情况、使用强度,又包括了运行条件和某些停驶时间较长的车辆的自然损耗。

4. 大修次数

大修次数指车辆报废之前所经历的大修次数。汽车经几次大修后报废最为经济,对这一问题,需综合考虑购买新车的费用、旧车未折完的费用、大修费用和经营费用。

对全国来说,采用使用年限这个量标比采用行驶里程更为合理些,因为我国地域辽阔,地理、气候、道路条件差异较大,管理水平有高有底。有些省市,即使使用年限相同,而车辆总行驶里程有长、有短,车辆技术状况也不相同。为此采用使用年限作为主要考核指标更为确切。

二、影响汽车的经济使用寿命的因素

影响汽车经济使用寿命的因素有车辆的损耗、车辆的来源与使用强度、车辆的使用条件等。

1. 车辆的损耗

首先从车辆的有形损耗和无形损耗两个方面进行分析。

无形损耗是指由于技术进步、生产发展,出现了性能好、生产效率高的新车型,或原车型价格下降等情况,促使在用车辆提前更新而产生的损耗,实际上是旧车型相对新车型的贬值。

有形损耗是指车辆在使用过程中本身的消耗。有形损耗主要与车辆使用成本有关。车辆的使用成本计算公式为:

$$C = C_1 + C_2 + C_3 + C_4 + C_5 + C_6 + C_7 + C_8 + C_9$$

式中:C_1——燃料费用;

C_2——维护、小修费用;

C_3——大修费用;

C_4——基本折旧费用;

C_5——轮胎费用;

C_6——驾驶人工资费用;

C_7——管理费用;

C_8——养路费用;

C_9——其他费用。

其中 C_5 ~ C_8 是与车辆经济使用寿命无关的因素。当使用寿命确定后,C_4 基本是一个定值,只有 C_1、C_2、C_3 随行驶里程(或使用年限)的增长、车况的下降而增加。

1) 车辆的燃料费用

车辆随行驶里程的增加,其技术状况会逐渐变坏,主要性能不断下降,燃料和润滑材料的消耗不断增加。

2）车辆的维修费用

维修费用是指车辆在使用过程中，各级维护费用及日常小修费用的总和。它主要由维修过程中实际消耗的工时费和材料费来确定。随车辆行驶里程的增加，各级维护作业中的附加小修项目和日常小修作业项目的费用也随之增加，其变化关系基本上是线性关系。

3）车辆的大修费用

车辆在使用过程中，当其动力性和经济性下降到一定程度，无法用正常的维护和小修方法使其恢复正常使用状态时，就必须进行大修。

根据国内初步统计表明，新车第一次大修费用一般为车辆原值的10%左右。以后随里程（或年限）的增长，大修费用也逐渐增加，另外大修间隔里程也在逐渐缩短。在计算大修费用时，要把某次的大修费用均摊在此次大修至下次大修的间隔里程段内，即相当于对大修后间隔里程段的投资。

2. 使用强度

不同的使用者，对车辆的使用强度差异比较大，各种车辆的使用强度从每年1万～15万km不等，常见的车辆使用强度见表2-3。

车辆使用强度 表2-3

车辆类型	私家车	商用车	出租车	公交车	长途客车	大货车
车辆使用强度（万km/年）	1～3	2～5	10～15	8～12	10～20	8～12

一般来说，私家生活用车不仅维护较好，而且年平均行驶里程数较小；相反营运性车辆，年平均行驶里程数就很大，使用强度也很大。而公务、商务用车，则介于上述两者之间，使用强度一般。

汽车的使用强度与使用部门有关。交通运输部门、专门从事运输生产的车辆，使用条件复杂，使用强度较大，但车辆维修水平也较高。这部分车辆主要指的是客、货运输车辆。特别是货车，为了提高劳动生产率，通常带有拖挂车，实载率较高，甚至超载。这些车辆一般很少进入二手车流通领域，运输单位通常用到报废为止。城市公共交通车辆也是从“生”到“死”常年服役，不参与二手车市场的交易。

城市出租汽车，其使用强度极大，车辆机件磨损上升速率很快，大大影响了车辆的使用寿命。而且这些车辆的管理、使用、维修水平差异很大，有少数出租汽车公司对于车况疏于管理，大多数出租汽车实行昼夜两班制。出租汽车进入二手车市场的不少，对于其车况，在评估中需特别注意。

还有一些机关、企事业单位的公务、商务用车，这些车辆一般没有专业的管理机构和维修基地，使用情况也存在较大差异。这些车辆进入二手车市场的较多。政府有关部门的公务用车更换后，均需进入二手车市场。评估时应注意考虑其实际技术状况，了解其使用维修情况。一般来说，这些车辆使用强度不大，车况也较好。

显然，使用强度越大，其经济实用寿命越短。

3. 使用条件

1）道路条件

道路对汽车使用寿命影响很大，直接影响车辆技术速度。道路条件差，车辆技术速度就慢，燃料消耗增大，车辆磨损增大，经济使用寿命则短。

对汽车使用寿命有较大影响的道路条件主要是道路等级和路面情况两个因素。我国道路分为两类5个等级。

第一类：汽车专用公路、高速公路、一级公路和二级汽车专用公路。

第二类：一般二级公路、三级公路和四级公路。

高速公路具有特别的经济意义。我国高速公路发展极快，专供汽车分道高速行驶，一般车速均在100km/h以上，采用全立交、全封闭形式。一、二级汽车专用公路多为大、中城市的铺设路面，或者是连接重要经济中心之间专供汽车行驶的道路。三级公路主要是用来沟通县级及以上城市的干线公路。四级公路主要是沟通县、乡、村的支线公路。

目前，我国正在实施“社会主义新农村建设”，改善农村经济，提高其发展水平。实施“要想富，先修路”的村村通公路的规划。无须很长时间，我国广大农村的交通条件将会得到极大改善，同时也给汽车使用寿命的提高带来极大影响。

2）自然条件

我国幅员辽阔，各地自然、地理条件差异较大，温度、湿度、年降雨量、空气中的含氧量、沙尘含量差异也较大，造成车辆的经济使用寿命有一定的差异。

4. 经济水平

我国各地的经济水平差异也很大，东南沿海经济发达，而中西部经济较落后，这也造成了车辆经济使用寿命的差异。如出租车的使用年限从3年至8年不等，而有的地方8年后还可以使用。

5. 国家能源、环保政策

国家能源、环保政策的主要影响是缩短了汽车的使用寿命。这些政策限制了耗能多、排放不达标的汽车的使用，或是其提前报废，也增加了其年检次数，提高了汽车的使用成本。

1）缩短了机动车的使用寿命

根据国家能源、环境政策，对不达标的机动车限制使用或者使其提前报废，大大加速了汽车的更新速度，缩短了不达标机动车的正常使用寿命。许多在用“黄标”车，除限驶地区外，一年内还需多次检测，大大增加了使用成本，从而加速了使用寿命的到达。根据国家二手车交易市场信息部门的预测，新的排放标准的实施，主流的二手车型交易寿命缩短15%，由原来的6年下降到5年左右。

2）增加了使用成本

国家对不符合要求的在用机动车进行限制使用，不准其进入某些重要或敏感的地区。此外，还要频繁地对其进行检测，甚至强制报废。这些举措都导致机动车使用成本的增加，从而加速了超标机动车退出使用的速度。

第四节　汽车折旧

一、等速折旧法

汽车折旧是指汽车随着时间的推移或在使用过程中，由于损耗而转移到产品中去的那部分价值。对于营运汽车，当这部分价值随着车辆产生收益的回收、积累，则形成汽车的折旧基金。折旧基金是为了补偿汽车的磨损而逐年提取的专用基金,其主要目的是在汽车不能使用或不再使用时,用折旧基金购置新车辆,实现汽车更新。

车辆折旧根据车辆的价值、使用年限,用所规定的折旧方法进行计算。常用的汽车折旧方法有等速折旧法和快速折旧法两种,其中等速折旧法应用较广。

等速折旧法又称直线折旧法、使用年限法或平均折旧法,是指用车辆的原值除以车辆使用年限,从而求得年均折旧额的方法。计算公式为:

$$D_t = \frac{1}{N}(K_0 - S_V)$$

式中:D_t——汽车年均折旧额;

K_0——汽车原值;

S_V——汽车残值;

N——汽车规定的折旧年限。

二、快速折旧法

快速折旧法通常分为年份数求和法和余额递减折旧法两种。

1. 年份数求和法

年份数求和法是指每年的折旧额可用车辆原值减去残值的差额乘一个逐年变化的递减系数来确定的一种方法。此递减系数的分母为车辆使用年限历年数字的累计之和,即每年递减系数的分母均相等;分子的大小等于当年时止还余有的使用年数。一般来讲,车辆使用年限为 N 时,递减系数的分母等于 $N(N+1)/2$,分子等于 $N+1-t$。年份数求和的计算公式为:

$$D_t = (K_0 - S_v) \cdot \frac{N+1-t}{\frac{N(N+1)}{2}}$$

式中:$\frac{N+1-t}{N(N+1)/2}$——递减系数(或年折旧率);

t——汽车在使用期限内某一确定年度。

2. 余额递减折旧法

余额递减折旧法是指任何年的折旧额用现有车辆原值乘以在车辆整个寿命期内恒定的折旧率,接着用车辆原值减去该年折旧额作新的原值,下一年重复这一做法,直到折旧总额分摊完毕。在余额递减中所使用的折旧率,通常大于直线折旧率,当使用的折旧率为直线折旧率的 2 倍时,称为双倍余额递减法,具体计算公式为:

$$D_t = K_0 a(1-a)^{t-1}$$

式中:a——折旧率,直线法的折旧率为 $a = 1/N$;

t——汽车在使用期限内某一确定年度。

应用该公式计算时,若在使用期终仍有余额,为了使折旧总额到使用期终分摊完毕,到一定年度后,要改用等速折旧法。

三种方法计算的折旧率是不同的,汽车的规定使用年限分为 8 年、10 年和 15 年三种,其每年的折旧率见表 2-4。

三种方法计算折旧率对比表

表 2-4

使用年限	折旧率（%）								
	规定年限 8 年			规定年限 10 年			规定年限 15 年		
	等速折旧法	年份数求和法	双倍余额递减法	等速折旧法	年份数求和法	双倍余额递减法	等速折旧法	年份数求和法	双倍余额递减法
1	0.1250	0.2222	0.2500	0.1000	0.1818	0.2000	0.0667	0.1250	0.1333
2	0.1250	0.1944	0.1875	0.1000	0.1636	0.1600	0.0667	0.1167	0.1156
3	0.1250	0.1666	0.1406	0.1000	0.1455	0.1280	0.0667	0.1083	0.1001
4	0.1250	0.1389	0.1055	0.1000	0.1273	0.1024	0.0667	0.1000	0.0868
5	0.1250	0.1111	0.0791	0.1000	0.1091	0.0819	0.0667	0.0917	0.0752
6	0.1250	0.0833	0.0593	0.1000	0.0909	0.0655	0.0667	0.0833	0.0652
7	0.1250	0.0556	0.0445	0.1000	0.0727	0.0524	0.0667	0.0750	0.0565
8	0.1250	0.0278	0.0334	0.1000	0.0545	0.0419	0.0667	0.0667	0.0470
9				0.1000	0.0364	0.0336	0.0667	0.0583	0.0424
10				0.1000	0.0182	0.0268	0.0667	0.0500	0.0368
11							0.0667	0.0417	0.0319
12							0.0667	0.0333	0.0276
13							0.0667	0.0250	0.0239
14							0.0667	0.0167	0.0207
15							0.0667	0.0083	0.0180

从表中可以看出，等速折旧法的每年折旧率是相等的；年份数求和法的每年折旧率是不相等的，且呈直线规律下降；双倍余额递减法的每年折旧率也是不相等的，但其变化规律为指数曲线。

例如：某汽车的原值为 10 万元，规定使用年限为 10 年，残值忽略不计，试用上述两种快速折旧法分别计算其折旧额。

计算结果见表 2-5、表 2-6。

用年份数求和法计算折旧

表 2-5

年　数	基数（元）	递减系数	年折旧额（元）	累计折旧额（元）
1	100000	10/55	18181	18181
2		9/55	16363	34544
3		8/55	14545	49089
4		7/55	12727	61816
5		6/55	10909	72725
6		5/55	9090	81815
7		4/55	7272	89087
8		3/55	5454	94541
9		2/55	3636	98177
10		1/55	1818	100000

用双倍余额递减法计算折旧 表2-6

年 数	基数(元)	折旧率(%)	年折旧额(元)	累计折旧额(元)
1	100000	20	20000	20000
2	80000	20	16000	36000
3	64000	20	12800	48800
4	51200	20	10240	59040
5	40960	20	8192	67232
6	32768	20	6553.6	73785.6
7	26214.4	25	6553.6	80339.2
8	26214.4	25	6553.6	86892.8
9	26214.4	25	6553.6	93446.4
10	26214.4	25	6553.6	100000

第五节 汽车报废

经过长期使用后,车型老旧、性能低劣、物料消耗严重、维修费用过高、继续使用不经济、不安全的汽车应予以报废。车辆报废应根据车辆报废的技术条件,提前报废会造成运力浪费,过迟报废则又增大运输成本,影响运力更新。

一、汽车报废标准

1997年我国新修订的《汽车报废标准》规定,凡在我国境内注册的民用汽车,属于以下情况之一的应当报废。

(1)轻、微型载货汽车(含越野型)、矿山作业专用车累计行驶30万km,重、中型载货汽车(含越野型)累计行驶40万km,特大、大中、轻微型客车(含越野型)、轿车累计行驶50万km,其他车辆累计行驶45万km。

(2)轻、微型载货汽车(含越野型)、带拖挂的载货汽车、矿山作业专用车及各类出租汽车使用8年,其他车辆使用10年。

(3)因各种原因造成严重损坏或技术状况低劣、无法修复的汽车。

(4)车型淘汰、已无配件来源的车辆。

(5)经长期使用,耗油量超过国家定型车出厂标准值15%的汽车。

(6)经修理和调整仍达不到国家对机动车运行安全技术条件要求的汽车。

(7)经修理和调整或采用排放污染控制技术后,排放污染物仍超过国家规定汽车排放标准的汽车。

除19座以下出租车和轻微型载货汽车(含越野型)外,对达到上述使用年限的客、货车辆,经公安车辆管理部门依据国家机动车安全排放有关规定严格检验,性能符合规定的,可延长使用期限,不得超过第(2)条规定的一半,即4年或5年。对于吊车、消防车、钻探车等从事专门作业的车辆,还可根据实际使用和检验情况,再延长使用期限。所有延长使用年限的车辆,都需按公安部门规定增加检验次数,不符合国家有关汽车安全排放规定的应当强制报废。

二、修改后的汽车报废

根据国家经济贸易委员会、国家发展计划委员会、公安部、国家环境保护总局《关于调整汽车报废标准若干规定的通知》(国家经贸资源〔2000〕1202号)和公安部《关于实施(关于调整汽车报废标准若干规定的通知)有关问题的通知》(公交管〔2001〕2号)精神,1997年制定的汽车报废标准中,非营运载客汽车和旅游载客汽车的使用年限及办理延缓报废的标准如下。

(1)9座(含9座)以下非营运载客汽车(包括轿车、含越野型)使用15年。达到报废标准后要求继续使用的,不需要审批,经检验合格后可延长使用年限,每年定期检验2次,超过20年的,从第21年起每年定期检验4次。

(2)旅游载客汽车和9座以上非营运载客汽车使用10年。达到报废标准后要求继续使用的按现行规定程序办理,可延长使用年限但最长不超过10年。延缓报废使用的旅游载客汽车每年定期检验4次;延缓报废使用的9座以上非营运载客汽车每年定期检验2次,超过15年的,从第16年起每年定期检验4次。

(3)营运大客车的使用年限调整为10年,达到报废标准后要求继续使用的按现行规定程序办理。延缓报废使用不超过4年;延长使用期间每年定期检验4次。

(4)上述车辆定期检验时,一个检验周期连续3次检验都不符合国家标准《机动车运行安全技术条件》规定的,收回号牌和行驶证,通知机动车所有人办理注销登记。达到报废标准后,不得办理注册登记和转籍过户登记。

(5)营运车辆转为非营运车辆和非营运车辆转为营运车辆,一律按营运车辆的规定年限(8年)报废。

(6)没有调整的内容和其他类型的汽车,仍按照国家经贸委等部门《关于发布(汽车报废标准)的通知》(国经贸经〔1997〕456号)和《关于调整轻微型载货汽车报废标准的通知》(国经贸经〔1998〕07号)执行(注:轻型载货汽车是指厂定总质量大于1.8t小于或等于6t的载货汽车)。右置转向盘汽车报废的管理,按照公安部《关于加强右置转向盘汽车管理的通知》(公交管〔2000〕183号)执行。

(7)对按规定需办理审批手续的延缓报废车辆,仍按现行规定程序办理;对原已办理延缓报废手续,但未达到新的报废标准的,按普通正常车辆管理,重新打印行驶证副证,并按规定办理年检签章,不再加盖延缓报废检验合格印章;对按照原报废标准应当报废但未办理完毕注销登记的车辆,按照新规定执行。

三、机动车报废年限

旧汽车报废年限及延续报废使用情况见表2-7。

旧汽车报废年限及延缓报废使用情况 表 2-7

车型		报废年限（或规定使用年限）	可否延缓年限	最高可延缓年限	强制报废年限	依据
非营运客车	9座以下（含）	15年	可	不限	签注至2099年12月31日	《关于调整汽车报废标准若干规定的通知》（国经贸资源〔2000〕1202号）
	9座以上	10年	可	10年	20年	
旅游客车		10年	可	10年	20年	汽车报废标准（1997修订）（国经贸经〔1997〕456号）、《关于调整轻型载货汽车报废标准的通知》（国经贸经〔1998〕407号）
营运客车（非出租车）		10年	可	5年	15年	
微型载货汽车		8年	否		8年	
轻型载货汽车		10年	可	5年	15年	
中型载货汽车		10年	可	5年	15年	
重型载货汽车		10年	可	5年	15年	
19座（含）以下出租车		8年	否		8年	
19座以上出租车		8年	可	4年	12年	
带拖挂货车		8年	可	4年	12年	汽车报废标准（1997修订）（国经贸经〔1997〕456号）
矿山作业车		8年	可	4年	12年	
吊车、消防车、钻探车等专用车		10年	可	适当	签注至2099年12月31日	
全挂车		10年	可	5年	15年	《关于实施〈汽车报废标准〉有关事项的通知》（公交管〔1997〕261号）
半挂车		10年	可	5年	15年	
半挂牵引车		10年	可	5年	15年	
其他汽车		10年	可	5年	15年	汽车报废标准（1997修订）（国经贸经〔1997〕456号）

四、报废标准与经济使用寿命

国内外概不例外地均以经济使用寿命为基础，综合考虑国民经济的发展水平和能源情况、环保要求，此外，还需考虑广大人民群众的经济状况、消费水平、承受能力等，从而确定符合本国国情的规定使用年限。一般来说，其规定使用年限均超过经济使用寿命期。而在发展中国家，汽车的规定使用年限都大大超过其经济适用寿命期。

我国的《汽车报废标准》中，有的规定使用年限就大大超过经济使用寿命。例如，私家生活用车，原先规定使用年限为10年，2000年则调整为15年，大大超过5～7年的经济使用寿命期。这是从我国目前的实际情况出发，综合考虑了一般家庭的经济收入、生活水平、消费水平、消费习惯、承受能力、资源情况以及我国汽车工业发展水平等而确定的。根据发达国家的历史情况，今后我国对汽车的规定使用年限也会逐渐向经济使用寿命靠近。

前述汽车经济使用寿命是动态的、可变的、非刚性的，它受各种因素的影响。合理正确地使用，精心地维护，适时地维修，则可延长汽车的经济适用寿命期。反之，则会缩短。而根据经济使用寿命来确定的汽车规定使用年限，在一段相对稳定的时期内，就成为一个固定的、不可变的、刚性的数字，从而决定了汽车的使用寿命（不考虑延长报废期）。

汽车强制报废标准还将被再次修订，这次修订的主要内容是取消对非营运的乘用车报废年限的限制，同时将加强对汽车安全和排放污染情况的要求。这些举措意味着目前实施的汽车强制报废标准将有重大变革。对非营运性车辆不再把使用年限作为报废指标，而更多考虑其排放和安全技术状况，这将对汽车企业提出更高要求。

在新修订后的强制报废标准中，增加汽车排放要求是一项重大变革，这在目前的强制报废标准中是没有的，修订后将把排放要求作为决定汽车报废的主要考核目标，这将加速不少排放不合格的老旧车型的淘汰速度。

修订后的强制报废标准还将加速汽车的更新速度，提升二手车的品质，使一些“老爷车”、事故车等尽快淡出，进一步扩大其车的销量。

法规修订后，以安全、环保状况作为考核指标，这就有效防止了报废汽车和用报废弃车拼装的汽车上路。

第三章　旧汽车的合法鉴定

第一节　手续核查

一、汽车的主要证件

汽车的主要证件包括机动车来历凭证、《机动车行驶证》《机动车登记证书》、机动车号牌、道路运输证和机动车安全技术检验合格标志等法定证件。

1. 机动车来历凭证

机动车来历凭证主要包括以下几个方面。

(1)在国内购买机动车的来历凭证，是全国统一的机动车销售发票或者二手车销售发票；在国外购买的机动车，其来历凭证是该销售单位开具的销售发票及其翻译文本。

(2)人民法院调解、裁定或者判决转移的机动车，其来历凭证是人民法院出具的已经生效的《调解书》《裁定书》或者《判决书》以及相应的《协助执行通知书》。

(3)仲裁机构仲裁裁决转移的机动车，其来历凭证是《仲裁裁决书》和人民法院出具的《协助执行通知书》。

(4)继承、赠予、中奖和协议抵偿债务的机动车，其来历凭证是继承、赠予、中奖和协议抵偿债务的相关文书和公证处出具的《公证书》。

(5)资产重组或者资产整体买卖中包括的机动车，其来历凭证是资产主管部门的批准文件。

(6)国家机关统一采购并到下属单位未注册登记的机动车，其来历凭证是全国统一的机动车销售发票和该部门出具的调拨证明。

(7)国家机关已注册登记并调拨到下属单位的机动车，其来历凭证是该部门出具的调拨证明。

(8)经公安机关破案发还的被盗抢且已向原机动车所有人理赔完毕的机动车，其来历凭证是保险公司出具的《权益转让证明书》。

(9)更换发动机、车身、车架的来历凭证，是销售单位或者修理单位开具的发票。

2.《机动车行驶证》

《机动车行驶证》是由公安车辆管理机关依法对车辆进行注册登记核发的证件，它是机动车取得合法行驶权的凭证。《中华人民共和国道路交通管理条例》第十七条规定，机动车行驶证是车辆上路行驶必需的证件，《中华人民共和国机动车登记管理办法》规定机动车行驶证是二手车过户、转籍必不可少的证件。

3.《机动车登记证书》

根据 2001 年 10 月 1 日起实施的《中华人民共和国机动车登记办法》，在我国境内道路上行驶的机动车,应当按规定经机动车登记机构办理登记,核发机动车号牌、《机动车行驶证》和《机动车登记证书》。

机动车所有人申请办理机动车各项登记业务时均应出具《机动车登记证书》;当登记信息发生变动时,机动车所有人应当及时到车辆管理所办理相关手续;当机动车所有权转移时,原机动车所有人应当将《机动车登记证书》随车交给现机动车所有人。目前,《机动车登记证书》还可以作为有效资产证明,到银行办理抵押贷款。

《机动车登记证书》同时也是机动车的"户口本",所有机动车的详细信息及机动车所有人的资料都记载在上面,证书上所记载的原始信息发生变化时,机动车所有人应携《机动车登记证书》到车管所作变更登记。

《机动车登记证书》是二手车评估人员必须认真查验的手续,《机动车登记证书》的内容更详细,一些评估参数必须从《机动车登记证书》获取,如使用性质的确定等。

4. 道路运输证

道路运输证是县级以上人民政府交通主管部门设置的道路运输管理机构对从事旅客运输(包括城市出租客运)、货物运输的单位和个人核发的随车携带的证件,营运车辆转籍过户时,应当运输管理机构及相关部门办理过户有关手续。

5. 汽车安全技术检验合格标志

汽车必须进行安全技术检验,检验合格后,由公安机关发放合格标志。根据《中华人民共和国道路交通安全法实施条例》的规定,汽车检验合格标志应贴在汽车前窗右上角。若无合格标志或无效标志,则不能交易。

汽车安全技术检验由机动车安全技术检验机构实施。机动车安全技术检验机构应当按照国家机动车安全技术检验标准对汽车进行检验,对检验结果承担法律责任。

二、查验汽车号牌

汽车号牌是由公安车辆管理机关依法对机动车进行注册登记核发的号牌,它和汽车行驶证一同核发,其号码与行驶证应该一致。它是汽车取得合法行驶权的标志。《中华人民共和国道路交通管理条例》第十七条规定,汽车号牌不得转借、涂改、伪造。

机动车号牌有两种类型,即"九二"式和"二〇〇二"式号牌。"二〇〇二"式号牌仅在北京等几个城市应用,且数量少,已不再核发。目前广泛采用的是"九二"号牌。

1. "九二"式号牌

"九二"式号牌是按中华人民共和国公共安全行业标准《中华人民共和国机动车号牌》(GA 36—1992)制作。

根据机动车号牌颜色的不同,汽车号牌有蓝底白字的小型客车号牌,黄底黑字的大型客车号牌、黑底白字的外资企业号牌等。

对于特殊车辆,其号牌有其特殊规定,如白底黑字为警用号牌、黑底白字为军用专用号牌、悬挂"使"字车牌为驻华使馆号牌、黄底黑字悬挂"挂"字号牌为大型货车的挂车号牌、黄底黑字悬挂"内"字号牌为场内使用的内部号牌、白底黑字悬挂"赛"字号牌为赛车专用的车牌。

汽车号牌,除临时行驶车的号牌为纸质的,其余均为铝质反光。号牌上的字的尺寸大小也都有明确的规定,可查阅《中华人民共和国机动车号牌》(GA 36—1992)。

2.“二〇〇二”式号牌

“二〇〇二”式号牌,即个性号牌,有这样几个特点。

(1)号牌编号字符数由5位升至6位,使用阿拉伯数字和英文字母编排,号码容量扩大到3600万。

(2)群众自主编排号牌编号,车管所现场制作核发。

(3)在号牌上增设了汽车的技术参数信息,有利于防止汽车号牌的挪用、涂改等违规行为。

(4)提高了汽车号牌的制作防伪技术,便于路面执勤人员识别号牌真伪。

(5)“二〇〇二”式号牌从申请、选号到制作、路面管理,全部实行计算机数字化管理,基本实现了与国际通行做法的接轨。

3.号牌的位置

根据《中华人民共和国道路交通安全法实施条例》的规定,机动车号牌应当悬挂在车前、车后指定位置,保持清晰、完整。重型、中型载货汽车及其挂车的车身或者车厢后部应当喷涂放大的号牌,字样应当端正并保持清晰。

第二节 各种非法汽车识伪检查

在旧汽车交易市场不可避免地会出现一些走私车辆、拼装车辆、盗抢车辆以及事故车辆,如何界定这部分车辆,在旧汽车评估过程中是一项十分重要而又艰难的工作。它必须凭借技术人员所掌握的专业知识和丰富经验,结合有关部门的信息材料,对评估车型细致的鉴别,将这部分车辆与其他正常车辆区分开,从而使旧汽车交易规范、有序地进行。

一、鉴别走私和拼装车辆

走私车辆是指没有通过国家正常进口渠道进口的,并未完税的进口车辆。拼装车辆是指一些不法厂商和不法商人为了牟取暴利,非法组织生产、拼装,无产品合格证的假冒、低劣汽车。这些汽车有些是境外整车切割,境内焊接拼装车辆;有些是进口汽车散件,国内拼装的国外品牌汽车;有些是国内零部件拼装的国内品牌汽车;有些是旧车拼装车辆,即两辆或者几辆拼装成一辆汽车;也有的甚至是国产或进口零配件拼装的杂牌汽车。

对走私车辆、拼装车辆,在旧汽车评估中,首先确定这些车辆的合法性。因为,一种是车辆技术状况较好的,符合国家有关汽车行驶标准和要求,已经由国家有关执法部门处理,通过拍卖等其他方式,在公安车管部门已注册登记上牌,并取得合法地位的车辆。这些二手车在评估价格上要低于正常状态的车辆。另一种是无牌、无证的非法车辆。

对走私车辆、拼装车辆的鉴别方法有以下五种。

(1)运用公安车管部门的车辆档案资料,查找车辆来源信息,确定车辆的合法性及来源情况。这是一种最直接有效的判别方法。

(2)查验二手车的汽车产品合格证、维护手册。对进口车必须查验进口产品商验证明书和商验标志。

(3)检查汽车外观。查看车身全部是否有重新做油漆的痕迹,特别是顶部下沿部位。车身的曲线部位线条是否流畅,尤其是小曲线部位。根据目前技术条件,没有专门的设备,不可能处理得十分完美,所以留下再加工痕迹特别明显。检查门柱和车架部分是否有焊接痕迹,很多走私车辆是在境外把车身切割后,运入国内再进行焊接拼凑起来的。查看车门、发动机罩、行李舱盖与车身的接合缝隙是否整齐、均衡。

(4)查看汽车内饰。检查内饰材料是否平整,内饰压条边沿部分是否有明显的手指印或有其他工具碾压后留下的痕迹,车顶部装饰材料或多或少都会留下被弄脏后的痕迹印。

(5)打开发动机罩,检查发动机和其他零部件是否有拆卸后重新安装的痕迹,是否有旧零部件或缺少零部件。查看电线、管路布置是否有条理,安装是否平整。核对发动机号码和车辆识别代码(车架号码)字体和部位。

二、鉴别盗抢车辆

盗抢车辆一般是指公安车管部门已登记上牌的,在使用期内丢失的或被不法分子盗窃的,并在公安部门已报案的车辆。由于这类车辆被盗窃方式多种多样,车辆被盗窃后所遗留下来的痕迹会不同。如撬开门锁、砸车窗玻璃、撬转向盘锁等,都会留下痕迹。同时,这些被盗赃车大部分经过一定修饰后,再被卖出。这些车辆很可能会流入二手车交易市场。这类的鉴别方法一般有以下四种。

(1)根据公安车辆管理部门的档案资料,及时掌握车辆状态情况,防止盗抢车辆进入市场交易。这些车辆从车辆主人报案起到追寻找到止这段时期内,公安车管部门将这部分车辆档案材料锁定,不允许进行车辆过户、转籍等一切交易活动。

(2)根据盗窃的一般手段,主要检查汽车门锁是否过于新,锁芯有无被更换的痕迹,门窗玻璃是否为原配正品,窗框四周的防水胶是否有插入玻璃升降器开门的痕迹,转向盘或点火开关是否有破坏或调换的痕迹。

(3)不法分子急于对有些车辆销赃,他们会对车辆、有关证件进行篡改和伪造,使被盗赃车面目全非。检查重点是核对发动机号码和车辆识别代码,钢印周围是否有变形或褶皱现象,钢印正反面是否有焊接的痕迹。

(4)查看车辆外观是否全身重新做过油漆,或者改变原车辆颜色。

三、鉴别碰撞事故车辆

1. 碰撞事故车

严重碰撞或撞击的车辆只要符合以下任何一条损伤的,就应认为是碰撞事故车:

(1)碰撞或撞击后,车架大梁弯曲变形、断裂后修复。

(2)散热器及散热器支架被撞损伤后修复或更换过的。

(3)车身后翼子板碰撞后被切割或更换过。

(4)车门及其下边框、B 柱碰撞变形弯曲后修复或更换过。

(5)整个汽车在事故中翻滚,整个车身产生变形凹陷、断裂后修复的。

2. 鉴别方式

1)检查车辆的周正情况

在汽车制造厂,汽车车身及各部件的装配位置是在生产线上经过严格调试的装、卡具保证的,装配出的车辆各部分对称、周正。而维修企业对车身的修复则是靠维修人员目测和手工进行操作,装配精度难以保证。因此检查车身是否发生过碰撞,可站在车的前部观察车身各部的周正、对称状况,特别注意观察车身各接缝,若出现不直、缝隙大小不一、线条弯曲、装饰条有脱落或新旧不一的情况,说明该车可能出现过事故或修理过。

(1)方法一。

从汽车的前面走出5~6m,蹲下沿着轮胎和汽车的外表面向下看汽车的两侧。在两侧,前、后车轮应该排成一线。然后,走到汽车后面进行同样的观察,前轮和后轮应该仍然成一条直线。如果不是这样,则车架或整体车身发生了弯曲变形。

即使左侧前、后轮和右侧前、后轮互成一条直线,但如果一侧车轮比另一侧车轮更远离车身,则汽车已发生过碰撞事故。

(2)方法二。

蹲在前车轮附近,检查车轮后面的空间,即车轮后面与车轮罩后缘之间的距离,用直尺测量这段距离。再转到另一前轮,测量车轮后面与车轮罩后缘之间的距离。该距离应该和另一前轮大致相同。如果发现左前轮或左后轮和它们的轮罩之间距离与右前或右后轮的相应距离大大不同,则车架或整体车身发生了弯曲变形。

2)检查油漆脱落情况

查看排气管、镶条、窗户四周和轮胎等处是否有多余油漆。如果有,说明该车已做过油漆或翻新。用一块磁铁(最好选用冰箱柔性磁铁,不会损伤汽车漆面,且磁性足以承担此项工作)沿车身周围移动,若遇到磁力突然减小,说明该局部进行过补灰做漆工作。当用手敲击车身时,若敲击声发脆,说明车身没有进行过补灰做漆工作;若敲击声沉闷,说明车身进行过补灰做漆工作。

如果发现新漆的迹象,则查找车身有无制造不良的现象或金属抛光的痕迹。沿车身查找是否有像波状、非线性翼子板或后顶盖侧板那样的不规则板材。如果发现车身制造或面板、车门、发动机罩、行李舱盖等配合不好,汽车可能已经遭受碰撞,导致这些板面对准困难。换句话说,车架可能已经弯曲。

3)检查底盘线束及其连接情况

未发生事故的车辆在正常情况下,其连接部件应配合良好,车身没有多余焊缝,线束、仪表部件等应安装整齐,新旧程度接近。因此在检查车辆底盘时,应认真观察车底是否漏水、漏油、漏气,锈蚀程度与车体上部检查的是否相符,是否有焊接痕迹,车辆转向节臂转向横直拉杆及球销有无裂纹和损伤,球销是否松旷,连接是否牢固可靠,车辆车架是否有弯、扭、裂、断、锈蚀等损伤,螺栓、铆钉是否齐全、紧固,车辆前后是否有变形、裂纹。固定在车身上的线束是否整齐,新旧程度是否一致,这些都可以作为判断车辆是否发生过事故的线索。

四、鉴别泡水车辆

首先打开发动机罩,查看散热器、散热器片、散热器前板(从下往上看)是否留有污泥。然后检查发动机旁的发电机、起动机、电线插座等小零件,左右轮罩的接缝处。其次,翻倒检查前、后排座椅,查看弹簧及内套绒布是否有残留污泥,或者还伴有霉味。此外,还要查看行李舱内的备胎座内有无污泥,若是泡水车,后轮罩隐秘的接缝处死角内会留有污泥。另外,还要仔细检查一下前、后车门中间的“B 柱”,把塑料饰板轻轻撬开,可看出浸泡水线的高度。如果塑料饰板没有更换,不需要撬开,就可发现泡水高度的水线印迹。撬开塑料饰板后,可查看到 B 柱内死角接缝不易清洗处的污泥和水线印迹。最后还可检查前、后风窗玻璃橡胶条,在车内将其拉开,内有污泥,则肯定是泡水车。

有时会遇到河塘的水非常清澈干净,无污泥。碰到这种情况,也可按上述检查,看出浸泡水线的痕迹。泡过水与未浸水的界面,一定会留下痕迹,仔细查看,即可发现异样。多处查看。都存在同样的问题,即可肯定是泡水车。

第三节　车辆核查

一、车辆拍照

1. 拍摄要求

1)拍摄距离

拍摄距离是指拍摄立足点与被拍二手车的远近。拍摄距离远,则拍摄范围大,所拍的二手车影响小,一般要求全车影像尽量充满整个像面。

2)拍摄角度

拍摄角度是指拍摄立足点与被拍的二手车的方位关系。根据拍摄角度方位,一般分为上下关系与左右关系。

(1)上下关系。拍摄角度的上下关系可分为俯拍、平拍和仰拍三种。

俯拍是指在比被拍摄物高的位置向下拍摄。平拍是指拍摄点在物体的中间位置,镜头平置的拍摄,此种拍摄方法效果就是人两眼平视的效果。仰拍是指相机放置在较低部位,镜头由下向上仰置的拍摄,这种拍摄效果易发生变形。

(2)左右关系。拍摄角度的左右关系一般根据拍摄者确定的拍摄方位,分为正面拍摄和侧面拍摄两种。正面拍摄是指面对被拍摄的物体或部门的正面进行拍摄。侧面拍摄是相对于正面拍摄而言的。

3)光照方向

光照方向是指光线与相机拍摄方向的关系,一般分为正面光、侧面光和逆光三种。对于二手车拍照应尽量采用正面光拍摄,可使二手车的轮廓分明、牌照号码清晰、车身颜色真实。

2. 拍摄流程

1)场地选择

选择宽敞、平坦的场地,背景尽量简单。

2)二手车的准备

(1)车身要擦洗干净。

(2)前风窗玻璃及仪表板上无遮挡。

(3)机动车号牌无遮挡。

(4)关闭各车门。

(5)转向盘回正,前轮处于直线行驶状态。

3)选择拍照角度和方向

光照方向应采用正面光拍摄,拍照距离以全车影像充满整个像面为宜。以平拍方式,与待拍车辆的左前侧呈45°方向进行拍摄。

4)注意事项

(1)光照方向应采用正面光,尽量避免强烈或昏暗光照,不采用侧面光和逆光。

(2)以平拍方式进行拍摄,不要采用俯拍或仰拍。

(3)所拍车辆要进行认真的准备。

(4)所拍照片要使二手车的轮廓分明、牌照号码清晰、车身颜色真实。

二、汽车主要总成及部件的核查与确认

汽车通常由发动机、底盘、车身、电气设备四个部分组成。

发动机的作用是使供入其中的燃料燃烧而发出动力。大多数汽车都采用往复活塞式内燃机,它一般是由机体、曲柄连杆机构、配气机构、供给系、冷却系、润滑系、点火系(汽油发动机采用)、起动系等部分组成。

底盘接受发动机的动力,使汽车产生运动,并保证汽车按照驾驶人的操纵正常行驶。底盘由下列部分组成:

(1)传动系。将发动机的动力传给驱动车轮。传动系包括离合器、变速器、传动轴、驱动桥等部件。

(2)行驶系。将汽车各总成及部件连成一个整体并对全车起支承作用,以保证汽车正常行驶。行驶系包括车架、前轴、驱动桥的壳体、车轮(转向车轮和驱动车轮)、悬架(前悬架和后悬架)等部件。

(3)转向系。保证汽车能按照驾驶人选择的方向行驶,由带转向盘的转向器及转向传动装置组成。

(4)制动装备。使汽车减速或停车,并保证驾驶人离去后汽车能可靠地停驻。每辆汽车的制动装备都包括若干个相互独立的制动系统,每个制动系统都由供能装置、控制装置、传动装置和制动器组成。

车身是驾驶人工作的场所,也是装载乘客和货物的场所。车身应为驾驶人提供方便的操作条件,以及为乘客提供舒适安全的环境或保证货物完好无损。典型的货车车身包括车前钣制作、驾驶室、车厢等部件。

电气设备由电源组、发动机起动系和点火系、汽车照明和信号装置等组成。此外,在现代汽车上越来越多地装用各种电子设备:微处理机、中央计算机系统及各种人工智能装置等,显著地提高了汽车的性能。

为满足不同使用要求,汽车的总体构造和布置形式可以是不同的。按发动机和各个总成相对位置的不同,现代汽车的布置形式通常有如下几种:

(1)发动机前置后轮驱动(FR):是传统的布置形式。国内外的大多数货车、部分轿车和部分客车都采用这种形式。

(2)发动机前置前轮驱动(FF):是在轿车上逐渐盛行的布置形式,具有结构紧凑、减小轿车的质量、降低地板高度、改善高速时的操纵稳定性等优点。

(3)发动机后置后轮驱动(RR):是目前大、中型客车盛行的布置形式,具有降低室内噪声、有利于车身内部布置等优点。少数微型或普及型轿车也采用这种形式。

(4)发动机中置后轮驱动(MR):是目前大多数运动型轿车和方程式赛车所采用的布置形式。由于这些车型都采用功率和尺寸很大的发动机,将发动机布置在驾驶人座椅之后和后桥之前有利于获得最佳轴荷分配和提高汽车的性能。

此外,某些大、中型客车也采用这种布置形式,把配备的卧式发动机装在地板下面。

(5)全轮驱动(nWD):是越野汽车特有的形式,通常发动机前置,在变速器后装有分动器以便将动力分别输送到全部车轮上。

第四章 旧汽车技术状况鉴定

第一节 静态检查

一、静态检查所需的工具和用品

为了使二手车检查时得心应手，在检查之前，应该先准备一些工具和用品。需要准备的工具和用品如下。

(1)一个笔记本和一支笔。用来记录看到、听到和闻到的异常情况，以及需要让机械师进一步检测和考虑的事情。

(2)一个手电筒。用来照亮发动机舱和汽车下面又暗又脏的地方。

(3)一些棉丝头或纸巾。用于擦手或擦干净需要检查的零件。

(4)一大块旧毛毯或帆布。因为评估人员需要躺下，仰面检查汽车下面是否有漏油、磨损或损坏的零件等。

(5)一截 300～400m 的清洁橡胶管或塑料管。可以当作“听诊器”，用来倾听发动机或其他部件是否有不正常的噪声。

(6)一个卷尺或小直(钢)尺。用于测量车辆和车轮罩之间的距离。

(7)一个光盘。用来测试 CD 唱机。

(8)一个小型工具箱，里面应该装有：成套套筒棘轮扳手、一个火花塞筒扳手、各种旋具(螺丝刀)、一把尖嘴钳子和一个轮胎撬棒。

(9)一块磁铁。用于检查塑料车身腻子的车身镶板。

(10)一块万用表。用来进行辅助电器测试。

二、静态检查的主要内容

汽车技术状况静态检查的目的是快速、全面地了解汽车的大概技术状况。静态检查主要有车辆各种标牌检查和车身外观检查两大部分内容。

车辆在进行外观检查之前通常都要进行外部清洗。外观检查过程中，对于底盘相关项目的检查应该在设有检测地沟或有汽车举升器的工位上进行。

1. 检查车辆各种标牌

车辆标牌包括商标、铭牌、发动机型号和出厂编号、底盘型号和出厂编号等。检查车辆的发动机型号和出厂编号、底盘型号和出厂编号是否与行车执照上的记载相吻合；检查有无铭牌，是否标明了厂牌、型号、发动机功率、总质量、载质量或载客人数、出厂编号、出厂年月日及厂名。

2. 车身的外观检查

对车身,特别是轿车和客车的车身,检查是否有严重的碰撞痕迹,可以判断是否曾经发生过严重事故。由于轿车和客车的车身在整车价值中权重较大,维修费用也比较高,故车身检查是技术状况鉴定的重要环节。检查顺序一般从车的前部开始,可以按以下方法进行:

(1)检查车身各处的缝隙。分别站在车的左前部和右前部,从车头往车尾观察车身各处接缝,如出现接缝不直、缝隙不一、线条弯曲、装饰条有脱落痕迹或新旧不一,说明该车的车身可能修理过。

(2)站在车前观察车漆的颜色和车身平整度。后补的油漆色彩往往不同于原车漆色,通过观察整个车身各个部位漆的颜色,通过车身反射光的明暗对比可以判断是否做漆,一般做漆的地方反射光较暗,可以检查是否出过事故。至于车身平整度,特别是有较大面积撞伤的部位,工人在补腻子、打磨腻子时往往磨不平,导致车身漆面看上去有波浪感,漆面凹凸不平。也可以用一磁铁沿车身四周移动,如果移到某处,感觉磁力突然减小,说明该处打过腻子、补过漆,用手敲击此处,声音较别处发闷。

(3)检查保险杠。在交通事故中,保险杠是最易、最先被撞坏的易损件,通过检查保险杠是否变形、损坏、重新补漆等痕迹,可以判断汽车是否发生过碰撞事故。

(4)检查车门。站在车门前,观察B柱是否呈一直线以及接缝的平整度,若B柱不呈直线或者接缝不平整,说明车门经过整形工艺处理过;打开车门,观察门框是否呈一平面,若不平整,则说明进行过钣金处理;另外,可以观看车门附近是否有铆钉痕迹(原车接合时留下的),没有铆钉痕迹说明汽车重新烤过漆。

(5)观察车窗、车门的关闭。车窗、车门应关闭灵活、密封严实、锁止可靠、缝隙均匀,胶条无老化现象。检查前风窗玻璃是否有国家安全认证标志,没有则表明前风窗玻璃已经更换过。

(6)检查后视镜、下视镜。汽车必须在左右各设一面后视镜,安装、调节及其视野范围要符合相关规定。车长大于6m的平头客车、平头货车应在车前设置一面下视镜。

(7)检查灯光。主要检查灯光是否齐全、有效,光色、光强、光照角度等是否符合国家标准的相关规定。

(8)检查车身金属件的锈蚀情况。随着汽车使用年限的增加以及各种事故的损害,车身金属零部件逐渐锈蚀,通过锈蚀的严重程度可以判断该车的使用年限。检查的零部件主要是车门、车窗、排水槽、底板及各接缝处等。

3. 驾驶室和车厢内部检查

(1)检查座椅。所有的座椅安装应牢固可靠。驾驶人座椅、副驾驶人座椅及长途客车和旅游客车前面没有座椅或护栏的座椅的安全带应齐全、有效。

(2)查看座椅的新旧程度。座椅表面应平整、清洁、无破损,若座椅松动或严重磨损、表面凹陷,说明该车经常载人,长时间在较高的负荷下运行。

(3)查看车顶的内篷是否破裂,车辆内部是否污秽发霉,地毡或地板胶是否破损残旧,从地毯的磨痕可以推断车辆的使用频率。揭开地毡或地板胶,查看车厢底板是否有潮湿或生锈的痕迹,是否有烧焊的痕迹,如果有,说明该车下雨时可能漏水。

(4)查看车窗玻璃升降是否灵活。

(5)检查行李舱。打开(客车)行李箱或(轿车)行李舱,检查箱盖防水胶条是否完好;检查行李箱或行李舱是否锈蚀;检查行李箱或行李舱两边的钣金件以及与后保险杠的接合处是否有烧焊的痕迹。

(6)查看仪表板。检查仪表板底部有没有更改线束的痕迹,要求安装汽车行驶记录仪的车辆是否按要求安装,能否正常工作。

(7)检查各踏板。检查离合器踏板、制动踏板、加速踏板有无弯曲变形及干涉现象,各踏板胶条是否磨损过度,坐在车上试试所有踏板有没有弹性。离合器踏板应该有少许空间,同时留心听听踏下踏板时有无异常声响。

4.发动机舱内检查

发动机的外观检查可以通过以下几个方面进行:

(1)检查发动机罩。首先看外观。仔细查看与翼子板的密合度或发动机留有的缝隙是否一致,是否有大小不一的情形,发动机与风窗玻璃之间的间隙是否一致或留有原车的胶漆,这些都是检查的重点。其次检查内部。发动机罩内的检查是重点中的重点,打开发动机罩时,先检查一下其内侧,如果有烤过漆(或喷漆)的痕迹,表明这片盖板碰撞过,维修时喷过漆。然后检查发动机前部的端框,该部件往往是固定散热器和冷凝器的,同时它还是前照灯定位和调整的基准,所以非常重要。

(2)检查发动机外部清洗状况。使用中车辆的发动机外部表面有少量的油迹和灰尘是正常现象,但是,如果发动机表面满是油污,说明发动机可能存在漏油现象,并且该车日常维护不到位;如果发动机表面满是灰尘,说明车主日常维护欠佳或者车辆使用环境恶劣;如果发动机表面一尘不染,则说明发动机刚进行过清洁处理,要特别注意卖主可能用蒸汽清洗发动机后才让买方看车。

(3)检查蓄电池。现在汽车用蓄电池多为免维护蓄电池,寿命一般在2~3年,维护得好寿命可以更长一些。因此消费者在检查蓄电池时,可先注意蓄电池上的制造日期,如果已经超过2年,则表示这个蓄电池已经快要报废了。大多数免维护蓄电池在盖上设有一个孔形液体(温度补偿型)密度计,它会根据电解液密度的变化而改变颜色,指示蓄电池的存放电状态和电解液液位的高度。当密度计的指示眼呈绿色时,表明已充足电,蓄电池正常;当指示眼绿点很少或为黑色,表明蓄电池需要充电;当指示眼显示淡黄色,表明蓄电池内部有故障,需要修理或进行更换。检查蓄电池在车上是否固定好,外壳表面是否有磕碰伤;检查蓄电池电缆是否连接可靠,排气孔是否有灰尘。

(4)检查发动机机油状况。正常情况下,车辆换过机油使用一段时间后,机油颜色会慢慢变黑。检查时,抽出机油尺,观察机油品质及油量。在白纸上擦一下,如果发现机油的颜色发灰、浑浊或有乳化现象(起水泡),说明机油中混入了水,可能是冷却系统和燃烧系统有连通的状况,致使冷却液进入了曲轴箱。机油尺上一般都有高低油位的指示孔,如果机油高度在两油位之间,表示正常。如果机油量的高度过低,而换机油的时间和里程正常,说明汽缸可能密封不良,导致机油进入汽缸与汽油一同燃烧,发生发动机"烧机油"现象;若机油量的高度过高,而加入量正常,说明发动机窜气或漏水。

(5)检查冷却液状况。注意一定要在冷车状态,防止温度很高的冷却液溅出烫伤人。打开散热器盖,如果散热器内的水是黄色的铁锈水或散热器外有锈水漏出,说明散热器内锈蚀或散热器有渗漏现象;如果发现冷却液表面有油污漂浮,表明有机油渗入,可能汽缸垫漏气。散热器的上下两条软管应用力捏一下,看看有没有裂痕。检查散热器盖关闭后是否紧密,胶垫是否有松脱。检查散热器是否有撞过的迹象,散热片是否有烧焊现象。

(6)检查变速器油。变速器油的油位应在 MIN 和 MAX 之间。变速器油应该呈红色,如果颜色变为棕色,说明变速器可能发生故障;如果闻到焦煳味,说明变速器磨损严重。

(7)检查软管、传动带、电缆导线。检查进气管、暖风管、水泵管、散热管等有无老化、变硬、变脆迹象;高档汽车还有很多软管连接到空调器、巡航控制器、真空控制器等,检查时用手挤压,看是否富有弹性,不应有硬和脆的感觉。传动带用来带动曲轴、凸轮轴、水泵、动力转向泵、发电机、空调压缩机、风扇等,检查各传动带是否有皮带层脱落、严重开裂等迹象,另外还要检查皮带轮是否被磨光亮,皮带轮磨光会引起打滑,表现为起动、怠速时有刺耳的响声。检查电缆线、导线等是否有老化、外皮剥落现象。有的车主购车后加装了防盗器、低音炮、雾灯等,会有绝缘胶带包裹,这些线路应该有条理。

5. 车辆底盘检查

汽车底盘由传动系统、行驶系统、转向系统和制动系统四部分组成。底盘检查工作主要就是对这四部分进行检查,通常在地沟或车辆举升器上进行。

1)传动系统的检查

(1)检查离合器踏板的自由行程是否符合整车技术条件的要求、离合器的摩擦片磨损状况、铆钉是否松动;弹簧是否发生疲劳折断/开裂;分离拨叉的支点磨损是否严重;分离轴承的磨损情况;若是液压操纵控制的离合器,还要检查液压系统是否漏油等。

(2)检查变速器壳体四周、加油口、放油口等处是否存在漏油或渗油现象;换挡控制机构是否顺畅、各连接处磨损是否严重等。

(3)检查传动轴、中间轴、万向节等处是否有裂痕或者松旷现象;传动轴是否发生弯曲;轴承是否因磨损而松动;连接螺栓是否松动或有裂痕等。

(4)检查桥壳是否有裂痕;检查桥壳各连接处是否有漏油或渗油迹象。

2)行驶系统的检查

(1)检查车架是否有裂纹、锈蚀,是否有影响正常行驶的变形(弯曲、扭曲等);检查螺栓和铆钉是否齐全并紧固,车架不得进行焊接。

(2)检查车辆的前后桥是否有裂痕和变形。

(3)检查车辆的悬架系统是否有损坏、螺栓是否松旷、减振器是否漏油;检查板簧有无裂痕、断片和缺片现象,中心螺栓和 U 形螺栓是否紧固等。

(4)检查车架与悬架之间的所有拉杆和导杆是否变形,各连接处是否松旷或移位。

(5)检查轮毂轴承是否磨损、松旷;轮胎螺母以及半轴螺母是否齐全并紧固;检查同一桥上左右轮胎的型号、花纹是否相同;轮胎磨损是否严重、是否翻新轮胎(转向车轮不得使用翻新轮胎)、轮胎的帘线是否外露;检查轮胎是否有异常磨损,若轮胎出现非正常磨损,则说明车轮定位参数不正确或者车辆长期超载运行。

3)转向系统的检查

(1)检查转向盘与前桥的连接是否松旷。

(2)检查转向器的垂臂轴与垂臂连接是否松旷;检查拉杆球头连接是否松旷;检查拉杆

与转向节的连接是否松旷;检查转向节与主销之间是否松旷等。

(3)检查转向节与主销之间配合是否满足要求;检查转向器的润滑是否适合等。

(4)检查转向轴是否弯曲。

(5)检查液压助力转向的转向泵驱动带松紧是否合适;油泵、油管是否有漏油现象,软管是否老化。

4)制动系统的检查

(1)检查制动踏板的自由行程是否符合车辆技术条件的要求;检查液压制动系统的主缸、轮缸、管路以及管路连接处是否有漏油现象。

(2)检查油管是否有损伤,特别是凹瘪现象;检查真空管是否有损伤。

(3)对于气制动车辆应检查储气罐的压力能否达到规定气压,检查制动管路是否有损伤。

6. 汽车电器及其附属装置的检查

检查刮水器、收音机、仪表、反光镜、加热器、灯具、转向信号、喷水装置、空调设备等是否破损、残缺。检查汽车电路各线束的连接是否牢靠,有无损坏或烧焦痕迹。

第二节 动态检查

一、路试前的准备

在进行路试之前,检查机油油位、冷却液液位、制动液液位、转向液液位、踏板自由行程、转向盘自由行程、轮胎胎压、各警示灯项目,各个项目正常后方可起动发动机,进行路试检查。

1. 检查机油油位

检查之前应将车停放在平坦的场地上。将起动开关钥匙拧到关闭位置,把驻车制动操纵杆(手制动杆)放到制动位置,变速杆放到空挡位置。

打开发动机罩,抽出机油尺,将机油尺用抹布擦净后,插入机油尺导孔,拔出查看。油位在上下刻线之间,即为合适。如果超出上刻线,应放出机油;如果低于下刻线,可从加油孔添加,待 10min 后,再次检查机油油位。补充时应严格注意清洁并检查是否有渗漏现象。

2. 检查冷却液液位

检查冷却液时,对于没有膨胀散热器的冷却系统,可以打开散热散热器盖进行检查,要求液面不低于排气孔 10mm。如果使用防冻液时,要求液面高度应低于排气孔 50 ~ 70mm(这是为了防止防冻液因温度增高溢出);对于装有膨胀散热器的冷却系统,要求膨胀散热器的冷却液量应在规定刻线(H ~ L)之间。检查冷却液液量时,应在冷车状态下进行,检查后应扣紧散热器盖。补充冷却液时,应尽量使用软水或同种防冻液。添加前要检查冷却系是否有渗漏现象。

3. 检查制动液液位

正常制动液量位置应在储油罐的上限(H)与下限(L)刻线之间或标定位置处。当液位低于定刻线或下刻线位置时,应把新的制动液补充到标定刻线或上限位置。

由于常用的制动液具有一定的吸湿性。因此，在向储液罐内补充制动液时，一方面要使用装在密封容器内的新制动液，另一方面要避免长时间开放储液罐的加液口盖，因为制动液吸收水分后其沸点会显著降低，容易引起气阻，造成制动失灵。

4. 动力转向液压油的油量

首先将动力转向储油罐的外表擦干净，再将加油口盖从储油罐上取下，用干净的布块将油标尺上的油擦干净，重新将油标尺装上(检查时，不要拧紧加油口盖)，然后取下油标尺，检查油平面，油标尺所示的刻度和意义与机油尺相同。如果油平面高度低于油尺下限刻度，则需要添加同种转向液压油，直到上限刻度(H)为止。在添加之前应检查动力管路是否有渗漏现象。在检查或添加转向液压油时，应检查油质的污染情况，发现变质或污染时应及时更换。

5. 检查冷却风扇皮带

检查风扇皮带的紧度，用拇指以 90 ~ 100N 的力按压皮带中间部位时，挠度应为 10 ~ 15mm。如果不符合要求，按需要可调节发电机支架固定螺栓的位置进行调整。

6. 检查制动踏板行程并确保制动灯工作

路试二手车前，一定要检查制动系统并确保制动灯工作良好。检查制动踏板时，踩下踏板 25 ~ 50mm，就应感到坚实而没有松软感，即使踩下 30s 也是如此。如果制动踏板有松软感，可能制动管路有空气，这就意味着制动系统中某处可能有泄漏。

另外，还要检验驻车制动是否工作，是否能将汽车稳固地停住。

7. 检查轮胎气压

拧开轮胎气嘴的防尘帽，用轮胎气压表测量轮胎气压，轮胎的气压应符合轮胎的规定。气压不足，应进行充气；气压过高，放出部分气体。轮胎气压过低或过高，均不宜进行测试。

二、动态检查的主要内容

1. 发动机的起动状况检查

正常情况下，用起动机起动发动机时，一般起动不应超过 3 次，每次起动时间不超过 10s；若需再次起动，应间隔 15s 以上，起动时，应无异常响声。如果发动机不能正常起动，表明发动机的起动性能不好。

影响发动机起动性能的原因有很多，主要有油路、电路、气路和机械四个方面。如供油不畅、电动汽油泵没有保压功能、点火系统漏电、蓄电池接线柱锈蚀、空气滤清器堵塞、汽缸磨损使汽缸压力过低、气门关闭不严等。发动机起动困难应综合分析各种原因，引起发动机起动困难的原因不同，对车辆价值影响也不同，并且差别很大。

检查导致发动机起动不良的原因时，首先检查蓄电池，其次检查发动机运转的阻力(拆下全部火花塞和喷油器，手动运转曲轴，检查转动阻力大小)；再次检查汽油机的点火系(可能点火不正时、火花塞打火弱或者不打火)、燃油系统(混合气体过浓或过稀)、汽缸压力等环节。对于柴油机，则可能汽缸压力过低；燃油中有水或空气；输油泵、喷油泵、喷油器工作不良；油路堵塞等原因，应一一排查。

2. 发动机怠速运转检查

发动机起动后，使其怠速运转，此时发动机应在规定的怠速范围内平稳地运转，转速波动应小于50r/min。发动机怠速时,若出现转速过高、过低、发动机抖动严重等现象,均表明发动机怠速不良,引起发动机怠速不良的原因很多。

对于汽油机,怠速不良的原因主要有点火正时、气门间隙、配气正时、怠速阀调整不当;真空漏气:曲轴箱通风系统(止回阀不密封或卡阻、怠速时不能关闭等)、废气再循环系统、点火系统、供油系统等均可能引起怠速不良,有的汽车怠速不良是顽症,可能生产厂家都无法解决,鉴定评估人员应引起重视。

对于柴油机,怠速不良的原因主要有供油正时、气门间隙、配气正时或怠速调整不当;燃油中有水、空气或黏度不符合要求;各缸的柱塞、出油阀偶件、喷油器工况不一致,或者是调速器松旷、锈蚀、弹簧疲劳失效等因素导致各缸的喷油量不一样;或者各缸的压缩力不一致等。

发动机怠速运转时,同时检查各仪表工作状况,检查电源系统充电情况。

3. 检查发动机声响

让发动机怠速运转,检查人员站在车头旁边听发动机有无异响以及响声大小。然后,用手拨动节气门,适当增加发动机转速,倾听发动机的异响是否加大,或是否有新的异响出现。

技术状况良好的发动机,零部件之间的配合间隙适当、润滑良好、工作温度正常、燃油供给充分、点火正时,无论转速和负荷怎样变化,都发出平稳而有节奏、协调而又平滑的排气声音和运转声。

运转过程中,如果发动机发出一些不协调的声响,如类似金属敲击的声音、咔嗒声、摩擦声等,这些声音统称为异响,说明发动机的某个零部件的技术状况发生变化,导致工作异常;如果听到低频的轰隆声或爆燃声,表明发动机受损严重,需要进行大修了。

常见的发动机异响有:曲轴轴承异响、连杆轴承异响、活塞敲缸异响、气门异响等。这些异响很难排除,特别是发动机内部异响,鉴定评估人员需要特别注意。

4. 检查发动机的急加速性(加速灵敏性)

待冷却液温度、油温都正常后,通过改变节气门的开度检查发动机在各种转速下运转是否平稳,转速变化时应过渡顺畅。迅速踏下加速踏板,发动机由怠速状态猛加速,观察发动机转速由低到高能否灵活反应,此过程中发动机应无"回火""放炮"现象。发动机加速运转过程中,检查发动机有无"敲缸"和气门运动噪声。把加速踏板踩到底然后迅速释放,观察发动机的转速能否由高速迅速降到低速,且灵活反应,发动机是否怠速熄火。在规定转速下,发动机机油压力应符合相关规定。

5. 检查曲轴箱窜油、窜气情况

打开润滑油加注口,慢慢踩踏加速踏板,如果窜气严重,肉眼就能观察到油雾气;若窜气不是很严重,可将一张白纸平放在润滑油加注口上方5cm左右处,然后踩下加速踏板,若白纸上有油迹,则表明有窜油状况发生,严重时油迹面积会更大。

6. 检查尾气颜色

如果发动机技术状况良好,汽缸内的混合气体能够充分燃烧,汽油发动机排出的尾气应该是无色的,在冬季能够看见白色的水汽:柴油机工作时排出的气体一般是淡灰色的,当负荷较大时,灰色加深。无论是汽油机还是柴油机,如果排气颜色呈现蓝色,说明机油窜入了燃烧室。最常见的原因是活塞、活塞环与汽缸之间的密封不良,即因活塞、活塞环与汽缸磨损严重导致间隙过大。如果排气管冒黑烟,说明混合气过浓,发动机技术状况欠佳;如果排气管冒白烟,可能是汽缸垫损坏或者缸体有裂缝等原因造成冷却液进入汽缸。

7. 检查发动机熄火情况

对于汽油机,关闭点火开关后,发动机正常熄火;对于柴油机,停机装置应灵活有效。

三、汽车路试检查

汽车路试检查就是通过一定的行驶里程检查汽车的工况。路试检查应在平坦、硬实、干燥、清洁的道路上进行。下面具体介绍路试检查的主要内容。

1. 检查离合器

检查时,检测人员按照正确的汽车起步方法操作,挂低挡平稳起步。正常情况下,离合器应该接合平稳,分离彻底,工作时不得有异响、抖动和不正常打滑现象。踏板自由行程应符合汽车技术条件的有关规定。若自由行程过小,一般说明离合器摩擦严重。

离合器常出现的故障为打滑和分离不彻底,有的还有异响。这些故障会导致车辆起步困难、行驶无力、爬坡困难、变换挡位时变速器齿轮发出刺耳的撞击声、起步时车身发抖等现象。

1)离合器分离不彻底检查

离合器分离不彻底会引起挂挡困难或导致齿轮碰撞。造成离合器分离不彻底的主要原因有:

(1)踏板自由行程过大。

(2)液压系统中有空气。

(3)液压系统漏油。

(4)离合器从动盘翘曲、铆钉松脱或更换了过厚的新摩擦片。

(5)分离杠杆内端不在同一平面内,或有的杠杆调整螺母松动。

(6)离合器从动盘毂与变速器输入轴花键磨损、锈蚀而使离合器从动盘滑动不灵活等。

发动机怠速时,踩下离合器踏板几乎触底时才能断开离合器;或是虽然踩下离合器踏板,但是挂挡困难或变速器齿轮发出刺耳的撞击声;或挂挡后不抬离合器踏板,汽车就开始前进或后退,这些现象都表明该车的离合器分离不彻底。

2)离合器打滑检查

如果离合器打滑,就会出现起步困难、加速无力、重载上坡时有明显没劲甚至发出难闻气味等现象。离合器开始打滑后,使摩擦片磨损加剧甚至烧蚀,离合器各部件温度增高,压盘弹簧和减振弹簧等受热变软以至退火,不能传递全部动力,继续下去离合器很快就会报废。比如在挂上1挡后,抬起离合器,汽车没前进,发动机也不熄火,就是离合器打滑的表现。其原因是:离合器踏板自由行程太小、分离轴承经常压在膜片弹簧上,使压盘总是处于半离合状态;离合器压盘弹簧过软或折断;离合器与飞轮连接的螺栓松动等。

3)离合器异响的检查

离合器在使用过程中出现异响是不正常的。造成异响的原因大部分都是离合器内部的零件损坏,包括分离轴承磨损严重、轴承回位弹簧折断、膜片弹簧支架故障等。如踩下离合器踏板时听到有"沙沙"声,可以断定是分离轴承润滑不良,与分离杠杆内端接触时产生的响声。如果加润滑油后仍然有响声，则表明分离轴承磨损或损坏，应予以更换或修理。

2. 检查变速器的工作状况

从车辆起步加速升至高速挡，再减速至低速挡，整个过程中检查换挡是否灵活自如；是否有异响；互锁和自锁装置是否有效，是否有乱挡、掉挡现象；换挡操作时，变速杆是否与其他部件干涉。

汽车挂挡行驶时，变速器如出现响声，其主要原因有：

(1)轴承松旷发响。这是由于轴承日久磨损，轴向或径向间隙过大；轴承内、外座圈与轴颈(孔)配合松动；轴承钢珠(针)破裂，引起响声。

(2)同步器磨损发响。

(3)齿轮发响。这是由于齿轮磨损过于严重，间隙增大，运转中齿面啮合不良；齿面有疲劳剥落或个别轮齿损坏折断；齿轮与轴上的花键配合松旷或齿轮轴向间隙过大；轴弯曲或轴承松旷等。

(4)主轴轴向间隙过大或里程表齿轮磨损。变速器空挡时发响的原因主要是：轴承磨损松动，轴向或径向间隙过大；轴承润滑不良；第二轴磨损或弯曲，止推片或垫片损坏。应根据响声部位出现的故障进行检查、调整、润滑或修复更换。

换挡时，变速器齿轮发出响声，导致换挡困难，原因有换挡机构失调、拨挡叉变形或锈蚀、同步器损坏等。掉挡的原因主要是变速器内部零件磨损严重。如果换挡后变速杆出现抖动现象，说明变速器操作机构的铰链处松旷，磨损严重导致变速杆处的间隙过大。

对于配置自动变速器的车辆来说，正常情况下，起步时不需要踩加速踏板。如果必须踩加速踏板才能起步，说明变速器维护不到位，可能有故障。换挡过程中如果有"发冲"或"顿滞"的感觉，说明变速器需要维护了。

3. 检查汽车的动力性

汽车动力性的好坏直接影响汽车性能的高低，动力性是汽车使用的最重要的基本性能。汽车在使用一段时期后，技术状况会发生某些变化，动力性也会变化。汽车技术状况不良，首要表现为动力性不足，燃料消耗增大。

检测汽车动力性的项目一般有高挡加速时间、起步加速时间、最高车速、陡坡爬坡车速、长坡爬坡车速，有时也检测牵引力。

乘用车的动力性能最常见的指标是从静止状态加速至100km/h所需时间和最高车速，其中前者是最具意义的动力性能指标，也是国际流行的轿车动力性能指标。

检测时，汽车起步后，猛踩加速踏板，发动机发出强劲的轰鸣声，车速迅速提高，以此检查汽车的加速性能，各种汽车设计的加速性能不尽相同。有经验的鉴定估价人员熟悉各种常见车型的加速性能，通过如此检测就可以检查出被检汽车的加速性能与正常的该型号汽车加速性能之间的差距。

检查汽车的爬坡能力。将被检汽车在相应的坡道上使用相应的挡位时的动力性能与经验值相比较，检查人员可以感觉车辆爬坡能力的高低。检查汽车是否能够达到设计车速，如果达不到，可以估计一下差距大小。如果爬坡没劲、最高车速与设计的最高车速相差太大，说明该车辆动力性能差。

4. 检查制动性能

1）制动性能检查的技术要求

关于汽车的制动性能和应急制动性能在《机动车运行安全技术条件》（GB 7258—2012）中规定，检查应在平坦、硬实、清洁、干燥且轮胎与地面间的附着系数不小于 0.7 的混凝土或沥青路面上进行，检测时发动机与传动泵分离。汽车在规定初速度下的制动距离和制动稳定性应符合表 4-1 所示的要求。

制动距离和制动稳定性要求 表 4-1

机动车类型		制动初速度（km/h）	制动距离（m）		试车道宽度（m）
			满载	空载	
三轮汽车		20	≤5.0		2.5
乘用车		50	≤20.0	≤19.0	2.5
总质量≤3500kg	低速汽车	30	≤9.0	≤8.0	2.5
	一般汽车	50	≤22.0	≤21.0	2.5
其他汽车、汽车列车		30	≤10.0	≤9.0	3.0
轮式拖拉机运输机组		20	≤6.5	≤6.0	3.0
手扶变型运输机		20	≤6.5		2.3

2）制动性能的检查内容

（1）检查行车制动。如果汽车制动时跑偏，很可能是同一车桥上左右两个车轮的制动力不等或者是制动力相同但制动时刻不一致导致的。其原因有轮胎气压不一致、制动鼓（盘）与摩擦片间隙不均匀、摩擦片上有油污、制动蹄片弹簧损坏等。

汽车起步后，先踩一下制动踏板（俗称点刹），检查是否有制动；然后加速至 20km/h 进行紧急制动，检查紧急制动是否可靠，有无跑偏、甩尾等现象：再加速至 50 km/h，先用点制动检查汽车是否能够立即减速，是否有跑偏，再紧急制动检查制动距离和跑偏量。

（2）检查制动效能。如果在行车过程中进行制动，减速度很小，制动距离很长，说明该车的制动效能欠佳。导致制动效能欠佳的原因有摩擦片与制动鼓（盘）的间隙较大、制动踏板自由行程过大、制动油管内有空气、制动主缸或轮缸有故障、制动油管漏油等。

制动时，如果踏下制动踏板时有海绵感觉，说明制动管路内有空气或制动系某处有泄漏，应立即停止路试；如果踩下制动踏板时制动踏板或制动鼓发出尖叫声，说明摩擦片可能磨损，路试结束后应检查摩擦片的厚度是否符合技术要求。

（3）检查驻车制动（手刹）。检查驻车制动，应选择一坡路。在坡路上，拉紧驻车制动器操纵杆后观察汽车能否停稳。若发现有溜车现象，说明驻车制动有故障。其原因可能是摩擦片与制动鼓（盘）间隙过大或者有油污、摩擦片磨损严重或打滑等。一般地，驻车制动力应不小于整车质量的 20%。

5. 检查行驶稳定性和操纵性

使检查车辆保持 50kin/h（中速）左右的速度直线行驶或空挡滑行，双手松开转向盘，观察汽车行驶状况。无论汽车转向哪一边，都说明该车的转向轮定位不准，或车身及悬架变形、一侧的减振器漏油、两边的轴距不准确、两侧胎压不等。

使检查车辆保持 90km/h（高速）以上的速度行驶，观察转向盘有无摆振现象（俗称汽车摆头）。如果发现汽车有高速摆头现象，则表明可能存在车轮不平衡或不对中、横拉杆球头松旷、轮毂轴承松旷、前束过大等故障。

在比较宽敞的路面上，左右转动转向盘（或做转弯测试），检查转向是否灵活、轻便。若转向沉重，则说明可能存在下列状况：转向节轴承缺润滑油：轮胎气压过低；横拉杆、前桥、车架弯曲变形；前轮定位不准。对于带助力转向的汽车，转向沉重可能是助力转向泵和齿轮齿条磨损严重，或是油路中有空气、驱动皮带打滑、安全阀漏油等原因。

转向时如果发出"嘎吱"的声音，可能是转向油储油罐的液面过低、油路堵塞、油泵噪声等原因。

转向盘最大自由转动量不允许大于20°（最高设计车速不小于100km/h的机动车）。若转向盘的自由转动量过大，意味着转向机构磨损严重，导致转向盘的游动间隙过大，转向不灵。

6. 检查汽车行驶平顺性

驾驶汽车通过粗糙、凹凸不平的路面，或通过公路、铁路道口，感觉汽车通过的平顺性和乘坐舒适性。

当汽车转弯或通过坑洼不平的路面时，仔细听汽车前端是否发出"嘎吱"的声音。若有，则可能是减振器紧固装置松旷或轴承磨损严重。汽车转弯时，若车身侧倾过大，则可能是横向稳定杆衬套或减振器磨损严重。

7. 检查汽车传动效率

通过做汽车滑行试验，可以检查汽车传动效率。做法是：在平坦的路面上，将汽车加速至50km/h左右，踏下离合器踏板，将变速器换挡杆挂空挡滑行。根据经验，通过滑行距离估计汽车传动效率的高低。汽车越重，其滑行距离越远；初始车速越高，其滑行距离越远。

8. 检查风噪声

汽车行驶过程中，逐渐提高车速至高速行驶，倾听车外风噪声。风噪声过大，说明车门密封不严，原因为密封条变质损坏或车门变形，特别是事故车在整形后密封问题较难解决。

正常情况下，车速越高，风噪声越大。对于空气动力学性能好的汽车，其密封和隔声性能较好，噪声较小；而对于空气动力学性能较差或整形后的事故车，风噪声一般较大。

四、路试后的检查

1. 检查各部件的温度

动态试验结束后，检查人员还要检查润滑油、冷却液的温度，冷却液温度不应超过90℃，发动机润滑油温度不应高于95℃，齿轮油温度不应高于85℃。

检查运动机件是否存在过热情况。查看轮毂、制动鼓、传动轴、变速器壳、中间轴承、驱动桥壳等的温度，不应有过热现象。

2. 检查渗漏现象

在发动机运转及停车时，散热器、水泵、缸体、缸盖、暖风装置以及所有连接部位皆不得有明显的渗水、漏水现象。汽车连续行驶距离不小于10km，停车5min后观察，不得有明显的渗油、漏油现象。气压制动汽车，在气压升至600kPa且不使用制动的情况下，停止空气压缩机3min后，气压的降低值不应大于10kPa。在气压为600kPa的情况下，将制动踏板踩到底，待气压稳定后观察3mm，气压的降低值不应大于20kPa。液压制动的汽车，保持踏板力700N，1min以内不允许有缓慢向前移动的现象。

第三节　仪器检查

利用静态检查和动态检查，可以对汽车的技术状况进行定性的判断，即初步判定车辆的运行情况是否正常、车辆各部分有无故障及故障的可能原因、车辆各总成及部件的新旧程度等。当对车辆各项技术性能及各总成、部件的技术状况进行定量、客观的评价时，通常需借助一些专用仪器、设备进行。

对二手车进行综合检测，需要检测车辆的动力性、燃料经济性、转向操作性、排放污染、噪声等整车性能指标，以及发动机、底盘、电器电子等各部件的技术状况，汽车主要检测内容及对应采用的仪器设备见表4-2。

车辆性能检测指标与检测设备　　表4-2

检　测　项　目			检测仪器设备
整车性能	动力性	底盘输出功率	底盘测功机
		汽车直接加速时间	底盘测功机（装有模拟质量）
		滑行性能	底盘测功机
	燃料经济性	等速百千米油耗	底盘测功机、油耗仪
	制动性	制动力	制动检测台、轮重仪
		制动力平衡	制动检测台、轮重仪
		制动协调时间	制动检测台、轮重仪
		车轮阻滞力	制动检测台、轮重仪
		驻车制动力	制动检测台、轮重仪
	转向操作性	转向轮横向侧滑量	侧滑试验台
		转向盘最大自由转动量	转向力一角仪
		转向操纵力	转向力一角仪
		悬架特性	底盘测功机
	前照灯	发光强度	前照灯检测仪
		光束照射位置	前照灯检测仪
	排放污染物	汽油车怠速污染物排放	汽油车怠速污染物排放
		汽油车双怠速污染物排放	汽油车怠速污染物排放
		柴油车排气可污染物	不透光仪
		柴油车排气自由加速烟度	烟度计
		喇叭声级	声级仪
		车辆防雨密封性	淋雨试验台
		车辆表示值误差	车速表试验台

续上表

检　测　项　目			检测仪器设备
发动机部分	发动机功率	发动机总功率	无负荷测功仪、发动机综合测试仪
		发动机单缸功率	无负荷测功仪
	汽缸密封性	汽缸压力	汽缸压力表
		曲轴箱窜气量	曲轴箱窜气量检测仪
		汽缸漏气率	汽缸漏气量检测仪
		进气管真空度	真空表
	起动系	起动电流 蓄电池起动电压 起动转速	发动机综合测试仪 汽车电气万能试验台
	点火系	点火波形 点火提前角	汽车专用示波器 发动机综合测试仪
	燃油系	燃油压力	燃油压力表
	润滑系	机油压力润滑油品质	机油压力表 机油品质检测仪
	异响		发动机异响诊断仪
底盘部分	离合器打滑		离合器打滑测定仪
	传动系游动角度		游动角度检验仪
行驶系	车轮定位		四轮定位仪
	车轮不平衡		车轮平衡仪
空调系统	系统压力		空调压力表
	空调密封性		卤素检漏灯
电子设备	微机故障		微机故障检测仪

检测汽车性能指标需要的设备很多，其中最主要有底盘测功机、制动试验台、油耗仪、侧滑试验台、前照灯检测仪、车速表试验台、发动机综合测试仪、示波器、四轮定位仪、车胎平衡仪等。这些设备一般在汽车的综合性能检测中心（站）或汽车修理厂采用，操作难度较大。

第四节　旧汽车技术状况的分级

汽车经过一段时期的使用以后，技术状况将发生变化。变化的程度随行驶里程的长短及运行条件、使用强度、维修质量的不同而各有差异。为了表达汽车技术状况变化的差异，对二手车技术状况进行描述，根据鉴定结果对其划分等级。

一、分级标准

二手车技术状况鉴定的等级划分为5种，分别以英文字母A、B、C、D、E来表示。

（1）A级车是指被鉴定车辆的技术状况良好。

（2）B级车是指被鉴定车辆的技术状况一般。

(3)C 级车是指被鉴定车辆的技术状况差。

(4)D 级车是指存在事故、泡水痕迹的车辆。

(5)E 级车是指有盗抢、改装嫌疑,无法进行交易的车辆。

A、B、C 三个等级为正常车辆等级,分别进行细分,A 级分为 A+、A、A-,B 级分为 B+、B、B-,C 级分为 C+、C、C-。

二、A、B 和 C 级车的确定

二手车技术状况的检查内容分成车身外观、发动机舱、车舱、发动机起动、路试、底盘六大部分,权重分别为 15%、25%、10%、15% 和 20%。每部分确定检查分项及分值,根据所得总分进行分级,满分 100 分。A、B 和 C 级车的技术状况等级的分值区间见表 4-3。

A、B 和 C 级车的技术状况等级的分值区间 表 4-3

技术状况等级		分值区间
A 级车	A+	100≤鉴定总分<85
	A	85≤鉴定总分<75
	A-	75≤鉴定总分<65
B 级车	B+	65≤鉴定总分<55
	B	55≤鉴定总分<45
	B-	45≤鉴定总分<35
C 级车	C+	35≤鉴定总分<25
	C	25≤鉴定总分<15
	C-	15≤鉴定总分<0

1. 车身外观检查

车身外观检查项目共设 23 个项目的检查("其他项目",不计入描述项目),每出现一个程度为 1 的扣 0.5 分,程度为 2 的扣 1 分,程度为 3 的扣 1.5 分,程度为 4 的扣 2 分,程度为 5 的扣 2.5 分。轮胎部分需符合程度 6 的标准,不符合标准扣 1 分。

车身外观检查共计分数 15 分,扣完为止。若扣分总和大于 15 分,则得分以 0 计。车身外观检查项目与扣分标准见表 4-4。

车身外观检查项目与扣分标准 表 4-4

序号	检查部位	缺陷状态与代号											缺陷程度代号与扣分标准						扣分	得分
		伤痕	弯曲	波纹	锈斑	腐蚀	裂纹	小孔	更换	做漆	痕迹	条纹	1	2	3	4	5	6		
		A	B	W	S	C	T	H	X	P	M	L	扣 0.5 分	扣 1 分	扣 1.5 分	扣 2 分	扣 2.5 分	扣 1 分		
1	发动机罩表面																			
2	左前翼子板																			
3	右后翼子板																			

续上表

序号	检查部位	缺陷状态与代号											缺陷程度代号与扣分标准						扣分	得分
		伤痕	弯曲	波纹	锈斑	腐蚀	裂纹	小孔	更换	做漆	痕迹	条纹	1	2	3	4	5	6		
		A	B	W	S	C	T	H	X	P	M	L	扣 0.5分	扣 1分	扣 1.5分	扣 2分	扣 2.5分	扣 1分		
4	右前翼子板																			
5	右后翼子板																			
6	左前车门																			
7	右前车门																			
8	左后车门																			
9	右后车门																			
10	行李舱盖																			
11	行李舱内侧																			
12	车顶																			
13	前保险杠																			
14	后保险杠																			
15	左前轮																			
16	左后轮																			
17	右前轮																			
18	右后轮																			
19	前后车灯																			
20	前后风窗玻璃																			
21	四门风窗玻璃																			
22	左右后视镜																			
23	其他项目																			
总计																				

缺陷程度代号的含义：

1——缺陷面积小于 2cm×2cm；

2——缺陷面积大于 2cm×2cm 且小于 10cm×10cm；

3——缺陷面积大于 10cm×10cm 且小于 20cm×20cm；

4——缺陷面积大于 20cm×20cm 且小于 A4(21cm×29.7cm)纸张面积；

5——缺陷面积大于 A4(21cm×29.7cm)纸张面积；

6——轮胎花纹深度小于 1.6mm。

2. 发动机舱检查

发动机舱检查项目共设 13 个项目(“其他”,不计入描述项目),每项检查为 3 分,选择 A 不扣分,选择 B 扣 1.5 或 2 分,选择 C 扣 3 分或 4 分。

共计分数25分,扣完为止,若扣分总和大于25分,则得分以0计。发动机舱检查项目与扣分标准见表4-5。

发动机舱检查项目与扣分标准 表4-5

序号	检查项目	选择项与扣分标准						扣分	得分
		A项	扣分标准	B项	扣分标准	C项	扣分标准		
1	检测发动机汽缸压力	≥额定值85%	0	≥额定值85%	1.5	<额定值75%	3		
2	检测机油,冷却液是否渗入	无	0	轻微	1.5	严重	3		
3	检测散热器,是否有渗漏	无	0	轻微	1.5	严重	3		
4	汽缸盖外是否有大量机油渗漏	无	0	轻微	1.5	严重	3		
5	前翼子板内缘与散热器框架及横拉梁连接是否平整、更换	平整	0	变形	2	更换	4		
6	散热器格栅	正常	0	较差	1.5	更换	3		
7	蓄电池电极极柱腐蚀	正常	0	轻微	1.5	严重	3		
8	蓄电池电解液渗漏、缺少	正常	0	轻微	1.5	严重	3		
9	空调冷凝器	正常	0	较差	1.5	不严重	3		
10	检测发动机皮带	较新	0	轻微老化	1.5	老化严重	3		
11	检测油管、水管是否老化、龟裂	较新	0	轻微老化	1.5	出现龟裂	3		
12	检测线路是否老化、破损	完好	0	轻微老化	1.5	出现破损	3		
13	其他		0		0		0		
总计									

3. 车舱检查

车舱检查项目共设13个项目("其他",不计入描述项目)。每个项目设有A和C两个选项,选择A均不扣分,选择C扣0.5分或1分。

共计分数10分,扣完为止,若扣分总和大于10分,则得分以0计。车舱检查项目与扣分标准见表4-6。

车舱检查项目与扣分标准 表4-6

序号	检查项目	选择项与扣分标准				扣分	得分
		A项	扣分标准	C项	扣分标准		
1	车内是否有泡水痕迹	无	0	有	1.5		
2	座椅完整,无破损,功能正常	功能正常	0	功能不正常	0.5		
3	车内整洁,无异味	整洁、无异味	0	不洁或有异味	0.5		
4	转向盘的最大自由转动量从中间位置向左右不可超过15°	正常	0	不正常	1		

续上表

序号	检查项目	选择项与扣分标准				扣分	得分
		A项	扣分标准	C项	扣分标准		
5	车顶及周边内饰清洁,有无破损、松旷及裂缝和污迹	正常	0	不正常	1		
6	仪表台是否有划痕,配件缺失	否	0	是	1		
7	排挡手柄(护罩)是否破损	否	0	是	1		
8	储物盒是否有划痕、裂痕,配件缺失	否	0	是	1		
9	天窗是否违规自行安装	否	0	是	1		
10	窗口密封条是否良好	是	0	否	1		
11	安全带功能结构是否完整	是	0	否	1		
12	驻车制动系统结构是否完整	是	0	否	1		
13	其他		0		0		
总　计							

4.发动机起动检查

发动机起动检查共设13项(“其他”不计入描述项目)。每个项目设有A和C两个选项,选择A均不扣分,选择C扣0.5分或10分不等。

共计分数15,扣完为止,若扣分总和大于15,则得分以0计。发动机起动检查项目与扣分标准见表4-7。

发动机起动检查项目与扣分标准　　表4-7

序号	检查项目	选择项与扣分标准				扣分	得分
		A项	扣分标准	C项	扣分标准		
1	检查车辆起动是否困难	起动正常	0	起动不正常	2		
2	检查仪表板上的指示灯显示是否正常,是否有故障报警	工作正常	0	工作不正常	2		
3	各类灯光和调节功能及泊车雷达功能是否正常	工作正常	0	工作不正常	1		
4	空调系统风量大小和方向调节工作是否正常	工作正常	0	工作不正常	0.5		
5	空调系统空气循环工作是否正常	工作正常	0	工作不正常	0.5		
6	空调分区控制和自动控制	工作正常	0	工作不正常	0.5		
7	空调系统制冷系统工作是否正常	工作正常	0	工作不正常	0.5		
8	各类仪表显示是否正常	工作正常	0	工作不正常	1		
9	发动机在冷/热车条件下怠速运转是否稳定	工作正常	0	工作不正常	10		
10	发动机声响是否正常	工作正常	0	工作不正常	2		
11	车辆是否冒蓝烟	无	0	有蓝烟	10		

续上表

序号	检查项目	选择项与扣分标准				扣分	得分
		A项	扣分标准	C项	扣分标准		
12	空挡状态下逐渐增加发动机的转速不超过发动机额定转速的2/3,听发动机声,加速时过渡是否均匀,有无异响	工作正常	0	工作不正常	2		
13	其他	工作正常	0		0		
总计							

5.路试检查

路试检查共设12项(“其他”不计入描述项目)。每个项目设有A和C两个选项,选择A均不扣分,选择C扣0.5分或3分不等。

共计分数15分,扣完为止,若扣分总和大于15,则得分以0计。路试检查项目与扣分标准见表4-8。

路试检查项目与扣分标准 表4-8

序号	检查项目	选择项与扣分标准				扣分	得分
		A项	扣分标准	C项	扣分标准		
1	发动机动力输出是否正常	是	0	否	1.5		
2	用力踩下制动踏板,保持5~10s,踏板不能有向下移动的现象	无向下移动的现象	0	有向下移动的现象	0.5		
3	行车制动系最大制动效能在踏板全行程的4/5以内达到	起到完全制动效果	0	不能起到完全制动效果	1		
4	在车速不大于60km/h,轮胎和气压符合条件,道路平直条件下放松转向盘向前行驶200m	行驶轨迹偏差不超过2m	0	行驶轨迹偏差超过2m	1		
5	机动车在平坦、硬实、干燥和清洁的混凝土或沥青路面(路面的附着系数为0.7),以30km/h的车速,紧急制动,制动距离不应当大于6m	不大于6m	0	大于6m	3		
6	在干燥公路上,以60km/h的车速,点制动,车辆应当不跑偏	车辆不跑偏	0	车辆跑偏	3		
7	直线行驶,变速器是否有异响	无异响	0	有异响	1		
8	手动变速器换挡过程中挡位是否清晰或有异响,自动变速器换挡过程是否有严重冲击感	工作正常	0	工作异常	1.5		
9	路试结束后,排气管口的试纸是否变黑	是	0	否	0.5		

续上表

序号	检查项目	选择项与扣分标准				扣分	得分
		A项	扣分标准	C项	扣分标准		
10	行驶过程中车辆底盘部位是否有异响	否	0	是	1.5		
11	行驶过程中车辆转向部位是否有异响	否	0	是	0.5		
12	其他		0		0		
总计							

6. 底部检查

底部检查共设8项（“其他”不计入描述项目）。每个项目设有A和C两个选项，选择A均不扣分，选择C扣0.5分或4分不等。

共计分数20分，扣完为止。底部检查项目与扣分标准见表4-9。

底部检查项目与扣分标准 表4-9

序号	检查项目	选择项与扣分标准				扣分	得分
		A项	扣分标准	C项	扣分标准		
1	发动机底壳是否渗漏	否	0	是	4		
2	减振器是否渗漏	否	0	是	2		
3	变速器壳体是否渗漏	否	0	是	4		
4	转向节臂球销是否松动	否	0	是	3		
5	三角臂球销是否松动	否	0	是	3		
6	传动轴十字轴是否松动破损	否	0	是	2		
7	直线行驶，变速器是否有异响	无异响	0	有异响	1		
8	其他		0		0		
总计							

三、D级车的确定

当车身骨架上任何一个鉴定项目出现变形、烧焊、扭曲、锈蚀、褶皱和更换缺陷时，车辆技术状况为D级，即事故车。

评估人员通过对车辆宏观的检查，根据车辆是否有过碰撞的痕迹，确定车体结构是否完好无损。车身骨架鉴定项目为19项。

四、E级车的确定

E级车是指有盗抢、改装嫌疑，无法进行交易的车辆。通过对行驶证等法定证明、凭证与车辆信息核对，CCC(3C)认证标志，是否更换过车身、发动机总成等因素，对二手车进行识伪检查，判断车辆是否可以交易，从而判断该车是否是E级车当确定车辆为E级车后，应根据实际情况，按照《二手车鉴定评估规范》的规定进行相应的处理。

第五章　旧汽车的估价方法

第一节　重置成本法

一、重置成本法的基本原理

1. 重置成本法的定义

重置成本法是指在现时市场条件下重新购置一辆全新状态的被评估车辆所需的全部成本(即完全重置成本,简称重置全价),减去该被评估车辆的各种陈旧贬值后的差额作为被评估车辆现时价格的一种评估方法。

2. 重置成本的计算公式

1)计算模型

重置成本法的计算模型如下。

模型一:

$$P = B - (D_S + D_G + D_J)$$

模型二:

$$P = B \cdot C$$

模型三:

$$P = B \cdot C \cdot K$$

模型四:

$$P = B \cdot C \cdot K \cdot \Phi$$

式中:P——被评估车辆的评估值;

B——重置成本;

D_S——实体性贬值;

D_G——功能性贬值;

D_J——经济性贬值;

C——成新率;

K——综合调整系数;

Φ——变现系数。

通过对重置成本法计算公式的分析不难发现,要合理运用重置成本法评估旧汽车的交易价格,必须正确确定车辆的重置成本、实体性贬值、功能性贬值、经济性贬值和成新率。

2)重置成本

重置成本是购买一项全新的与被评估车辆相同的车辆所支付的最低金额。按重新购置车辆所用的材料、技术的不同,可把重置成本分为复原重置成本(简称复原成本)和更新重置成本(简称更新成本)。复原成本指用与被评估车辆相同的材料、制造标准、设计结构和技术条件等,以现时价格复原购置相同的全新车辆所需的全部成本。更新成本指利用新型材料、新技术标准、新设计等,以现时价格购置相同或相似功能的全新车辆所支付的全部成本。一般情况下,在进行重置成本计算时,如果同时可以取得复原成本和更新成本,应选用更新成本;如果不存在更新成本,则再考虑选用复原成本。

3)各种陈旧性贬值

各种陈旧性贬值一般包括实体性贬值、功能性贬值和经济性贬值。

(1)实体性贬值。

实体性贬值又称有形损耗,是指机动车在存放和使用过程中,由于物理和化学原因而导致的车辆实体发生的价值损耗,即由于自然力的作用而发生的损耗。二手车一般都不是全新状态的,因而大都存在实体性贬值。确定实体性贬值,要依据新旧程度,包括表体及内部构件、部件的损耗程度。假如用损耗率来衡量,一辆全新的车辆,其实体性贬值为0;一辆完全报废的车辆,其实体性贬值为100%;处于其他状态下的车辆,其实体性贬值率则位于这两个数字之间。

(2)功能性贬值。

功能性贬值是由于科学技术的发展而导致的车辆贬值,即无形损耗。这类贬值又可细分,一次性功能贬值是由于技术进步引起劳动生产率的提高。现在再生产制造与原功能相同的车辆的社会必要劳动时间减少,成本降低而造成原车辆的价值贬值。具体表现为原车辆价值中有一个超额投资成本将不被社会承认。

营运性功能贬值是由于技术进步,出现了新的、性能更优的车辆,致使原有车辆的功能相对新车型已经落后而引起其价值贬值。具体表现为原有车辆在完成相同工作任务的前提下,在燃料、人力、配件材料等方面的消耗增加,形成了一部分超额运营成本。

(3)经济性贬值。

经济性贬值是指由于宏观经济政策、市场需求、通货膨胀、环境保护等外部环境因素的变化所造成的车辆贬值。这些外界因素对车辆价值的影响不仅是客观存在的,而且对车辆价值影响还相当大,在二手车评估中不可忽视。

4)成新率

对于成新率 C 的确定,在实际评估时,要根据被评估对象的不同情况,选择不同的方法。一般来说,对于重置成本不高的老旧车辆,可采用使用年限法中的等速折旧法,以及行驶里程法来估算其成新率;对于重置成本价值中等的二手车,可采用使用年限法中的等速折旧法估算其成新率;对于重置成本价值高的车辆,可采用部件鉴定法。

5)变现系数

当对二手车进行价值评估时,还应充分考虑到市场微观经济环境(如某品牌或某车款的热卖度、供求关系、车龄、地区差异、车辆档次或价位等)和政府宏观政策对车辆变现能力的影响,即需考虑二手车的变现系数。

对于轿车变现系数可按表5-1选取,也可以选用中国汽车流通协会定期发布的二手车变现系数参数参考值。对于大型货车、大型客车、特种车辆的变现系数需要在实践中探索,目前,还没有参考值。

由于二手车变现系数影响因素很多,估计难度较多,一般在二手车价值评估中省略。

轿车变现系数　表5-1

已使用时间(月)	1~6	7~12	13~18	19~24	25~30	31~36	37~42	43~48	49~54	55~60
变现系数	0.80	0.84	0.86	0.88	0.90	0.92	0.94	0.96	0.98	1.00

注:采用年限法中的加速折旧法求成新率时,此表不适用。

6)模型的应用

采用模型一,除了要准确了解二手车的重置成本和实体性贬值外,还必须计算其功能性贬值和经济性贬值,而这两者贬值因素要求评估人员对未来影响二手车的营运成本、收益乃至经济寿命有较为准确的把握,否则难以评估二手车的市场价值。

从理论上讲,模型一优于模型二或模型三,这是因为模型一中不仅扣除了车辆的有形损耗,而且扣除了车辆的功能性损耗和经济性损耗,但其实际的可操作性较差,使用困难。

模型二适用于整车观测法和部件鉴定法来估算成新率。

模型三适用于年限法中的加速折旧法来估算成新率。

模型四适用于年限法中的等速折旧法和行驶里程法来估算成新率。

模型二、模型三和模型四中成新率的确定是综合了二手车的各项贬值的结果,具有收集便捷,操作较简单易行,评估理论更贴近机动车实际工作状况,容易被委托人接受等优点,故模型二、模型三和模型四被广泛采用。

3. 重置成本法的特点

1)适用情况

在二手车的实际评估业务中,一般多采用重置成本法来计算二手车的评估值。这是因为:首先,重置成本的信息资料容易取得;其次,重置成本法充分考虑了车辆的损耗,评估结果更趋于公平合理,且操作相对较简单易行,评估理论贴近二手车的实际。

应当说明的是,要使评估价值与二手车客观存在的价值完全一致,是很难做到的。评估人员的目标或任务应该是努力缩小这两个量之间的差距。

2)局限性

重置成本法虽然考虑了通货膨胀等经济性贬值的因素、技术进步引起的功能性贬值的因素及实体性贬值的因素,但该方法还是不能较全面地反映资产(车辆)经济性贬值,有的经济性贬值很难估算,如环境政策、心理状态、消费习惯等引起的贬值。此外,如果存在经济性贬值,重置成本法严格说来不可以作为一种独立的方法来使用,必须结合其他评估方法来进行评估,如和收益现值法一起应用。因为按重置成本法得到的二手车价值,低于按折现现金流量计算的二手车价值,这两者之间的差额即为二手车的经济性贬值。若真的结合其他评估方法来进行评估,就会使评估工作比较复杂,工作效率很低,实施起来较困难,不太现实。所以,虽然重置成本法在实际评估工作中广泛应用,但还应从理论上认识清楚,掌握其本质,做到心中有数。

此外,在估算贬值和重置成本(更新重置成本)时,还会有主观上的误差。如果遇有被评估车辆已在市场上消失,取而代之的是更先进的换代新车型,而这种新车型与原有老车型相比,在功能和性能上也会有很大升级。此时两者的差异需要非常专业的分析,准确地确定其价值方面的影响是非常困难的,往往要靠评估人员的经验来判断,而由此产生的误差就比较大。另外,贬值的估算有时受主观因素的影响。上述这些方面会直接影响评估结果的准确度。

二、重置成本的估算

1. 重置成本的构成

1)国产车重置成本的构成

国产旧汽车的重置成本构成计算方法如下:

$$B = B_1 + B_2$$

式中:B——车辆重置成本;

B_1——购置全新车辆的直接成本;

B_2——购置全新车辆的间接成本。

直接成本为现行市价的购买价格,而间接成本是指购车时所支付的购置附加税、牌照费、注册登记手续费、城市道路车辆通行费、车船所用税、保险费等。在二手车评估中,对间接成本是否计入重置成本全价中,有两种不同情况和不同的处置办法。

一是属于所有权转让的经济行为,可只按被评估车辆的现行市场成交价格作为被评估车辆的重置成本全价,其他间接成本(各种规费)就略去不计。另一种情况,各种规费,即间接成本就要计入重置成本全价。若遇到企业合资、合作、联营、合并和兼并等这样一些经济行为时,其重置成本全价的构成,除考虑被评估车辆现行市场购置价格以外,还应考虑上述间接成本,并将其一并计入重置成本全价。

这里要特别指出的是,上述被评估车辆的现行市场成交价为其新车的价格,而不是二手车的成交价。

为什么涉及所有权转让的经济行为,其重置成本全价可以不包括间接成本呢?这主要是根据二手车交易的实际情况来考虑,这类业务属于前述的交易类业务。二手车交易时,买卖双方需求不同,其心理动机也不一样,他们都有各自的政治和经济背景。总之,对于产权转让一类的交易业务,在进行二手车评估、计算重置成本时,就把车辆一些使用环节的税费忽略不计。在实际的二手车评估交易中,也获得了买卖双方的认同。

而属于企业产权变动的经济行为,这类评估为咨询类业务,其重置成本全价就应该把间接成本所包含的各种税费计入其内,这样可防止国有资产的流失。

在实际评估计算中,为了使计算简便,通常间接成本只考虑车辆购置附加税,若车辆购置附加税是车价的10%,考虑到车价中含有17%增值税,则:

$$\text{车辆购置附加税} = \text{车价}/1.17 \times 10\%$$

则重置成本 B 简易计算公式为:

$$\begin{aligned} B &= \text{车价} + \text{车辆购置附加税} \\ &= \text{车价}(1 + 1/1.17 \times 10\%) \end{aligned}$$

2)进口车重置成本的构成

根据海关税则和收费标准,进口车的重置成本(即现行价格)由以下税费构成:

$$\text{进口车的重置成本} = \text{报关价} + \text{关税} + \text{消费税} + \text{增值税} + \text{其他费}$$

(1)报关价。报关价即到岸价,又称 CIF 价格,它与离岸价 FOB 的关系为:

$$\text{CIF 价格} = \text{FOB 价格} + \text{途中保险费} + \text{国外运杂费}$$

由于这部分费用是以外汇支付的,所以计算时,需要将报关价格换算成人民币,外汇汇率采用评估基准日的外汇汇率进行计算。

(2)关税。关税的计算方法如下:

$$\text{关税} = \text{报关价} \times \text{关税税率}$$

自 2005 年 1 月 1 日起,小轿车的关税税率为 30%;自 2006 年 1 月 1 日起,小轿车的关税税率为 28%;自 2006 年 7 月 1 日起,小轿车的关税税率为 25%。

(3)消费税。消费税的计算方法如下:

$$\text{消费税} = \frac{\text{报送价} + \text{关税}}{1 - \text{消费税率}} \times \text{消费税率}$$

根据轿车排量不同,消费税率也不同。排量在 1.0L 以下的为 3%,1.0~2.2L 的为 5%;2.2L 以上的为 8%。

(4)增值税。增值税的计算方法如下:

$$\text{增值税} = (\text{报关价} + \text{关税} + \text{消费税}) \times \text{增值税率}$$

各种进口增值税率均为 17%。

(5)其他费。除了上述费用之外,进口车价还包括通关、商检、运输、银行、选装件价格、经销商、进口许可证等非关税措施造成的费用。

一般而言,车辆重置成本大多是依靠市场调查搜集而来的,并不需要进行十分复杂的计算。但是对于市场上尚未出现的那些新车型(特别是进口新车型)或淘汰车型,由于其价格信息有时不容易获得,这时则需要按照其重置成本的构成进行估算。

根据不同评估目的,二手车重置成本全价的评估还要区别对待。属于所有权转让的经济行为或为司法、执法部门提供证据的鉴定行为,可将被评估车辆的现行市场成交价格作为被评估车辆的重置全价,其他费用略去不计;属于企业产权变动的经济行为,如企业合资、合作经营和合并兼并,其重置成本构成除了考虑被评估车辆现行市场购置价格外,还应考虑国家和地方政府对车辆加收的合理税费。

2. 重置成本的确定方法

重置成本的计算在资产评估学中有加合分析法、功能系数法、物价指数法和统计分析法等几种方法。对于二手车评估定价,计算重置成本一般采用加合分析法和物价指数法。

1)加合分析法

加合分析法又称直接法和重置核算法,它是按待评估车辆的成本构成,以现行市价为标准,将车辆按成本构成分成若干组成部分,先确定各组成部分的现时价格,然后相加得出待评估车辆的重置全价的一种评估方法。

应指出的是,用加合分析法取得的重置成本,无论是国产车还是进口车,一律采用国内现行市场价作为被评估车辆的重置成本全价。

使用这种方法的关键是获得市场价格资料,对于大、中城市,车辆市场价格资料的取得是比较容易的。评估师可直接从市场了解相同或类似车辆现行市场新车销售价格。但要注意的是,车辆的市场价格,制造商和销售商,或者是不同的销售商其售价可能是不同的。按替代性原则，在同等条件下，评估人员应选择可能获得的最低市场售价。此外，还可从报纸、杂志上的广告，厂家提供产品目录的价格表，经销商提供的价格目录，网上查询等渠道获取。但在使用上述价格资料时，要注意数据的有效性和可靠性，这是至关重要的。

在获取上述价格资料时，还应注意以下问题。

(1)价格的时效性。价格资料和市场信息一般只反映一定时间的价格水平，尤其是机动车价格变化较快、较大，价格稳定期较短。评估时要特别注意价格的时效性，所用资料要看能否反映评估基准日的价格水平，尽可能地避免使用一些过时的价格资料。

(2)价格的地域性。机动车销售价格受交易地点的影响也较大，不同的地区由于市场环境不同，消费水平也有差距，交易条件也不尽相同，所以机动车的售价也不完全一样。评估时，应该使用评估对象所在地的价格资料。若无法获取当地的价格资料，则可参考邻近地区的价格，但要进行价格差的修正。有时，一些县城机动车价格，比大城市同样车型的价格还要高一些，这是正常的，不要主观认为县、市的机动车价格，就一定比大城市的价格低。使用价格资料要实事求是。

(3)价格的可靠性。评估师有责任对使用的价格资料的可靠性作出判断。一般从网上及其他公共媒体获得的价格资料只能属于参考价格。使用这些资料，评估人员应以审慎的态度进行必要的核实。而从汽车销售市场直接获得的现时价格，可靠性相对较高。

2)物价指数法

(1)计算原理。物价指数法又称价格指数法，是指根据已掌握历年来的价格指数，在二手车原始成本的基础上，通过现时物价指数确定其重置成本。其计算公式为：

$$B = B_Y \times \frac{I_1}{I_2}$$

或

$$B = B_y \times (1 + \lambda)$$

式中：B——车辆重置成本；

B_y——车辆原始成本；

I_1——车辆评估时物价指数；

I_2——车辆购买时物价指数；

λ——车辆价格变动指数。

物价指数通常用百分数来表示，以100%为基础。当物价指数大于100%时，表明物价上涨；物价指数低于100%时，表明物价下降。

物价指数又分定基物价指数和环比物价指数。

(2)用定基物价指数确定重置成本。定基物价指数是以固定时期为基期的指数，也常用百分比来表示。

(3)用环比物价指数确定重置成本。环比物价指数是以上一期的物价指数为基期的指数，如果环比期以年为单位，则环比物价指数表示该机动车当前年比上年的价格变动幅度。通常也用百分比来表示。

(4)物价指数的获取。物价指数反映不同时期机动车价格变动的程度。评估人员可以参考政府有关部门、世界银行、保险公司公布的统计资料，也可以根据所掌握的价格资料测算,但使用时应区分定基指数和环比指数。

(5)应用物价指数法应注意的问题。如果被评估车辆是已淘汰的产品,或是进口车辆,查询不到现时市场价格时,用物价指数法来确定重置成本,是一种很好的办法。但一定要检查车辆的账面原值,若购买的原值不知道,或不准确,则不能用物价指数法。

车辆价格变动指数是通过掌握的车辆历年的价格指数,找出车辆价格变动趋势和速度的指标。

车辆价格变动指数的取得和选择与被评估车辆已使用年限相适应,是近期 5 年内市场占有率为前 3 名的品牌车型,分别以现时购买车价与原始购买车价之比的算术平均值作为车辆价格变动指数。

车辆价格变动指数要尽可能选用有法律依据的国家统计部门或物价管理部门及政府机关发布和提供的数据。也可以取自中国汽车流通协会定期发布或有权威性的国家政策部门所管辖单位的数据,不能选用无依据或来源不明的数据。

一般来说,物价指数并不能反映技术的先进性。所以,物价指数法不能运用于更新重置成本,也不能提供任何衡量复原重置成本和更新重置成本差异的依据。

三、成新率的计算方法

成新率是反映二手车新旧程度的指标。二手车成新率是表示二手车的功能或使用价值占全新机动车的功能或使用价值的比率。也可以理解为二手车的现时状态与机动车全新状态的比率。

机动车的有形损耗率与机动车的成新率的关系为:

$$C = 1 - \lambda$$

或

$$\lambda = 1 - C$$

式中:C——成新率;

λ——有形损耗率。

在二手车鉴定估价的实践中,重置成本法是二手车价值评估的常选办法,要想较为准确地评估车辆的价值,成新率的确定是关键。成新率作为重置成本的一项重要的指标,如何科学、准确地确定该项指标,是二手车评估中的重点和难点。因为成新率的确定不仅需要根据一定的客观资料和检测手段,而且在很大程度上依靠评估人员的学识和评估经验,成新率的估算方法应根据二手车的新旧程度、技术状况价值高低等情况进行选择估算方法,如使用年限法、行驶里程法、整车观测法和部件鉴定法等方法。

1. 使用年限法

使用年限法确定成新率通常采用等速折旧法和加速折旧法。

1)等速折旧法

采用等速折旧法估算二手车成新率的计算公式为:

$$C_{\mathrm{D}} = \left(1 - \frac{Y}{C}\right) \times 100\%$$

式中:C_{D}——等速折旧法成新率;

C——规定使用年限，即机动车的使用寿命；

Y——已使用年限，是指机动车从登记日期开始到评估基准日所经历的时间。

此公式使用的前提是车辆运行在（磨损理论的）正常磨损阶段；处于（在疲劳寿命期限内）正常运转状态。

【例 5-1】 某辆私家轿车已使用了 5 年，试用等速折旧法计算其成新率。

解：按国家汽车报废标准知，非营运 9 座以下乘用车的规定使用年限为 15 年，即 $G=15$，$Y=5$，则其成新率为：

$$
\begin{aligned}
C_{\mathrm{D}} &= \left(1-\frac{Y}{G}\right)\times 100\% \\
&= \left(1-\frac{5}{15}\right)\times 100\% \\
&= 66.7\%
\end{aligned}
$$

【例 5-2】 某辆旅游客车已使用 3 年 2 个月，试用等速折旧法计算其成新率。

解：按国家汽车报废标准知，此车的规定使用年限为 10 年，即 $G=10$ 年 $=120$ 个月，$Y=$ 3 年 2 个月 $=38$ 个月，则其成新率为：

$$
\begin{aligned}
C_{\mathrm{D}} &= \left(1-\frac{Y}{G}\right)\times 100\% \\
&= \left(1-\frac{38}{120}\right)\times 100\% \\
&= 68\%
\end{aligned}
$$

运用使用年限法估算二手车成新率需注意以下两点。

（1）使用年限是代表车辆运行或工作量的一种计量，这种计量是以车辆的正常使用为前提的，包括正常的使用时间和正常的使用强度。在实际评估过程中，应非常注意车辆的实际已使用时间，而不是简单的日历天数，同时也要考虑其实际使用强度。

（2）已使用年限不是指会计折旧中已计提折旧年限，也不是指会计折旧年限。

使用年限法方法简单，容易操作，一般用于价值不高的二手车价格的评估。

2）加速折旧法

加速折旧法一般采用年份数求和法和双倍余额递减法。

（1）年份数求和法。

年份数求和法是指每年的折旧额可用车辆原值减去残值的差额乘以一个逐年变化的递减系数来确定的一种方法。

年份数求和法估算二手车成新率的计算公式为

$$
C_{\mathrm{F}} = \left[1-\frac{2}{G(G+1)}\sum_{n=1}^{Y}(G+1-n)\right]\times 100\%
$$

式中：C_{F}——年份数求和法成新率。

对于不足 1 年部分，应按十二分之几折算，而不应化成月份。如 3 年 9 个月，前 3 年按年计算，后 9 个月按第 3 年与第 4 年成新率之差的 9/12 计算。二手车价值评估中通常不计算不足 1 个月的天数折旧。

【例 5-3】 某辆桑塔纳出租车已使用了 3 年，试用年份数求和法计算其成新率。

解:根据国家汽车报废标准,该车的规定使用年限为 8 年,即 $G=8, Y=3$。其成新率为:

$$C_F = \left[1 - \frac{2}{G(G+1)}\sum_{n=1}^{Y}(G+1-n)\right] \times 100\%$$
$$=41.7\%$$

【例 5-4】 某辆 EQI。092 货车已使用 3 年 5 个月,试用年份数求和法计算其成新率。

解:根据题意知,$G=10$,由于有不足一年的月份,成新率应分两步计算。

已使用 3 年的成新率为:

$$C_F = \left[1 - \frac{2}{G(G+1)}\sum_{n=1}^{Y}(G+1-n)\right] \times 100\%$$
$$=50.9\%$$

已使用 4 年的成新率为:

$$C_F = \left[1 - \frac{2}{G(G+1)}\sum_{n=1}^{Y}(G+1-n)\right] \times 100\%$$
$$=38.2\%$$

则已使用 3 年 5 个月的成新率为:

$$C_{(3.5)} = C_3 - \frac{C_3 - C_4}{12} \times 15$$
$$=45.6\%$$

(2)双倍余额递减法。

余额递减折旧法是指任何年的折旧额用现有车辆原值乘以在车辆整个寿命期内恒定的折旧率,接着用车辆原值减去该年折旧额作新的原值,下一年重复这一做法,直到折旧总额分摊完毕。在余额递减中所使用的折旧率,通常大于直线折旧率,当使用的折旧率为直线折旧率的 2 倍时,称为双倍余额递减法。

双倍余额递减法计算二手车成新率的计算公式如下:

$$C_s = \left(1 - \frac{2}{G}\right)^Y \times 100\%$$

或

$$C_s = \left[1 - \frac{2}{G}\sum_{n=1}^{Y}\left(1 - \frac{2}{G}\right)^{n-1}\right] \times 100\%$$

式中:C_s——双倍余额递减法成新率。

同样,在使用双倍余额递减法时,已使用年限和规定使用年限按年数计算,不足一年的部分按十二分之几折算。

现在市场环境下,汽车的实际折旧呈加速状态,所以等速折旧法是不能使用的。

2. 行驶里程法确定成新率

行驶里程法计算二手车成新率的计算公式如下:

$$C_x = \left(1 - \frac{L_1}{L_2}\right) \times 100\%$$

式中:C_x——行驶里程法成新率;

L_1——机动车累计行驶里程数,km;

L_2——机动车报废标准规定的行程里程数，km。

此公式使用前提是车辆使用强度大，累计行驶里程数超过年平均行驶里程。

年平均行驶里程按下式计算：

$$L=\frac{L_2}{T}$$

式中：L——年平均行驶里程，km/年；

L_2——机动车报废标准规定的行驶里程数，km；

T——机动车报废标准规定的使用年数，年。

现行的国家汽车报度标准规定，轿车累积行驶 50 万 km，货车累积行驶 40 万 km，轻、微型载货汽车（含越野型）、矿山作业专用车累计行驶 30 万 km，重、中型载货汽车（含越野型）累计行驶 40 万 km，特大、大、中、轻、微型客车（含越野型）轿车累计行驶 50 万 km，其他车辆累计行驶 45 万 km，要强制报废但由于在实际使用过程中，因各种因素导致的行驶里程数更改。因此在评估过程中，评估人员须准确识别里程数是否人为被更改，判断里程表的记录与实际的二手车的物理损耗是否相符。否则，评估结果可能会发生失误。

最近几年我国各类汽车年平均行驶里程见表 5-2。

我国各类汽车年平均行驶里程　　表 5-2

汽 车 类 别	年平均行驶里程（万 km）	汽 车 类 别	年平均行驶里程（万 km）
微型、轻型货车	3～5	租赁车	5～8
中型、重型货车	6～10	旅游车	6～10
私家车	1～3	中、低档长途客运车	8～12
行政、商务用车	3～6	高档长途客运车	15～25
出租车	10～15		

3. 整车观测法

整车观测法是指二手车评估人员凭职业经验、靠感觉（视觉、听觉、触觉）或借助检测工具，对鉴定车辆的状态和损耗程度做出职业判断、分级，以确定成新率的一种方法。私用轿车不同技术状况对应的成新率见表 5-3。

私用轿车不同技术状况对应的成新率　　表 5-3

车辆等级	车况定义	技 术 状 况 描 述	成新率（%）
1	很新	登记后≤1 年，行驶里程数≤2 万 km，没有缺陷，没有修理和买卖的经历	95
			90
2	很好	登记后≤3 年，行驶里程数≤6 万 km，轻微不明显的损伤，漆面、车身和内部仅有小的瑕疵，没有机械问题，无须更换部件或进行任何修理，无不良记录	85
			80
			75
3	良好	登记后≤5 年，行驶里程数≤10 万 km，重新油漆的痕迹是好的，机械部分及易损件已更换，在用状态良好，故障率低，可随时出车使用	70
			65
			60
			55

续上表

<table>
<tr><th>车辆等级</th><th>车况定义</th><th>技 术 状 况 描 述</th><th>成新率(%)</th></tr>
<tr><td rowspan="4">4</td><td rowspan="4">一般</td><td rowspan="4">行驶里程数≤16 万 km,有一些机械方面的明显缺陷,需要进行某些修理或换一些易损件,可以随时出车,但动力下降,油耗增加</td><td>50</td></tr>
<tr><td>45</td></tr>
<tr><td>40</td></tr>
<tr><td>35</td></tr>
<tr><td rowspan="4">5</td><td rowspan="4">尚可使用</td><td rowspan="4">处于运行状态的旧车,油漆晦暗,锈蚀严重,有多处明显的机械缺陷,可能存在不容易修复的问题,需要维修较多的换件,可靠性很差,使用成本增加</td><td>30</td></tr>
<tr><td>25</td></tr>
<tr><td>20</td></tr>
<tr><td>15</td></tr>
<tr><td rowspan="3">6</td><td rowspan="3">待报废处理</td><td rowspan="3">基本到达或到达使用年限,通过《机动车安全技术条件》检查,能使用但不能正常使用,动力性、经济性、可靠性下降,燃料费、维修费、大修费用增长速度快,车辆效益与支出基本持平、甚至下降,排放污染和噪声达到极限</td><td>10</td></tr>
<tr><td>6</td></tr>
<tr><td>4</td></tr>
<tr><td>7</td><td>报废</td><td>使用年限已达到报废期,只有基本材料的回收价值</td><td>2 或 0</td></tr>
</table>

4. 部件鉴定法

部件鉴定法(技术鉴定法)是在确定二手车各组成部分的技术状况的基础上,按其组成部分对整车的重要性和价值量的大小来加权评分,最后确定成新率的一种方法。

采用部件鉴定法估算二手车成新率的计算公式如下:

$$C_{\mathrm{B}} = \sum_{i=1}^{n} \Delta_i \cdot B_i$$

式中:C_{B}——部件鉴定法二手车成新率;

Δ_i——二手车第 i 项部件的成新率;

β_i——二手车第 i 项部件价值权重。

部件鉴定法的基本步骤如下所述。

(1)先将车辆分成几个部分的总成部件(表 5-4),再根据各总成部件的建造成本、车辆建造成本的比重,按一定百分比来确定权重。

机动车总成、部件价值权重分配 表 5-4

总 成 名 称	权 重 (%)		
	轿车	客车	货车
发动机及离合器总成	25	28	25
变速器及传动轴总成	12	10	15
前桥及转向器前悬总成	9	10	15
后桥及后悬架总成	9	10	15
制动系统	6	5	5
车架总成	0	5	6
车身总成	28	22	9

续上表

总 成 名 称	权 重（%）		
	轿车	客车	货车
电器仪表系统	7	6	5
轮胎	4	4	5

（2）全新车辆对应的功能标准为满分100分，其功能完全丧失为0分，再根据各总成、部件的技术状况估算各总成部件的成新率。

（3）将各总成部件的成新率与权重相乘，即得到各总成部件的权分成新率。

（4）最后将各总成部件权分成新率相加，即得被评估车辆的成新率。

由于在不同种类、档次的车辆上，各组成部分对整车的重要性及其价值占整车的比重各不相同，有些类型车辆之间相差还很大。因此表5-3的定基物价指数只能供评估人员参考，不可作为唯一标准。在实际评估时，应根据车辆各部分价值量占整车价值的比重，调整各部分的权重。

用部件鉴定法计算的加权成新率时，部件成新率的取值一般不能超过采用公式计算得出的整车成新率。

采用部件分析法时车辆各组成部分权重难以掌握，特别是各种车型及各种品牌，其车辆各组成部分权重也是不同的，因此它费时费力。但评估值更接近客观实际，可信度高。因为它既考虑了二手车实体性损耗，同时也考虑了二手车维修换件会增大车辆的价值。这种方法一般用于价值较高的二手车评估。

四、综合调整系数的确定

1. 综合调整系数的构成

对于采用年限法和行驶里程法计算成新率时，还应考虑二手车的技术状况对成新率的影响，影响二手车成新率的主要因素有车辆技术状况、使用和维修状态、原始制造质量、工作性质、工作条件五个方面。为此，综合调整系数由五个方面构成，但这五个方面因素的影响权重是不同的，根据经验分别取为30%、25%、20%、15%和10%。则综合调整系数的计算公式如下：

$$K = K_1 \times 30\% + K_2 \times 25\% + K_3 \times 20\% + K_4 \times 15\% + K_5 \times 10\%$$

式中：K_1——车辆技术状况调整系数；

K_2——车辆使用和维修状态调整系数；

K_3——车辆原始制造质量调整系数；

K_4——车辆工作性质调整系数；

K_5——车辆工作条件调整系数。

2. 各系数的选取

1）车辆技术状况系数 K_1

车辆技术状况系数是基于对车辆技术状况鉴定的基础上对车辆进行的分级，然后取调整系数来修正车辆的成新率，技术状况系数取值范围为0.6～1.0，技术状况好时取上限；反之取下限。

2）车辆使用和维护状态系数 K_2

它是反映使用者对车辆使用、维护的水平,不同的使用者,对车辆使用、维护的实际执行情况差别较大,因而直接影响到车辆的使用寿命和成新率,使用和维护状态系数取值范围为0.7~1.0。

3)车辆原始制造质量系数 K_3

确定该系数时,应了解车辆是国产车还是进口车,是进口车的还需了解是否是名牌车,以及进口国别;是国产车的应了解是名牌产品还是一般产品。一般来说,国家正规手续进口的车辆质量优于国产车辆,名牌产品优于一般产品,但又有较多例外,例如,20 世纪 90 年代中期进口的韩国大宇、现代等车型,由于车辆质量及配件供应存在的问题,应属进口非名牌车。因此,在确定此系数时应较慎重。对依法没收领取牌证的走私车辆,其原始制造质量系数建议视同国产名牌产品考虑。原始制造质量系数取值范围在0.7~1.0。

4)车辆工作性质系数 K_4

车辆工作性质不同,其繁忙程度不同,使用强度亦不同。把车辆工作性质分为私人工作用车和生活用车,机关企事业单位的公务和商务用车,从事旅客、货运、城市出租的营运用车。以普通小轿车为例,一般来说,私人工作和生活用车每年最多行驶约 2.5 万 km;公务、商务用车每年不超过6 万 km;而营运出租车每年行驶有些高达15 万 km,甚至更多。可见工作性质不同,其使用强度差异也较大。车辆工作性质系数取值范围为0.5~1.0。

5)车辆工作条件系数 K_5

我国地域辽阔,各地自然条件差别很大,车辆的工作条件对其成新率影响很大。把工作条件分道路条件和特殊使用条件。

道路条件可分为好路、中等路和差路三类。

好路是指国家道路等级中的高速公路,一、二、三级道路,好路率在 50% 以上;中等路是指符合国家道路等级四级道路,好路率在 30% ~50%;差路是指国家等级以外的路,好路率在 30% 以上。

特殊使用条件主要指特殊自然条件,包括寒冷、沿海、风沙、山区等地区。

根据上述工作条件可适当取值,车辆长期在道路条件为好路和中等路行驶时,工作条件系数取1或0.8;车辆长期在差路或特殊使用条件下工作,其系数取0.6。

各调整系数的选取方法及其权重分配见表5-5。

二手车成新率调整系数 表5-5

影响因素	因素分级	调整系数	权重(%)
技术状况	好	1.0	30
	较好	0.9	
	一般	0.8	
	较差	0.7	
	差	0.6	
维护	好	1.0	25
	较好	0.9	
	一般	0.8	
	较差	0.7	

续上表

影响因素	因素分级	调整系数	权重(%)
制造质量	进口车	1.0	20
	国产名牌车	0.9	
	进口非名牌车	0.8	
	走私罚没车、国产非名牌车	0.7	
工作性质	私用	1.0	15
	公务、商务	0.7	
	营运	0.5	
工作条件	较好	1.0	10
	一般	0.8	
	较差	0.6	

从上述影响因素中可以看出,各影响因素关联性较大。一般来说,其中某一影响因素加强时,其他项影响因素也随之加强;反之则减弱。影响因素作用加强时,其综合调整系数不随影响作用加强而无限加大,一般综合调整系数取值不要超过1。

目前,众多的汽车生产厂家为促进新车销售,纷纷开展旧车置换业务,例如,一汽大众奥迪公司、上海通用公司等为旧车置换制定了相关的综合调整系数表,供各品牌公司在评估车辆时使用。

除了上述五种主要因素之外,还有其他因素对二手车的成新率有一定的影响,如车辆大修情况、重大事故情况和地域因素等。一辆机动车经过一段时间的使用后(或停用受自然力的影响)会产生磨损,磨损的补偿就需修理,当某零部件完全丧失功能而又无法修理时,必须换件以恢复其功能。当车辆主要总成的技术状况下降到一定程度时,需要用修理或更换车辆零部件的方法,以恢复车辆的动力性、经济性、工作可靠性和外观的完整美观性,这种对车辆的追加投入从理论上讲,增加了车辆的使用寿命,因此,对成新率的估算值可适当增加。但是在实际使用和维修中存在许多不足之处:

(1)用者对车辆的技术管理水平低,不清楚自己车辆的实际技术状况,而不能做到合理送修、适时大修。

(2)社会上有些维修企业,维修设备落后,维修安装技术水平差。

(3)有些配件质量差。

因此,经过大修的车辆不一定都能很好地恢复其使用性能,例如,老旧的国产车辆刚完成大修,即使很好地恢复了其使用性能,但其耐久性一般很差;一些高档进口车辆经过大修以后,不仅难以恢复原始技术状况,而且有扩大故障的可能性。因此,对于重置成本在7万元以下的旧车或老旧车辆,一般不考虑大修对其成新率的增加问题;对于重置成本在7~25万之间的车辆,凭车主提供的车辆大修结算单等资料可适当考虑增加成新率的估算值;对于25万元以上的进口车或国产高档车,凭车主提供的车辆大修或一般维修换件的结算单等资料,分析车辆受托维修厂家的维修设备、维修技术水平、配件来源等情况,或者对车辆进行实体鉴定,考查维修对车辆带来的正面作用或者可能出现的负面影响,从而酌情决定是否增加成新率的估算值。重大事故通常是指车辆因碰撞、倾覆而造成车辆主要结构件的严重损伤,尤其是承载式车身的车辆发生过重大事故后,往往存在严重的质量缺陷,并且不易修复,对其价值有重大影响,二手车评估人员必须非常重视。因此,出现重大事故的二手车应给予一定的折损率,一般为10% ~ 50%。对于火烧车、水浸车的评估研究探索,尚需进一步研究探讨。

五、评估实例

1. 重置成本法评估步骤

用重置成本法成新率模型评估二手车价值,可按下列步骤进行。

(1)第一步确定重置成本。重置成本是被评估车辆在评估基准日时的全新车辆价格(包括上牌的各种税费),一般是通过市场询价而取得,市场询价就是从新车生产厂家、经销商、各种媒体上取得,它是评估的第一步,价格资料、技术资料的准确与否直接关系到评估结论是否正确。

(2)第二步确定成新率。确定成新率是重置成本法运用中的难点,评估人员在现场勘察的基础上,认真填好评估勘察作业表格,详细鉴定车况,可用本节三所述的5种方法确定成新率。在此基础上综合分析品牌因素、市场热销程度、市场占有率情况、车龄、地区差异、车辆档次和政府的宏观政策,对车辆的变现能力的影响,计算确定二手车变现系数以确定综合成新率。

(3)第三步确定综合调整系数。根据对二手车技术状况鉴定,确定其各个调整系数,再考虑其对应的权重,确定综合调整系数。

(4)第四步计算评估值。采用重置成本法的公式计算评估值。

2. 评估实例

【例5-5】 使用年限法评估汽车。

马女士欲转让一辆POLO1.4L自动舒适型轿车,车况良好,没有发生过交通事故,与新车相似,经与哈尔滨上海大众4S店洽谈,由本店收购该车辆。该车的初次登记日期为2014年3月,转让日期为2016年3月,已使用了2年,该车行驶里程9000km。该型号的现行市场购置价为9.89万元,规定使用年限为15年,其他税费不计,试评估该车的价值。

解:根据已知条件可知

(1)初次登记日期为2014年3月,评估基准日为2016年3月,已使用年限:$Y=24$个月。

(2)该车为轿车,规定使用年限15年,即:$G=180$个月。

(3)该车的现时重置成本为:$B=98900$元。

(4)该车的年限成新率为:

$$\begin{aligned}C_{\mathrm{D}} &= \left(1-\frac{Y}{G}\right)\times 100\% \\ &= \left(1-\frac{24}{180}\right)\times 100\% \\ &= 86.67\%\end{aligned}$$

(5)评估值:

$$\begin{aligned}P &= B\times C \\ &= 98900\times 86.67\% \\ &= 85716.63(\text{元})\end{aligned}$$

【例 5-6】 综合分析法评估汽车。

张先生于 2012 年 1 月共花 12 万元购得伊兰特轿车一辆，挂靠某出租公司做出租车，并于当月登记注册，2015 年 1 月在哈尔滨交易，请汽车评估师对其进行鉴定评估。经评估师了解，现该型号车的市场价为 9.33 万元，该车技术等级评定为三级车，无重大事故痕迹，汽车表面有多处划伤，需要维修费 0.3 万元，行驶里程 60 万 km。请用重置成本、年份数求和、综合调整系数法计算该车评估值。

解：根据题意：

(1)该车的现时重置成本为：$B = 93300$ 元。

(2)初次登记日期 2012 年 1 月登记，评估基准日 2015 年 1 月，已使用年限：$Y = 3$ 年；该车为轿车，但从事出租营运，本地规定使用年限为 8 年，即：$G = 8$ 年。该车的成新率为：

$$\begin{aligned} C_{\mathrm{F}} &= \left[1 - \frac{2}{G(G+1)}\sum_{n=1}^{Y}(G+1-n)\right] \times 100\% \\ &= \left\{1 - \frac{2}{8(8+1)}[(8+1-1)+(8+1-2)+(8+1-3)]\right\} \times 100\% \\ &= 41.67\% \end{aligned}$$

(3)综合调整系数 K 的确定：

①技术状况较好，车辆技术状况系数 $K_1 = 0.9$；

②使用维护一般，车辆使用和维护状态系数 $K_2 = 0.8$；

③该车为国产名牌车，车辆原始制造质量系数 $K_3 = 0.9$；

④该车为营运用车，车辆工作性质系数 $K_4 = 0.5$；

⑤该车主要在市内行驶，车辆工作条件系数 $K_5 = 0.8$。

综合调整系数为：

$$\begin{aligned} K &= K_1 \times 30\% + K_2 \times 25\% + K_3 \times 20\% + K_4 \times 15\% + K_5 \times 10\% \\ &= 0.9 \times 30\% + 0.8 \times 25\% + 0.9 \times 20\% + 0.5 \times 15\% + 0.8 \times 10\% \\ &= 80.5\% \end{aligned}$$

(4)计算评估值：

$$\begin{aligned} P &= B \times C \times K \\ &= 93300 \times 41.67\% \times 80.5\% \\ &= 31296.88(\text{元}) \end{aligned}$$

第二节　收益现值法

一、收益现值法的基本原理

1. 收益现值法的定义

收益现值法是将被评估的车辆在剩余寿命期内的预期收益用适当的折现率折现为评估基准日的现值，并以此确定评估价格的一种方法。二手车的价格评估一般很少采用收益现值法，但对一些特定目的、有特许经营权的二手车，人们购买的目的往往不是在于车辆本身，而是车辆获利的能力。因此，对于营运车辆的评估采用收益现值法比较合适。

2. 收益现值法的基本原理

收益现值法是基于这样的假设,即人们之所以购买某车辆,主要是考虑这辆车能为自己带来一定的收益。采用收益现值法对二手车进行评估所确定的价值,是指为获得该二手车以取得预期收益的权利所支付的货币总额,它以车辆投入使用后的连续获利为基础。如果某车辆的预期收益小,车辆的价格就不可能高,反之车辆的价格肯定就高。

收益现值法评估值的计算,实际上就是对被评估车辆未来预期收益进行折现的过程。

所谓折现,就是将未来的收益,按照一定的折现率,折算到评估基准日的现值。这里就引出了收益现值法中一个重要概念,那就是资金的时间价值。资金的时间价值是指资金作为资本的形态,在扩大再生产及其周转过程中,随着时间的增长而产生的增值,其具体形态就是利息或利润。由于资金具有时间价值,一定数额的收益发生在不同的时间,具有不同的价值。所以,收益必须与时间结合起来才能真正反映出资产的价值。

使用收益现值法评估出的二手车价值是指评估基准日这一时点的价值,但收益是在未来某个时间发生的,故需要对未来不同时间产生的收益或者是支出的费用进行时间价值的计算,即将未来的收益和支出的费用换算到评估基准日这一时点的价值,这就是所谓的等值计算。将未来收益进行时间价值的计算,并换算成评估基准日这一时点的价值过程称为折现,所使用的换算比率就称为折现率。

3. 收益现值法的应用前提

收益现值法应用的前提是:

(1)被评估二手车必须是经营性车辆,且具有继续经营和获利的能力。

(2)继续经营的预期收益可以预测而且必须能够用货币金额来表示。

(3)二手车购买者获得预期收益所承担的风险也可以预测,并可以用货币来衡量。

(4)被评估二手车预期获利年限可以预测。

由以上应用的前提条件可见,运用收益现值法进行评估时,是以车辆投入使用后连续获利为基础的。在机动车的交易中,人们购买的目的往往不是在于车辆本身,而是在于车辆的获利能力。

因此,收益现值法较适用于投资营运的车辆。

4. 收益现值法的特点

1)收益现值法的优点

(1)与投资决策相结合,容易被交易双方接受。

(2)能真实和较准确地反映车辆本金化的价格。

2)收益现值法的缺点

(1)预期收益额和折现率及风险报酬率的预测难度大。

(2)受主观判断和未来不可预见因素的影响较大。

5. 收益现值法的计算方法

收益现值法的评估值的计算,实际上就是对被评估车辆未来预期收益进行折现的过程。被评估车辆的评估值等于剩余寿命期内各收益期的收益现值之和,其基本计算公式为:

$$P = \sum_{t=1}^{n} \frac{A_t}{(1+i)^t} = \frac{A_1}{1+i} + \frac{A_2}{(1+i)^2} + \cdots + \frac{A_n}{(1+i)^n}$$

式中：P——评估值；

A_t——未来第 t 个收益期的预期收益额，二手车的收益期是有限的，A_t 中还包括收益期末车辆的残值，一般估算时残值忽略不计；

n——收益年期，对二手车为剩余使用年限；

i——折现率；

t——收益期，一般以年计。

当 $A_1 = A_2 = \cdots = A_n = A$ 时，即 t 从 $1 \sim n$，未来收益分别相同为 A 时，则有：

$$P = A\left[\frac{1}{1+i} + \frac{1}{(1+i)^2} + \cdots + \frac{1}{(1+i)^n}\right] = A\,\frac{(1+i)^n - 1}{i(1+i)^n}$$

简记为

$$P = A \cdot (P/A, i, n)$$

式中：$(P/A, i, n)$——年金现值系数。

二、收益现值法中各评估参数的确定

要计算出被评估车辆的评估值 P，就要确定剩余寿命期 n，预期收益额 A 和折现率 i 等三个参数。

1. 剩余使用年限的确定

剩余使用年限指从评估基准日到车辆到达报废年限所剩余的使用年限，即：

$$n = G - Y$$

式中：n——剩余使用年限；

G——规定使用年限；

Y——已使用年限。

在车辆技术状况基本正常的情况下，可按国家规定的报废标准确定车辆的剩余使用寿命。如果车辆的技术状况很差，则应根据车辆的实际状况，判定车辆的剩余使用寿命。

例如，有一辆桑塔纳出租车，于 2005 年 8 月初次注册登记，评估基准日为 2008 年 8 月。按《汽车报废标准》规定，该车规定使用年限 $G = 8$ 年，已使用年限 $Y = 3$ 年，剩余使用年限 $n = G - y = 8 - 3 = 5$（年）。

2. 预期收益额的确定

在运用收益现值法中，收益额的确定是关键。收益额是指由被评估对象在使用过程中产生的超出其自身价值的溢余额。其计算公式为：

年收益额 =（年总收入 − 年总支出）×（1 − 所得税率）

在确定年收益额时，应考虑以下两点。

(1) 收益额指的是车辆使用带来的未来收益期望值，是通过预测分析获得的。无论对于所有者还是购买者，判断某车辆是否有价值，首先应判断该车辆是否能带来收益。对其收益的判断，不仅是看现在的收益能力，更重要的是预期未来的收益能力。

(2) 收益额的构成，以企业为例，目前有几种观点：①企业所得税后利润；②企业所得税后利润与提取折旧额之和扣除投资额；③利润总额。

关于选择哪一种作为收益额，针对二手车的评估特点与评估目的，为估算方便，推荐选择第一种观点，目的是准确反映预期收益额。为了避免计算错误，一般应列出车辆在剩余寿命期内的现金流量表。

现举例说明预期收益 A 的确定过程及其所进行的可行性分析。

【例 5-7】 某人欲购一辆桑塔纳轿车，准备从事出租车经营，调查分析其预期收益情况。

解：(1)出租车全年可运营 320 天，每天平均毛收入 600 元，则预期的年收入为：

$$0.06 \times 320 \text{ 元} = 19.2(\text{万元})$$

(2)预期的年支出为：

①平均每天行驶 300km，每百千米耗油为 8L，每升油价为 6 元，则年支出耗油费用为：

$$3 \times 8 \times 6 \times 320 = 46080(\text{元})$$

②日常对车辆的维护、修理费约为 1.2 万元；平均大修费用为 0.8 万元。共计 2.0 万元。

③保险费、车船税、牌照等杂费预测共计 1.4 万元。

④人员的劳务工资为 3.0 万元。

⑤不可预见的支出费用为 0.5 万元。

以上 5 项年支出费用合计为：

$$4.6 + 2.0 + 1.4 + 3.0 + 0.5 = 11.5(\text{万元})$$

(3)年毛收入为年总收入减去总支出。即：

$$19.2 - 11.5 = 7.7(\text{万元})$$

(4)按所得税条例规定，收入在 3～5 万元时，应纳税率为 33%。故税后利润为：

$$A = 7.7 \times (1 - 33\%) = 5.159(\text{万元})$$

上例预测出的年税后净收益额 A 值，若在不同的年份，其收入和支出可能均有变化。若在条件允许的情况下，就应预测出未来每年不同的税后净收益值。

这种在可行性分析后预测出的收益额，可能与实际情况会有出入，所以在支出费用中增加了一项不可预见的开支费用，以提高净收益的可靠性，提高预测的准确度。一般不可预见费用为其总支出的 5%～7%，但还是要视情况而定。在进行可行性分析时，调查得越周详，分析得越仔细，预测准确度越高。但市场情况是千变万化的，要完完全全把握住市场的变化情况，有相当的难度，所以任何投资都有风险。

3. 折现率的确定

收益现值法中折现率 i 的确定也是一个比较棘手的问题。折现率 i 必须谨慎确定，折现率的微小变化，会给评估值带来较大影响。确定折现率不仅要有定性分析，更重要的还需有定量确定的方法。

1)折现率的定义

折现率是指将未来预期收益折算成现值的比率，是换算车辆现值与预期收益的有效工具。

由于资金具有时间价值，一定数额的收益，发生在不同的时期，具有不同的价值。未来的一定量收益和现在同样量的收益，在价值上是不相等的。一般来说，未来某一定量收益只能和现在某一个小于它的收益量在价值上相等。因此，收益必须和时间结合起来，才能真正反映二手车的价值。

2)折现率的确定原则

确定折现率时,应遵循如下四个方面的原则。

(1)折现率应高于无风险利率。

无风险报酬率也称安全利率,是指投资者在不冒风险的情况下,就可以长期而稳定地获得投资收益的利率。显然,投资者在选择投资方式时,只有在资产的期望收益率高于无风险利率时,才有可能实施其投资行为。也即只有在体现投资收益率的折现率高于无风险利率时,投资者才会实施其投资计划。要不然将资金存入银行或购买国债会更安全和有效地获利。

(2)折现率应体现投资回报率。

折现率就是经验丰富的投资者,对待评估资产进行投资,所需获得的回报率。评估中的折现率反映的是资产期望的收益率,由于收益率是与投资风险成正比的,风险大,收益率也就高;反之,收益率就低。例如,将资金投入银行存款或购买国债,风险很小,但利率低,收益就小。若将资金投向股市、房地产市场,风险较大,收益率也高。因此,折现率反映的是对应某一风险状态下该资产的期望投资回报率,或称期望报酬率。

(3)折现率要能体现资产收益风险。

某项资产未来收益的不确定性就是资产的收益风险,这种不确定性往往会给投资者带来难以估计的后果。两项资产未来能创造等量的收益,但它们可能承担的风险却会不一样,这与资产的使用者,和使用资产时的使用条件、使用环境、用途、使用技巧、管理水平等密切相关,对这两项资产的评估当然应采用不同的折现率,才能得到比较切合实际的评估结果。由此可以看出,折现率是管理的报酬,有别于资金存入银行存款的利率报酬。这也体现了市场高风险高回报的市场法则。因此,折现率的选取应体现资产收益风险。

(4)折现率应与收益口径相匹配。

在使用资金这一指标时,要充分考虑年收益率的计算口径与资金收益额的计算口径的一致性。若不一致,会影响评估结果的合理性。

在采用收益现值法时,由于评估的目的不同,收益额计算可以有不同的口径。如收益额用净利润、净现金流量等,而折现率则既有按不同口径的收益额为分子计算的折现率,也有按同一口径的收益额为分子,而以不同口径投资额计算的折现率。因此,针对不同收益额进行评估时,应注意收益额与折现率之间结构与口径的匹配和协调,以保证评估结果的合理性。

4.折现率的构成

折现率也称预期报酬率、回报率、收益率,这些称谓在二手车评估中都出现过。折现率是根据资金的时间价值这一特性,按复利计息原理把未来一定时期的预期收益折合成现值的一种比率。折现率是收益现值法评估中的一个关键性指标。从其构成上看,评估中的折现率由两部分构成:一是无风险报酬率;另一部分是风险报酬率。用公式来表示,即为:

$$i = \text{无风险报酬率 } i_1 + \text{ 风险报酬率 } i_2$$

或

$$i = i_1 + i_2$$

如果风险报酬率中不包含通货膨胀率,那么折现率还包括通货膨胀率,则上式将改写成:

$$i = \text{无风险报酬率 } i_1 + \text{ 风险报酬率 } i_2 + \text{通货膨胀率 } i_3$$

或

$$i = i_1 + i_2 + i_3$$

三、评估实例

1. 收益现值法的评估步骤

运用收益现值法评估应按下列步骤进行:

第一步,搜集有关营运车辆的收入和费用的资料。

第二步,估算预期收入。

第三步,估算营运费用。

第四步,估算预期净收益。

第五步,选用适当的折现率。

第六步,选用适当的计算公式求出收益现值。

评估中采用的预期收入、预期营运费用和预期净收益,都采用正常客观的数据。

利用被评估车辆本身的资料直接推算出的预期收入、预期营运费用或预期净收益,应与类似二手车的正常情况下的预期收入、营运费用和净收益进行比较。若与正常客观的情况不符,应进行适当的调整修正,使其成为正常客观的数据。

在求取净收益时,应根据净收益过去、现在、未来的变动情况及可获收益的年限,确定未来净收益流量。

收益年限的确定应根据被评估车辆的使用情况、市场竞争趋势和机动车报废标准的规定,确定一个合理的年限。

折现率宜以投资于该类营运车辆所能获得的正常投资报酬为基准。

2. 评估实例

【例 5-8】 某单位欲购置一辆轻型客车作载客营运使用。该车已使用 5 年,行驶了 24 万 km,目前车况正常。试利用收益现值法估算该车的价值。

解:(1)确定车辆的剩余使用年限。

根据国家规定,剩余使用寿命为 5 年。

(2)估测车辆的预期收益。

根据调查,该车收入与支出情况如下。

①此型车全年可工作 300 天左右,每天平均收入 400 元,预计年收入为:

$$300 \times 400 = 120000(\text{元})$$

②此车平均每天油料支出 60 元,年油料支出为:

$$60 \times 300 = 18000(\text{元})$$

③此车年维修费用平均支出 20 000 元。

④车辆的各种规费、杂费及人员劳务费等年平均支出 40000 元。

⑤车辆的年折旧费用为 6000 元。

⑥车辆的年毛收入为:

$$120000 - 18000 - 20000 - 40000 - 6000 = 36000(\text{元})$$

⑦按应缴纳税率为 30% 计算,车辆的年收益额为:

$$36000 \times (1-30\%)+6000=31200(元)$$

(3)确定车辆的折现率。根据得比分析,预计资金的年收益率为3%,风险率为5%,确定车辆的折现率为:

$$3\% + 5\% = 8\%$$

(4)确定车辆的评估值。

$$\begin{aligned} P &= A \cdot (P/A,i,n) \\ &= 31200 \times (\mathrm{P/A},8\%,5) \\ &= 31200 \times 3.9899 \\ &\approx 124485(元) \end{aligned}$$

第三节 现行市价法

一、现行市价法的基本原理

1. 现行市价法的定义

现行市价法又称市价法、市场价格比较法或和销售对比法,是指通过比较被评估车辆与最近出售类似车辆的异同,并将类似车辆市场价格进行调整,从而确定被评估车辆价值一种评估方法。

2. 现行市价法的基本原理

现行市价法的基本原理是通过市场调查,选择一个或几个与评估车辆相同或类似的车辆作为参照车辆,分析参照车辆的结构、配置、功能、性能、新旧程度、地区差别、交易条件及成交价格等,并与待评估车辆一一对照比较,找出两者的差别及差别所反映的价格上的差额,经过调整,计算出二手车的评估价格。

运用现行市价法要求充分利用类似二手车成交价格信息,并以此为基础判断和估测被评估车辆的价值。运用已被市场检验了的结论来评估被评估车辆,显然容易被买卖双方当事人所接受。因此,现行市价法是二手车评估中最为直接、最具说服力的评估途径之一。

用现行市价法评估二手车包含了被评估车辆的各种贬值因素,如有形损耗的贬值、功能性贬值和经济性贬值。因为市场价格是综合反映了车辆的各种因素,则车辆的有形损耗及功能陈旧而造成的贬值,自然会在市场价格中有所体现。经济性贬值则是反映社会对各类产品综合的经济性贬值的大小,突出表现为供求关系的变化对市场价格的影响,因而,用市价法评估不再专门计算功能性贬值和经济性贬值。

现行市价法是最直接、最简单的一种评估方法,也是二手车价格评估最常用方法之一。

3. 现行市价法的应用前提

由于现行市价法是以同类二手车销售价格相比较的方式来确定被评估车辆价值的,因此,运用这一方法时一般应具备两个基本的前提条件。

(1)要有一个市场发育成熟、交易活跃的二手车交易公开市场,经常有相同或类似二手车的交易,有充分的参照车辆可取,市场成交的二手车价格反映市场行情,这是应用现行市价法评估二手车的关键。在交易市场上二手车交易越频繁,与被评估相类似的二手车价格

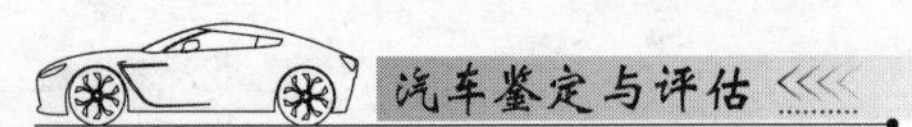

就越容易获得。

(2)市场上参照的二手车与被评估二手车有可比较的指标,这些指标的技术参数等资料是可收集到的,并且价值影响因素明确,可以量化。

运用现行市价法,最重要的是要在交易市场上能够找到与被评估二手车相同或相类似的已成交过的参照车辆,并且参照车辆是近期的、可比较的。所谓近期,是指参照车辆交易时间与被评估二手车评估基准日相差时间相近,一般在一个季度之内;所谓可比较,是指参照车辆在规格、型号、功能、性能、配置、内部结构、新旧程度及交易条件等方面与被评估二手车不相上下。

现行市价法要求二手车交易市场发育比较健全,并以能够相互比较的二手车交易在同一市场或地区经常出现为前提,而目前我国各地二手车交易市场完善程度、交易规模差异很大,有些地区的汽车保有量少,车型数少,二手车交易量少,寻找参照车辆较为困难。因此,现行市价法的实际运用在我国目前的二手车交易市场条件下将受到一定的限制。

现行市价法是从卖者的角度来考虑被评估二手车的变现值的,二手车评估价值的大小直接受市场的制约,因此,它特别适用于产权转让的畅销车型的评估,如二手车收购(尤其是成批收购)和典当等业务。畅销车型的数据充分可靠,市场交易活跃,评估人员熟悉其市场交易情况,采用现行市价法评估二手车,时间会很短。

4. 现行市价法应用的几个基本概念

应用现行市价法还需了解参照物的相似性和可比性、市场价格、信息来源等其他基本概念。

1)参照物的相似性与可比性

运用现行市价法最重要的是要能找到与被评估车辆完全相同或相类似的参照物。所谓完全相同是指车辆品牌型号、配置等均一样。但是在不同的时期,寻找到同型号的车辆作为参照物有时比较困难。所以,一般来说,只要参照车辆与被评估车辆的类别相同、主参数相同、结构性能相同,只是生产顺序号不同,只作过局部改进的车辆,且只在行驶里程和实体状态上有些差异,则可认为是完全相同的。

相似性是指被评估对象和参照物之间,在车辆的类型、结构性能、功能、市场条件、交易条件等方面是相类似的,差异较小。若选择的参照物与被评估车辆在上述这些方面差异较大,很可能会得出一个较大的价值区间,增大评估结果的误差。

可比性是指评估对象与参照物之间有可比较的指标、技术参数、技术性能等,这些有关的资料又能收集得到。另外,影响价格的因素比较明确,并可量化,而且参照物是近期的、可比较的。总之,对评估对象与参照物之间的比较是通过比较各种复杂的因素来进行的。

2)参照物的市场价格

参照物的价格必须是实际交易的价格,而不能是报价或预测价格。参照物价格作为评估的基础条件必须符合公平市场原则。如果这个市场价格受到买卖双方特殊关系的影响,或是子、母公司之间的关联产生的价格,则不能作为估价的基础。

3)市场信息来源

评估人员在了解和掌握了评估对象的基本情况以后,就要进行市场调查,选取二手车市场参照物,收集相同或相似参照物的售价。参照物售价的来源包括以下方面。

(1)二手车经销商或其他销售商,如4S店置换价格情况。

(2)二手车购买者的购进价格。

(3)拍卖行二手车拍卖数据库中的价格资料。一般来说拍售价格比公开市场的销售价要低,所以,只可作为参考价。

(4)网上的价格资料。

(5)相关公开出版物所公布的价格资料。例如,中国汽车流通协会、中车联信息技术中心联合发布的《中国二手车价格手册》中提供的资料。

5. 现行市价法的特点

1)现行市价法的优点

(1)能够客观反映二手车目前的市场情况,其评估的参数、指标,可直接从市场获得,评估值能反映二手车市场现实价格。

(2)结果易于被各方面理解和接受。

2)现行市价法的缺点

(1)需要公开及活跃的二手车市场作为基础,然而在我国很多地方二手车市场建立时间短,发育不完全、不完善,寻找参照车辆有一定的困难。

(2)可比因素多而复杂,即使是同一个生产厂家生产的同一型号的产品,同一天登记,但可能由于由不同的车主使用,其使用强度、使用条件、维护水平的不同而带来车辆技术状况不同,造成二手车评估价值差异。

(3)现行市价法对信息资料的数量和质量要求较高,而且要求评估人员要有较丰富的评估经验和评估技巧。

二、现行市价法的评估方法

运用现行市价法确定单辆车辆价值通常采用直接比较法、类比调整法和成本比率估价法。

1. 直接比较法

直接比较法又称直接市价法,是指在市场上找到与被评估车辆完全相同的车辆的现行市价,并依其价格直接作为被评估车辆评估价格的一种方法。

直接比较法应用有两种情况。

(1)参照车辆与被评估二手车完全相同。所谓完全相同是指车辆型号、使用条件和技术状况相同,生产和交易时间相近。这样的参照车辆常见于市场保有量大、交易比较频繁的畅销车型,如普通桑塔纳、捷达和夏利等。

(2)参照车辆与被评估二手车相近。这种情况是指参照车辆与被评估车辆类别相同、主参数相同、结构性能相同,只是生产序号不同并只作局部改动,交易时间相近的车辆,也可近似等同作为评估过程中的参照车辆。这种情况在我国汽车市场上是非常常见的,很多汽车厂商为了追求车型的变化,给消费者一个新的感受,每年都在原车型的基础上做一些小的改动,如车身的小变化、内饰配置的变化等。

直接比较法的评估公式为:

$$P = P'$$

式中：P——评估值；

P'——参照车辆的市场价格。

但要注意的是，运用直接比较法时，被评估对象与参照物之间的差异必须是很小的，其价值量的调整也应很小，并且这些差异对该价值的影响容易直接确定。否则，就不宜采用直接比较法进行评估。

2.类比调整法

1）计算模型

类比调整法又称类似比较法，是指评估车辆时，在公开市场上找不到与之完全相同但能找到与之相类似的车辆，此时可以此为参照车辆，并根据车辆技术状况和交易条件的差异对价格做出相应调整，进而确定被评估车辆价格的评估方法。其基本计算公式为：

$$P = P' + P_1 + P_2$$

$$P = P' \cdot K$$

式中：P——评估值；

P'——参照车辆的市场价格；

P_1——评估对象比参照车辆优异的价格差额；

P_2——参照车辆比评估对象优异的价格差额；

K——差异调整系数。

2）评估步骤

运用类比调整法评估二手车价值，应按下列步骤进行。

（1）搜集交易实例。运用类比调整法进行评估时，应准确搜集大量交易实例，掌握正常市场价格行情。搜集交易实例应包括下列内容：车辆型号、制造厂家、使用性质、使用年限、行驶里程、实际技术状况、经济环境和市场环境、车辆所处的地理位置、成交数量、成交价格、成交日期、付款方式等。

（2）选取参照车辆。根据了解到的被评估二手车资料，按照可比性原则，从二手车交易市场上寻找可类比的参照车辆，参照车辆的选择应在两辆以上。有下列情形之一的交易实例不宜选为参照车辆：

①有利害关系人之间的交易。

②急于出售或购买情况下的交易。

③受债权债务关系影响的交易。

④交易双方或一方对市场行情缺乏了解的交易。

⑤交易双方或一方有特权偏好的交易。

⑥特殊方式的交易。

⑦交易税费非正常负担的交易。

⑧其他非正常的交易。

车辆的可比因素主要包括以下方面：

①车辆型号和生产厂家。

②车辆用途,指的是私家车还是公务车,是乘用车还是商用车等。

③车辆使用年限和行驶里程。

④车辆实际技术性能和技术状况。

⑤车辆所处地区,由于地区经济发展的不平衡,收入水平存在差别,不同地区的二手车交易市场,同样车辆的价格会有较大的差别。

⑥市场状况,指的是二手车交易市场处于低迷期还是复苏、繁荣期,车源丰富还是匮乏,车型涵盖面如何,交易量如何,新车价格趋势如何等。

⑦交易动机和目的,指车辆出售是以清偿还是以淘汰转让为目的,买方是获利转手倒卖或是购买自用。不同情况下的交易作价往往有较大的差别。

⑧成交数量,单辆与成批车辆交易的价格会有一定差别。

成交时间,应采用近期成交的车辆作类比对象。由于国家经济、金融和交通政策及市场供求关系会随时发生一些变化,市场行情也会随之变化,引起二手车价格的波动,通常成交日期与评估时点不宜超过3个月。

(3)类比和调整。对被评估二手车和参照车辆之间的差异进行分析、比较,并进行适当的量化后调整为可比因素。主要差异及量化方法体现在以下方面。

①结构性能的差异及量化。汽车型号、结构上的差别都会集中反映到汽车的功能和性能的差别上,功能和性能的差异可通过功能、性能对汽车价格的影响进行估算(量化调整值=结构性能差异值×成新率)。例如,同类型的汽油车,电喷发动机相对于化油器发动机要贵3000~5000元;对营运汽车而言,主要表现为生产能力、生产效率和运营成本等方面的差异,可利用收益现值法对其进行量化调整。

②销售时间的差异与量化。在选择参照车辆时,应尽可能选择评估基准日的成交案例,以免去销售时间差异的量化;若参照车辆的交易时间在评估基准日之前,可采用价格指数法将销售时间差异量化并调整。

③新旧程度的差异及量化。被评估二手车与参照车辆在新旧程度上存在一定的差异,要求评估人员能够对二者做出基本判断,取得被评估二手车和参照车辆成新率后,以参照车辆的价格乘以被评估二手车与参照车辆成新率之差,即可得到两者新旧程度的差异量(新旧程度差异量=参照车辆价格×(被评估二手车成新率-参照车辆成新率))。

④销售数量的差异及量化。销售数量的大小、采用何种付款方式均会对二手车成交单价产生影响,对这两个因素在被评估二手车与参照车辆之间产生的差别,应首先了解清楚,然后根据具体情况做出必要的调整。一般来讲,卖主充分考虑货币的时间价值,会以较低的单价吸引购买者(常为经纪人)多买,尽管价格比零售价格低,但可提前收到货款。当被评估二手车是成批量交易时,以单辆汽车作为参照车辆是不合适的;而当被评估二手车只有一辆时,以成批汽车作为参照车辆也不合适。销售数量的不同会造成成交价格的差异,必须对此差异进行分析,适当地调整被评估二手车的价值。

⑤付款方式的差异及量化。在二手车交易中,绝大多数为现款交易,在一些经济较活跃的地区已出现二手车的银行按揭销售。银行按揭的与一次性付款的二手车价格差异由两部分组成:一是银行的贷款利息,贷款利息按贷款年限确定;二是汽车按揭保险费,各保险公司的汽车按揭保险费率不完全相同,会有一些差异。

(4)计算评估值。将各可比因素差异的调整值以适当的方式加以汇总,并据此对参照车辆的成交市价进行调整,从而确定被评估二手车的评估价格。

3. 成本比率估价法

1)成本比率估价法的含义

成本比率估价法是用二手车的交易价格与重置成本之比来反映二手车的保值程度。这种方法是在评估实践中,通过分析大量二手车市场交易的统计数据,得到同类型的车辆的保值率(相反即为贬值率)与其使用年限之间存在基本相同的函数关系。也就是说,只要是属于同一类别的车辆,即使实体差异较大,但使用年限相同,那么它们的重置成本与二手车交易价格之比是很接近的。根据这个规律,通过统计分析的方法,建立使用年限与二手车售价/重置成本之间的函数关系,以此来确定在二手车市场上无法找到基本相同或者相似参照物的被评估车辆的评估值。

2)成本比率估价法的计算方法

参照物市场的交易价格与其重置成本之比,称为成本比率,也可称为保值率,用 α 表示,则有:

$$\alpha = \frac{P_0}{B_0} \times 100\%$$

式中:α——参照物的成本比率或保值率,%;

P_0——参照物市场交易价格;

B_0——参照物的重置成本。

求出参照物的 α 值后,就可根据被评估对象的重置成本 B 来确定被评估对象的评估值。即:

$$P = \alpha \times B$$

式中:P——被评估对象的评估值;

α——参照物的成本比率;

B——被评估车辆的重置成本。

重置成本的确定与重置成本法中所述相同。

而成本比率 α 的确定要注意的是参照物应为同类型的车辆,但级别、型号可以不同。此外,参照物的使用年限应与被评估车辆相同,否则,评估结果的准确性就要差些。

因此,该方法的内涵是认为同类型的车辆,尽管车辆的型号、级别、生产规模、结构、配置等指标不同,但成本比率的变化规律应是相同的。如果找出了成本比率的变化规律,而且被评估对象的重置成本又能确定,则可通过计算得出被评估车辆的评估值。

例如在评估某一品牌型号的微型轿车时,市场上找不到与之相同或相似的参照物。但能找到其他厂家生产的普通级或中级轿车作为参照物。且统计数据表明,与被评估车辆使用年限相同的普通级轿车售价都是其重置成本的45%~50%,这就可认为被评估车辆的售价也是其重置成本的45%~50%。

值得指出的是,这种方法是通过大量市场交易数据统计分析得到成本比率关系,评估人员必须确保这些数据是适合被评估对象的。目前我国的二手车市场发育在绝大多数地区还不完善,二手车交易量还不大,要准确获得某类车型的成本比率 α 的值还有一定困难。所以，评估人员在实际工作中，应注意积累这些资料，通过统计分析市场数据，找出成本比率 α 值与使用年限之间的关系，以便在评估中应用。

通过对二手车市场大量的交易数据统计发现，同类车辆其成本比率 α 与使用年限之间存在基本相同的函数关系。也就是说，使用年限相同的同一类车辆，它们的 α 值很接近，可用 $\alpha = f(Y)$ 来表示。这个表达式只考虑了使用年限"Y"的影响，忽略了其他因素，例如实体性差异就未考虑，所以，此式只适用于正常使用的车辆，对长期闲置或过度使用的车辆都不适用。

根据这个规律，评估人员可通过大量的数据统计分析的方法，建立使用年限与成本比率之间的关系，据此来评估在二手车市场上无法找到相同或相似的参照物的被评估车辆。

利用市场上获得的 α 值，可以计算得到市场中的成本比率 α 与使用年限 y 之间的函数关系。常用的数学方法有线性回归和指数方程，通过线性回归计算可以对统计数据的离散性进行定量的分析，以判断数据的精度。但需要涉及数学领域中的对数变换、最小二乘法和偏微分等数学知识。

如果要考虑多因素的影响，那就比较复杂了。若要对其进行定量的回归分析，就涉及多变量回归，当然就更复杂了。

用现行市价法进行评估已包含了该车辆的各种贬值因素：有形损耗的贬值，功能性贬值和经济性贬值，这是因为市场价格是综合反映了车辆的各种因素。车辆的有形损耗及功能陈旧而造成的贬值，自然会在市场价格中体现出来。经济性贬值的主要表现为供求关系的变化对市场价格的影响。因而用现行市价法评估不再专门计算功能性贬值和经济性贬值。由于经济性贬值和功能性贬值客观上存在，但在实践计算的过程中常常无法计算。因此，推荐采用现行市价法，而且国外的评估机构也通常优先采用现行市价法。在我国中等以上城市，特别是经济较为发达的地区和城市，一般情况下，每年成交的各种二手车少则几千辆，多则几万辆甚至十几万辆。这为现行市价法的应用奠定了良好的市场条件，通常总能够找到成交案例作为市场参照车辆。虽然，我国的汽车生产厂家较多，各种品牌林立，规格品种众多。但由于近几年来市场交易活跃，特别是各个城市有较多的经纪公司、置换公司并逐渐形成了主营各自的品牌，大部分车型都有交易案例。因此，评估机构和评估人员应不断收集各种品牌、车型的成交案例，作为各种评估对象市场参照车辆的资料存档，它是评估人员对市场价格行情的积累。

三、评估实例

1. 现行市价法的评估步骤

采用现行市价法评估二手车价值时，一般可按如下步骤进行。

1）收集资料

收集被评估对象的资料，包括车辆的类别、型号、性能、生产厂家，了解车辆的使用情况、已使用年限，鉴定车辆现时的技术状况等。

2）选定二手车市场上相同或相似的参照物

所选的参照物必须具有可比性。与被评估对象完全相同的参照物很难找到，一般都存在一些差异，只要存在差异，就应进行调整。

3)分析、比较

将参照物与被评估对象进行比较,分析它们之间存在的差异,确定其差异程度,并进行调整。调整是针对被评估对象进行的,而不能对参照物进行调整,因为参照物已有了市场交易价格。主要是针对其价格进行调整,确定需调整的比较因素及其调整系数。

4)计算被评估对象的评估值

在分析比较的基础上,确定比较因素,并将各因素的调整系数确定后,代入有关计算公式进行评估值的计算,最终获得评估结论。

2. 评估实例

【例 5-9】 现在要评估一辆轿车,二手车市场上获得市场参照物的品牌型号,购置年、月,行驶里程,整车的技术状况基本相同。区别在于:

(1)参照物的左后组合灯损坏需更换,费用约 220 元。

(2)被评估车辆改装了一套 DVD 音响,价值 5000 元。

参照物的市场交易价为 225000 元,试计算被评估的轿车价值。

解:被评估轿车的价值为:

$$
\begin{aligned}
P &= P' \\
&= 225000 + 220 + 5000 \\
&= 230220(\text{元})
\end{aligned}
$$

【例 5-10】 某夏利 TJ7100 型出租车,初次登记日为 1998 年 5 月,2002 年 5 月,行驶 45 万 km,该市出租车使用年限为 8 年,试运用现行市价法——直接比较法进行评估。

解:在 2000 年 8 月至 2002 年年底之间,该车所在城市的出租车进行了大规模的更新,大批夏利汽车被淘汰出出租车市场,同类型、入户时间相近、使用状况相近的车辆在二手车交易市场,故有可选择的参照物。

选择的参照物分别为三辆 1998 年初次登记上牌的市场价分别为 15000 元、15500 元、16000 元的夏利 TJ7100 车,其使用年限相同均为 4 年,使用性质相同均为出租车,配置完全一样,评估基准日与参照物成交日期相近,故所评估的夏利 TJ7100 的价值取 3 个参照物的算术平均数,即

$$\frac{15000 + 15500 + 16000}{3} = 15500(\text{元})$$

采用现行市价法进行车辆评估,需要有公开、活跃的市场作为基础,如果市场发育不充分,缺少足够的可对比数据,则难以运用,有一定局限性。

【例 5-11】 某评估人员在用现行市价法对某捷达轿车进行价值时评估,收集了两辆参照车的技术经济参数,其中参照物Ⅰ与被评估车辆的结构差异额为 0.5 万元,参照物Ⅱ与被评估车辆的结构差异额为 0.3 万元。试运用现行市价法——类比调整法对该车进行评估,该车及参照车辆的技术参数见表 5-6。

同品牌各参照车型的技术经济参数 表 5-6

序号	技术经济参数	参照物Ⅰ	参照物Ⅱ	被评估车辆
1	车辆型号	捷达 FV7160CL	捷达 FV7160CIX	捷达 FV7160GIX
2	销售条件	公共市场	公共市场	公共市场

续上表

序号	技术经济参数	参照物Ⅰ	参照物Ⅱ	被评估车辆
3	交易时间	2003年12月	2004年6月	2004年6月
4	使用年限	15年	15年	15年
5	初次登记年月	1998年6月	1998年6月	1998年12月
6	已使用年限	5年6个月	6年	5年6个月
7	成新率	53%	48%	50%
8	交易数量	1	1	1
9	付款方式	现款	现款	现款
10	地点	北京	北京	北京
11	物价指数	1	1.03	1.03
12	价格	5.0万元	5.5万元	求评估值

解:(1)以参照物Ⅰ为参照对象作各项差异量化和调整。

①结构性能差异量化与调整。由于参照物Ⅰ是老车型与被评估车辆的结构差异额为0.5万元,所以该项调整系数为:

$$0.5\times 50\% = 0.25(\text{万元})$$

②销售时间差异量化与调整:

$$1.03\div 1 = 1.03$$

③新旧程度差异量化与调整,该项调整系数为:

$$5\times(50\% - 53\%) = -0.15(\text{万元})$$

④销售数量与付款方式无差异。

⑤被评估车辆的评估值为:

$$(5 + 0.25 - 0.15)\times 1.03 = 5.253(\text{万元})$$

(2)以参照物Ⅱ为参照对象作各项差异量化和调整。

①结构性能差异量化与调整。由于参照物Ⅱ是老车型与被评估车辆的结构差异额为0.3万元,所以该项调整系数为:

$$0.3\times 50\% = 0.15(\text{万元})$$

②销售时间差异量化与调整:

$$1.03\div 1.03 = 1$$

③新旧程度差异量化与调整,该项调整系数为:

$$5\times(50\% - 48\%) = 0.1(\text{万元})$$

④销售数量与付款方式无差异。

⑤被评估车辆的评估值为:

$$(5.5 + 0.15 + 0.1)\times 1 = 5.75(\text{万元})$$

(3)综合参照物Ⅰ、参照物Ⅱ,被评估车辆评估值为:

$$\begin{aligned} P &= (5.253 + 5.75)\div 2 \\ &= 5.509(\text{万元}) \end{aligned}$$

第四节　清算价格法

一、清算价格法的基本原理

1. 清算价格法的定义

清算价格法是以清算价格为标准,对二手车进行的价格评估。

所谓清算价格,是指企业由于破产或其他原因,要求在一定的期限内将车辆变现,在企业清算之日预期出卖车辆可收回的快速变现价格。

2. 清算价格法的原理

清算价格法主要根据二手车技术状况,运用现行市价法估算其正常价值,再根据处置情况和变现要求,乘以一个折扣率,最后确定评估价格。

清算价格法在原理上与现行市价法基本相同,所不同的是迫于停业或破产,清算价格往往大大低于现行市场价格。这是由于企业被迫停业或破产,急于将车辆拍卖、出售。因此,从严格意义上讲,清算价格法不能算为一种基本的评估方法,只能算是现行市价法、重置成本法、收益现值法的具体运用。

3. 清算价格法的适用范围

清算价格法适用于企业破产、抵押、停业清理时要售出的车辆。

(1)企业破产。企业破产是指当企业或个人因经营不善造成严重亏损、资不抵债时,企业应依法宣告破产,法院以其全部财产依法清偿其所欠的债务,不足部分不再清偿。

(2)资产抵押。资产抵押是指企业或个人为了进行融资,用自己特定的财产为担保向对方保证履行合同义务的担保形式。提供财产的一方为抵押人,接受抵押财产的一方为抵押权人。抵押人不履行合同时,抵押权人有权利将抵押财产在法律允许的范围内变卖,从变卖抵押物价款中优先获得赔偿。

(3)停业清理。停业清理是指企业由于经营不善导致严重亏损,已临近破产的边缘或因其他原因将无法继续经营下去,为弄清企业财物现状,对全部财产进行清点、整理和查核,为经营决策(破产清算或继续经营)提供依据,以及因资产损毁、报废而进行清理、拆除等的经济行为。

在上述三种经济行为中,若要对二手车进行评估,则可用清算价格作为标准,但在评估时要注意评估车辆必须具有法律效力的破产处理文件或抵押合同及其他有效文件;车辆在市场上可以快速出售变现,所卖收入足以补偿因出售车辆的附加支出总额。

4. 决定清算价格的主要因素

由于采用清算价格进行评估的车辆,通常要在较短的期限内将车辆变现,因此其价格往往低于现行市场价格,这是快速变现原则决定的。清算价格的高低一般与以下几方面因素有关。

(1)企业破产形式。如果企业完全丧失车辆的处置权,无法进行讨价还价,占有主动权的买方必然会尽力压低价格,从中获益;如果企业尚有讨价还价的余地,则车辆的价格就有可能高些。

(2)车辆拍卖时限。车辆的拍卖时限越短,车辆的清算价格就可能越低;反之,车辆的价格就可能高些。

(3)车辆现行市价。与被拍卖车辆相同或类似的车辆的现行市场价格越高,被拍卖车辆的清算价格通常也会高些;反之,被拍卖车辆的价格就会低些。

(4)车辆拍卖方式。若车辆与破产企业的其他资产一起整体拍卖,其拍卖值可能会高于包括车辆在内的各单项资产变现价值之和。

二、清算价格法的评估方法

二手车评估清算价格的方法主要有现行市价折扣法、意向询价法、拍卖法等三种。

1.现行市价折扣法

这种方法指清理车辆时,首先在二手车市场上寻找一个与之相适应的参照物,然后根据快速变现原则估定一个折扣率并以此来确定其清算价格。

例如,一辆旧桑塔纳轿车,经调查在二手车市场上成交价为4万元,根据销售情况调查,折价20%可以当即出售,则该车辆清算价格为$4\times(1-20\%)=3.2$(万元)。

2.意向询价法

这种方法是根据向被评估车辆的潜在购买者询价的办法取得市场信息,最后经评估人员分析确定其清算价格的一种方法。用这种方法确定的清算价格受供需关系影响很大,所以要充分考虑其影响的程度。

例如,有一辆旧桑塔纳普通型轿车,拟评估其清算价格。评估人员经过对5个有购买意向的经纪人询价,其价格分别为4.5万元、4.6万元、4.7万元、4.8万元、4.6万元,价格差异不大,评估人员确定其清算价格为4.6万元。

又如,有一辆旧1994款福特林肯轿车,拟评估其清算价格。评估人员经过对3个有购买意向的经纪人询价,其价格分别为15万元、11万元、17万元,价格差异较大,评估人员不能以此来确定其清算价格。

3.拍卖法

拍卖法是由法院按照法定程序(破产清算)或由卖方根据评估结果提出一个拍卖的低价,在公开市场上由买方竞争出价,谁出的价格高就卖给谁。

1)拍卖方式

二手车拍卖有两种拍卖方式,即现场拍卖和网上拍卖。

2)二手车拍卖规则

各二手车拍卖公司均建立了各自的拍卖规则,但其规则内容基本相同。二手车拍卖规则如下。

第一条　本规则根据《中华人民共和国拍卖法》及拍卖公司章程,参照国际通行惯例制定。

第二条　竞买人(或竞买代理人)应凭身份证或护照、工商营业执照副本、法定代表人身份证、授权委托书等证明文件在拍卖公司公告规定的时间内到拍卖公司填写《竞买登记表》,并签署登记表,缴付履约保证金,领取竞买号牌,否则不被视为竞买人。境外竞买者、法人须持有境外公司的政府注册文件、银行资信证明;个人须持有效身份证明(如居民证、回乡证、护照等)。

第三条　竞买人一经签署《竞买登记表》,即表明了解本规则,同意履行本规则全部条款,并对自己在拍卖活动中的行为承担全部责任。

第四条　拍卖目(图)录是对拍卖车辆的车况方面的基本情况提供说明的文字或图片资料,仅供竞买人在拍卖前对欲竞投之拍卖车辆的实际状况进行了解。竞买人应在拍卖公司公告的时间、地点索取拍卖目(图)录,并到指定地点看车,仔细审视拍卖车辆现状。竞买人自行承担相应责任,拍卖公司和其他工作人员的介绍均为参考性意见,不作任何担保。

第五条　竞买人出价须以竞买号牌显示(相关竞价阶梯于拍卖会时公布)。竞买人请保管好自己的应价号牌,不得随意转让,拍卖师只认号牌不认人。否则由此引起的纠纷,由号牌领取人负责。竞买人一般应亲自出席拍卖会参加竞投。若不能出席,可预先办理相关登记手续、缴付保证金,以代理人形式委托拍卖公司或他人代为竞投。

第六条　标的竞价采用无声竞价和有声竞价相结合的方式,因此,竞买人举牌示意或口头叫价均可。有声竞价时竞买人可不受加价幅度的限制自由叫价,口头叫价时须同时举牌,无号牌时则叫价无效。

第七条　竞买人一旦举牌应价或口头叫价即发生法律效力,不得反悔、撤回。除非其他竞买人有更高的应价或叫价时,该应价或叫价才丧失约束力。

第八条　竞买时,拍卖师对竞买人的最高应价或叫价采用三声报价制。当竞买人的最高应价或叫价已达到或超过底价,并为拍卖师所接受且无人再加价时,拍卖师以击槌方式表示成交。击槌前竞买人举牌应价或报价有效,击槌后无效。

第九条　拍卖成交后,买受人应当场签署《拍卖笔录》,并随后与拍卖公司签订具有法律约束力的《拍卖成交确认书》。买受人不得拒签《拍卖成交确认书》。若应价后反悔,保证金将作为违约金不予返还。

第十条　拍卖车辆一经成交,买受人须当场付款或按《拍卖成交确认书》约定方式支付成交价款和佣金(保证金可抵减应付货款),并按市车管所对车辆过户的规定提交过户相关资料,待车辆过户手续完毕后方可提车。逾期不缴付上述款项的,拍卖人有权视为买受人违约,所缴付保证金不退还。拍卖人经委托人同意对该项成交的拍卖车辆再次拍卖的,买受人应当支付第一次拍卖中委托人应当支付的佣金。再次拍卖成交价款低于原成交价款的,原买受人应当补足差额。

第十一条　竞买人在拍卖会竞买成功,须同时支付拍卖公司佣金,佣金率以拍卖当期公布之比例计收。拍卖车辆价款以人民币计价,如买受人用外币支付,则以国家外汇管理局当日公布的汇率换算。买受人以汇票或支票形式付款的,须在全部款项进入拍卖公司账户,办理车辆过户手续完毕后方可提车。

第十二条　自付清价款当日起计,买受人须在拍卖人指定的时间内提车。否则,车辆的风险、责任概由买受人自己承担。确有特殊情况不能按时提车的,经拍卖公司同意可代为保管,但拍卖公司按车辆保管制度计收代保管费。

买受人须对成交车辆当场验收,提车后再提出异议时,拍卖公司不再受理。

第十三条　拍卖公司有权拒绝违反本规则的一切竞买行为,并在出现争议时,有权将拍卖车辆再次拍卖。拍卖公司有义务为交易双方保守秘密,维护委托人和竞买人的正当权益不受侵害。

第十四条　根据有关法规的规定,车辆成交后,必须办理过户(转籍)手续,委托方要求过户车辆,过户(转籍)手续由二手车交易市场代理办结。

第十五条　成交车辆若有以下情况时,由委托人或买受人承担相关费用。

(1)拍卖会成交车辆过户(转籍)费用,委托人承诺承担费用的由委托人承担,反之,由买受人负责。

(2)拍卖会成交车辆的欠费(年检费、车船使用费、过桥年票、保险及违章费用等),补证(行驶证、购置附加税证等),补牌(前后牌照)费用,委托人承诺承担费用的由委托人承担,反之,由买受人负责。

(3)拍卖会成交车辆若遇有改型(发动机、车架号、车身颜色、货箱状况与档案不符)费用时,委托人承诺承担费用的由委托人负责,反之,由买受人负责。

(4)拍卖会成交的进口车辆,套牌车辆必须到省交警总队办理转籍过户许可证,此项费用委托人承诺承担费用的由委托人负责,反之,由买受人负责。

第十六条　请遵守场内秩序,注意文明礼貌。竞买人之间不得恶意串通竞价,不得采取威胁恐吓的手段胁迫他人竞价,违者将承担相关法律责任。

第十七条　本规则若有更改和补充,以拍卖师现场宣布为准。

3)二手车网上拍卖

网络以其高速的信息传递、丰富的信息共享和大量的浏览客户成了新世纪商家的宠儿。二手车销售也已进入了这一领域,1999 美国有 40% 的人在购车前曾上网调查过有关信息。在二手车拍卖领域,卫星与网络的功能日益显著,如日本的 AUCNET 公司就成功地开发了二手车的卫星网上拍卖系统,并与丰田、日产等大型汽车生产企业进行了二手车销售领域的全面合作,成功开展了二手车的网上拍卖。

网上交易系统主要有全程交易和半程交易两种方式。

(1)全程交易。全程交易是指用户和公司在网上完成整个二手车交易活动,其步骤如下。

第一步:购买方选择欲购的候选二手车。

第二步:查看详细资料和评价结果。

第三步:定购二手车。

第四步:网站发出欲购指令。

第五步:网站接受购买方欲购指令并向购买方要求身份认证和主要资料。

第六步:进行购买方的主要资料和身份认证。

第七步:网站向经销商传达购买方欲购指令。

第八步:经销商接受指令并向网站发出线下交货预备日期选择表。

第九步:网站向购买方发出该列表。

第十步:购买方选择交割日期并传至网站。

第十一步:网站向购买方要求日期确认。

第十二步:网站接受确认后将交割日期传至经销商并要求确认。

第十三步:网站接受经销商日期确认,网上交易完成。

(2)半程交易。开始基本与全程交易相同,不同之处在于在用户选定了欲购二手车之后,直接查询该二手车所属经销商的联系方式,然后与该经销商联系,直接线下交易。

4)二手车拍卖流程

(1)二手车委托拍卖流程。二手车委托拍卖需要提供车辆行驶证、购置凭证、通行费缴费凭证、车船税证、保险凭证、车辆所有人证件(身份证、户口本或企事业单位代码证)等有效证件,才能进行委托拍卖。

(2)二手车竞买流程。竞买人参加二手车竞买时,应提供竞买人身份证或企事业单位代码证和保证金,然后方可领取竞买号牌,参加竞买。

5)拍卖注意事项

(1)拍卖活动是在公开、公平、公正、诚实信用的基础上进行的。它的一切活动都具有法律效力。

(2)竞买人必须具备相关的竞买条件,否则不得参加竞买。

(3)竞买人必须事先按规定办理登记手续,提交有关合法证件。进入拍卖现场前,必须办理入场手续,方能参加竞买。

(4)竞买人若委托代理人竞买,代理人必须出示有效的委托文件及本人身份证件,否则即作为代理人以自己的身份竞买。

(5)竞买人在公告规定的咨询期限内有权了解拍卖标的物的情况,实地查看,有偿获得文件资料。一旦进入拍卖会现场,即表明已完全了解情况,并愿意承担一切责任。

(6)竞买过程中,竞买人一定要认真严肃地进行竞买,一经应价,不得反悔,否则应赔偿由此造成的经济损失。

(7)竞买人的最高应价以拍卖师击槌的方式确认后,拍卖成交。

(8)竞买成交后,买收人必须当场签署《拍卖成交确认书》和有关文件、合同等。

(9)买收人付清全部价款后,方能办理拍卖标的物的交付手续。

(10)竞买人必须遵守场内公共秩序,不得阻挠其他竞买人叫价竞投,不得阻碍拍卖师进行正常的拍卖工作,更不能有操纵、垄断等违法行为,一经发现,应取消其竞买资格,并追究法律责任。

(11)竞买人应先到现场查看所拍卖的二手车,了解其技术状况,并具备一定的法律和经济知识,以免遭受不必要的损失。

虽然《中华人民共和国拍卖法》对拍卖的规则、程序、拍卖标的物等都有严格的规定,但网上竞拍目前仍无法可依。

清算价格法的应用在我国是一个新课题,还缺少这方面的实践,关于清算价格的理论与实际操作,都有待进一步总结和完善。

三、评估实例

清算价格法的评估步骤如下。

1.用其他评估方法确定评估底价

采用清算价格法时,一般采用市场比较法、重置成本法和收益现值法或综合运用几种方法的组合来确定评估车辆的评估底价。

采用重置成本法确定被评估车辆价格基数的方法是先确定重置成本,再计算成新率,最后确定评估值,即被评估车辆的评估底价。

2. 根据相关因素确定折扣率

影响折扣率(或快速变现系数)大小的因素有以下三方面。

(1)被评估标的车辆市场接受类型是通用车型还是专用车型,例如运钞车就比一般的小客车难以变现。

(2)要综合考虑车辆的欠费情况,欠费较多的车辆只能用来拆零出售,价格相对较低。

(3)拍卖时限。变现时间的长短影响快速变现系数:变现时间越短,折扣率(或快速变现系数)就较低。

清算价格法虽然在运用时,受许多条件的制约,但在实际运用中常利用其快速变现的特点,在确定评估拍卖底价时经常运用其原理。只不过在评估报告中说明采用评估方法时应考虑规避风险,用重置成本法和市场比较法结合快速变现因素进行描述,不直接运用清算价格法。

【例 5-12】 某法院欲在近期内将扣押的一辆轻型载货汽车拍卖出售。至评估基准日止,该汽车已使用了 1 年 6 个月,车况与其新旧程度相符。试评估该车的清算价格。

解:(1)确定车辆的重置成本全价。

根据市场调查,全新的此型车目前的售价为 5.5 万元。国家规定,购置此汽车时,需要交纳 10% 的车辆购置附加费、3% 的货运附加费,所以被评估车辆的重置成本全价为:

$$C = 55000 + \frac{55000}{1.17} \times 10\% + 55000 \times 3\%$$

$$= 61350(\text{元})$$

(2)确定车辆的成新率。

根据国家规定,被评估车辆的使用年限为 10 年,折合为 120 个月。该车已使用年限为 1 年 6 个月,折合为 18 个月。被评估车辆的成新率为:

$$\text{成新率} = \left(1 - \frac{18}{120}\right) \times 100\% = 85\%$$

(3)确定被评估车辆在公平市场条件下的评估值。

根据调查、了解,被评估车辆的功能性损耗及经济性损耗均很小,可忽略不计。故在公平市场条件下,该车的评估值为:

$$61350 \times 85\% \approx 52146(\text{元})$$

(4)确定折扣率。

根据调查,折扣率取 75% 时,可在清算日内出售车辆,故确定折扣率为 75% 。

(5)确定被评估车辆的清算价格。

$$\text{车辆的清算价格} = 52146 \times 75\% = 39110(\text{元})$$

第六章　旧汽车评估报告

第一节　旧汽车评估报告概述

一、旧汽车评估报告的作用

1. 二手车评估报告的概念

二手车评估机构和二手车鉴定人员决定出被评估对象的评估额后，应将评估结论成果写成评估报告。

二手车评估报告是记述评估成果的文件，也可以看作评估人员提供给委托评估者的“产品”。

二手车评估报告的质量高低，除取决于评估结论的准确性、评估方法的准确性、参数确定的合理性等之外，还取决于报告的格式、文字表述水平及印刷质量等。前者则是评估报告的内在质量，后者则是评估报告的外在质量，两者不可偏废。

2. 二手车评估报告的作用

二手车评估报告对管理部门及各类交易的市场主体都是十分重要的。一份二手车评估报告，特别是涉及国有资产的评估报告资料，不仅是一份评估工作的总结，也是其价格的公证性文件和资产交易双方认定资产价格的依据。由于目的不同，其作用可从两个方面进行分析。

1）委托方对二手车评估报告作用的理解

（1）作为产权变动交易作价的基础材料，二手车评估报告的结论可以作为车辆买卖交易的谈判底价的参考依据，或作为投资比例出资价格的证明材料，特别是对涉及国有资产的二手车的客观公正的作价。可以有效地防止国有资产的流失，确保国有资产价格的客观、公正和真实。

（2）作为各类企业进行会计记录的依据，按评估值对会计账目的调整必须有有权机关的批准。

（3）作为法庭辩论和裁决时确认财产价格的举证材料。一般是指发生纠纷案时的资产评估，其评估结果可作为法庭做出裁决的证明材料。

（4）作为支付评估费用的依据。当委托方（客户）收到评估资料及报告后没有提出异议，也就是说评估的资料及结果符合委托书的条款时，应以此为前提和依据向受托方的评估机构付费。

（5）二手车评估报告是反映和体现评估工作情况，明确委托方、受托方及有关方面责任的根据；采用文字的形式，对受托方进行机动车评估的目的、背景、产权、依据、程序、方法等过程和评定的结果进行说明和总结；体现了评估机构的工作成果。同时，二手车评估报告也

反映和体现了受托的机动车评估结果与鉴定评估师的权利和义务,并依此来明确委托方和受托方的法律责任。撰写评估结果报告行使了机动车评估师在评估报告上签字的权利。

2)评估机构对二手车评估报告作用的理解

(1)二手车评估报告是评估机构成果的体现,是一种动态管理的信息资料,体现了评估机构的工作情况和工作质量。

(2)二手车评估报告是建立评估档案,归集评估档案资料的重要信息来源。

二、撰写二手车评估报告的类型

二手车评估报告分为定型式、自由式与混合式三种。

1. 定型式

定型式二手车评估报告又称封闭式二手车评估报告,采用固定格式、固定内容,评估人员必须按要求填写,不得随意增减。其优点是通用性好,写作省时省力,缺点是不能根据评估对象的具体情况而深入分析某些特殊事项。如果能针对不同的评估目的和不同类型的机动车作相应的定型式二手车评估报告,则可以在一定程度上弥补这一缺点。

2. 自由式

自由式二手车评估报告又称开放式二手车评估报告,是由评估人员根据评估对象的情况自由创作,没有一定格式。其优点是可深入分析某些特殊事项,缺点是易遗漏一般事项。

3. 混合式

混合式二手车评估报告是兼取前两种二手车评估报告的格式,兼顾了定型式和自由式两种报告的优点。

一般来说,专案案件以采用自由式二手车评估报告为优,而例行案件以采用定型式二手车评估报告为佳。

不论二手车评估报告的形式如何,均应客观、公正、翔实地记载评估结果和过程。如果仅以结论告知,必然会使委托评估者或二手车评估报告的其他使用者心理上的信任度降低。二手车评估报告的用语要力求准确、肯定,避免模棱两可或易生误解的文字,对于难以确定的事项应在报告中说明,并描述其可能影响二手车的价格。

三、二手车评估报告的基本要求

二手车鉴定报告不管是采取自由式,还是定型式或混合式,其鉴定评估报告内容必须至少记载以下事项。

(1)委托评估方名称:应写明委托方、委托联系人的名称、联络电话及住址;指出车主的名称。

(2)受理评估方名称:主要是写明评估机构的资质,评估人员的资质。

(3)评估对象概括:须简要写明纳入评估范围内的车辆的厂牌型号、号牌号码、发动机号、车辆识别代号/车架号、注册登记日期、年检合格有效日期、公路规定费交至日期、购置税(附加费)证号、车辆使用税缴纳有效期。特别是对车辆的使用性质及法定使用年限应有定量的结论年限。

(4)评估目的:应写明二手车是为了满足委托方的何种需要,及其所对应的经济行为类型。

(5)评估基准日(时点):按委托要求的基准日,式样为鉴定评估基准日是××××年××月××日。

(6)评估依据:一般可划分为法律法规依据、行为依据和取价依据。法律法规依据应包括车辆鉴定评估的有关条法、文件及涉及车辆评估的有关法律、法规等。行为依据主要是指二手车评估委托书及载明的委托事项。取价依据为鉴定评估机构收集的国家有关部门发布的技术资料和统计资料,以及评估机构经市场调查询价资料和相关技术参数资料。

(7)评估采用的方法,技术路线和测算过程:应简要说明评估人员在评估过程中选择并使用的评估方法,并阐述选择该方法的依据或原因。若选用两种或两种以上的方法,应当说明原因,并详细说明评估计算方法的主要步骤。

(8)评估结论,即最终评估额:应同时有大小写,并且大小写数额一致。

(9)决定评估额的理由。

(10)评估前提及评估价额应用的说明事项(包括应用时应注意的问题):评估报告陈述的特别事项是指在已确定的前提下,评估人揭示在评估过程中已发现可能影响评估结论,但非评估人员执业水平和能力评定估算的有关事项;提示评估报告使用者应特别注意的事项对评估结论的影响;揭示鉴定评估人员认为需要说明的其他问题。

(11)参与评估的人员与评估对象有无利害关系的说明。

(12)评估作业日期,即进行评估的期间,是指从何时开始评估作业至何时完成评估作业,具体进行评估的起止年月日。

(13)若干附属资料,如评估对象的评估鉴定委托书、产权证明——《机动车登记证书》、《车辆行驶证》,购置税(附加费)、评估人员和评估机构的资格证明等。

四、二手车评估报告的格式

从2002年原国家经济贸易委员会、劳动和社会保障部《关于规范二手车评估工作的通知》的国经贸贸易〔2002〕825号文件下发以后,推荐使用定型式二手车评估报告其规范格式样本如下。

二手车评估报告

(示范文本)

×××鉴定评估机构评报字(××××年)第×××号

一、绪言

×××(鉴定评估机构)接受×××的委托,根据国家有关资产评估的规定,本着客观独立、公正、科学的原则,按照公认的资产评估方法,对×××(车辆)进行了鉴定评估。本机构鉴定评估人员按照必要的程序,对委托鉴定车辆进行了实地查勘与市场调查,并对其在×××年××月××日所表现的市场价值做出了公允反映。现将车辆鉴定评估结果报告如下。

二、委托方与车辆所有方简介

(一)委托方××××,委托方联系人×××,联系电话×××××××。

(二)根据《机动车行驶证》所示,委托车辆车主×××。

三、评估目的

根据委托方的要求，本项目评估目的

□交易 □转籍 □拍卖 □置换 □抵押 □担保 □咨询 □司法裁决。

四、评估对象

评估车辆的厂牌型号：__________；号牌号码：__________；发动机号：__________；

车辆识别代号/车架号：____________；登记日期：________年____月；

年检合格至________年____月；公路规费交至________年____月；

购置附加税（费证）：____________；车船使用税：____________。

五、鉴定评估基准日

鉴定评估基准日________年____月____日。

六、评估原则

严格遵循"____"原则。

七、评估依据

（一）行为依据

二手车评估委托书第____号。

（二）法律、法规依据

1.《国有资产评估管理方法》（国务院令第91号）；

2.《国有资产评估管理办法施行细则》（国资办发〔1992〕36号）；

3.《资产评估操作规范意见（试行）》（国资办发〔1996〕23号）；

4.《汽车报废标准》（国经贸经〔1997〕456号）；

5.《关于调整轻型载货汽车及其补充规定》（国经贸经〔1998〕407号）；

6.《关于调整汽车报废标准若干规定的通知》（国经贸资源〔2000〕1202号）；

7.《机动车运行安全技术条件》（GB 7258—2012）；

8. 其他相关的法律、法规等。

（三）产权依据

委托鉴定评估车辆的机动车登记证书编号：

（四）评定及取价依据

技术标准资料：____。

技术参数资料：____。

技术鉴定资料：____。

其他资料：____。

八、评估方法

□重置成本法 □现行市价法 □收益现值法 □其他[1]

计算过程如下：

九、评估过程

按照接受委托、验证、现场查勘、评定估算、提交报告的程序进行。

十、评估结论

车辆评估价格____________元，金额大写：______________________________。

十一、特别事项说明[2]

十二、评估报告法律效力

(一)本项评估报告结论有效期为90天,自评估基准日至________年____月____日止。

(二)当评估目的在有效期内实现时,本评估结果可以作为作价参考依据。超过90天,需进行评估。另外在评估有效期内若被评估车辆的市场价格或因交通事故等原因导致车辆的价值发生变化,对车辆评估结果产生明显影响时,委托方也需重新委托评估机构进行评估。

(三)鉴定评估报告的使用权归委托方所有,其评估结论仅供委托方为本项目评估目的的使用和送交二手车评估主管机关审查使用,不适用于其他目的;因使用本报告不当而产生的任何后果,与签署本报告的签订评估人员无关;未经委托方许可,本鉴定评估机构承诺不将本报告的内容向他人提供或公开。

附件:

1.《二手车评估委托书》

2.《二手车评估作业表》

3.《车辆行驶证》、《购置附加税(费)证》复印件

4.《鉴定评估人员职业资格证书》复印件

5.《鉴定评估机构营业执照》复印件

6. 二手车照片(要求外观清晰,车辆牌照能够辨认)

二手车评估人员(签字、盖章)　　　　复核人[3](签字、盖章)

(二手车评估机构盖章)

________年____月____日

说明:

[1]指利用两种或两种以上的评估方法对车辆进行鉴定评估,并以它们评估结果的加权值为最终评估结果的方法。

[2]特别事项是指在已确定评估结果的前提下,评估人员认为需要说明在评估过程中已发现可能影响评估价值的结论,但非评估人员执业水平和能力所能评定估算的有关事项以及其他问题。

[3]复核人须具有高级鉴定评估师资格。

备注:本报告和作业表一式三份,委托方二份,受托方一份。

第二节　旧汽车评估报告的编写

一、旧汽车评估报告的基本内容

二手车评估报告不管是采用定型式、还是自由式或混合式,其基本内容是相同的,主要包括以下内容。

1. 封面

二手车评估报告的封面须载明下列内容：二手车评估报告名称、鉴定评估机构出具鉴定评估报告的编号、二手车评估机构全称和鉴定评估报告提交日期等。有服务商标的，评估机构可以在报告封面载明其图形标志。

2. 首部

二手车评估报告正文的首部应包括标题和报告书序号。

1）标题

标题应简练清晰，含有"×××（评估项目名称）鉴定评估报告"字样，位置居中偏上。

2）序号

序号应符合公文的要求，包括评估机构特征字、公文种类特征字（例如：评报、评咨、评函，评估报告正式报告应用"评报"，评估报告预报告应用"评预报"）、年份、文件序号（例如：×××评报字（1998）第18号），位置本行居中。

3. 绪言

写明该评估报告委托方全称、受委托评估事项及评估工作整体情况，一般应采用包含下列内容的表达格式。

×××（鉴定评估机构）接受×××的委托，根据国家有关资产评估的规定，本着客观、独立、公正、科学的原则，按照公认的资产评估方法，对×××（车辆）进行了鉴定评估。本机构鉴定评估人员按照必要的程序，对委托鉴定评估车辆进行了实地查勘与市场调查，对其在××××年××月××日所表现的市场价值做出了公允反映。现将车辆评估情况及鉴定评估结果报告如下。

4. 委托方与车辆所有方简介

应写明委托方、委托方联系人的名称、联系电话及住址。

5. 评估目的

应写明本次资产评估是为了满足委托方的何种需要，及其所对应的经济行为类型。

6. 评估对象

须简要写明纳入评估范围内的车辆的厂牌型号、号牌号码、发动机号、车辆识别代号、车架号、注册登记日期、年检合格有效日期、购置附加税（费）证号、车船使用税缴纳有效期。

7. 鉴定评估基准日

写明车辆鉴定评估基准日的具体日期，式样为：鉴定评估基准日是××××年××月××日。

8. 评估原则

写明评估工作过程中遵循的各类原则以及本次鉴定评估遵循的国家及行业规定的公认原则。对于所遵循的特殊原则，应做适当阐述。

9. 评估依据

评估依据一般可划分为行为依据、法律法规依据、产权依据和取价依据等。行为依据主要是指二手车评估委托书、法院的委托书等经济行为文件。法律、法规依据应包括车辆鉴定评估涉及的有关法律、法规等。产权依据是指被评估车辆的《机动车登记证书》或其他能够证明车辆产权的文件等。评定及取价依据应为鉴定评估机构收集的国家有关部门发布的统计资料和技术标准资料，以及评估机构收集的有关询价资料和参数资料等。对评估中所采用的特殊依据应在本节内容中披露。

10. 评估方法及计算过程

简要说明评估人员在评估过程中所选择并使用的评估方法，评估方法的依据或原因；如果对某车辆评估采用一种以上的评估方法，应适当说明原因并说明该资产评估价值确定方法。对于所选择的特殊评估方法，应适当介绍其原理与适用范围。写出各种评估方法计算的主要步骤等。

11. 评估过程

评估过程应反映二手车评估机构自接受评估委托起至提交评估报告的工作过程，包括接受委托、验证、现场勘查、市场调查与询问、评定估价、提交报告等过程。

12. 评估结论(略)

13. 特别事项说明

评估报告中陈述的特别事项是指在已确定评估结果的前提下，评估人员揭示在评估过程中已发现可能影响评估结论，但非评估人员执业水平和能力所能评定估算的有关事项；提示评估报告使用者应注意特别事项对评估结论的影响；揭示鉴定评估人员认为需要说明的其他问题。

14. 评估报告法律效力

揭示评估报告的有效 Et 期；特别提示评估基准 Et 期的后事项对评估结论的影响以及评估报告的使用范围等。

15. 鉴定评估报告提出日期

写明评估报告提交委托方的具体时间，评估报告原则上应在确定的评估基准 Et 后一周内提出。

16. 附件

附件应包括《二手车评估委托书》《二手车评估作业表》《车辆行驶证》《购置附加税(费)证》《车辆登记证书》复印件、《二手车评估人员资格证书》复印件、《鉴定评估机构营业执照》复印件、《鉴定评估机构资质》复印件、二手车照片等。

17. 尾部

写明出具评估报告的评估机构名称，并盖章；写明评估机构法定代表人姓名并签名；二手车评估人员盖章并签名；高级二手车鉴定评估师审核签章，以及报告日期。

二、旧汽车评估报告撰写的技术要点

二手车评估报告的技术要点是指在二手车评估报告中的主要技能要求，它具体包括了文字表达方面、格式与内容方面、复核与反馈等方面的技能要求等。

1. 文字表达方面的技能要求

二手车评估报告既是一份对被评估的车辆价值有咨询性和公证性作用的支持性文件，又是一份用来明确鉴定评估机构和评估人员工作职责的文字依据，所以它的文字表达技能要求既要清楚、准确，又要提供充分的依据说明，还要全面地叙述整个鉴定评估的过程。其文字的表达必须清楚,不得使用模棱两可的措辞。其陈述既要简明扼要,又要把有关问题说明清楚,不得带有任何诱导、恭维和推荐性的陈述。

2. 格式和内容方面的技能要求

对二手车评估报告格式和内容方面的技能要求,必须严格遵循原国家经济贸易委员会颁发的《关于规范二手车评估工作的通知》。

3. 二手车评估报告书的复核与反馈方面的技能要求

二手车评估报告书的复核与反馈也是评估报告制作的具体技能要求。通过对工作底稿、作业表、技术鉴定资料和评估报告正文的文字、格式及内容的复核和反馈,可以将有关错误、遗漏等问题在出具正式报告书之前进行修正。对鉴定评估人员来说,由于知识、能力、经验、阅历及理论方法的限制而产生工作盲点和工作疏忽,所以,对评估报告初稿进行复核就成为必要。对鉴定评估的车辆的情况熟悉程度来说,大多数车辆评估委托方和占有方对委托鉴定评估车辆的成新、使用强度、维护、车辆性能、维修、事故等情况可能比评估机构和评估人员更熟悉,所以,在出具正式报告之前征求委托方意见,收集反馈意见也很有必要。

对评估报告进行复核,必须明确复核人的职责,防止流于形式的复核。收集反馈意见主要是通过委托方或所有方熟悉车辆具体情况的人员。对委托方或车辆所有方意见的反馈信息,应慎重对待,应本着独立、客观、公正的态度去接受其反馈意见。

4. 撰写鉴定评估报告应注意的事项

二手车评估报告的制作技能除了需要掌握上述三个方面的技术要点外,还应注意以下几个事项。

(1)实事求是,切忌出具虚假的报告。报告书必须建立在真实、客观的基础上,不能脱离实际情况,更不能无中生有。报告拟定人应是参与鉴定评估并全面了解被评估车辆的主要鉴定评估人员。

(2)坚持一致性做法。切忌出现表里不一的情况。报告书文字、内容要前后一致,正文、评估说明、作业表、鉴定工作底稿、格式甚至数据要相互一致,不能出现相互矛盾,各谈各调的不一致情况。

(3)提交报告书要及时、齐全和保密。在正式完成二手车评估报告工作后,应按业务约定书的约定时间及时将报告书送交委托方。送交报告书时,报告书及有关文件要送交齐全。

第三节 旧汽车评估报告实例

关于奥迪 A6 2.8 轿车的评估报告

××××鉴定评估机构评报字(2005)第××号

案例提示:二手车评估中经常会遇到发生重大交通事故的车辆,要求评估人员能够鉴别事故的大小及其对车辆的技术状况和价值的影响,经常采用的方法是说明事故的大小,在正常重置成本法和市场比较法的基础上,确定折损率并加以评估。本例采用重置成本法(综合调整系数)及确定折损率评估。

1. 绪言

××(鉴定评估机构)接受××××的委托,根据国家有关资产评估的规定,本着客观、独

立、公正、科学的原则,按照公认的资产评估方法,对奥迪车辆进行了解评估。本机构鉴定评估人员按照必要的程序,对委托鉴定评估车辆进行了实地查勘与市场调查,并对其在2005年8月31日所表现的市场价值做出了公允反映。现将车辆评估情况及鉴定评估结果报告如下。

2. 委托方与车辆所有方简介

委托方××××,委托方联系人×××,联系电话:×××××××××。

根据《机动车行驶证》所示,委托车辆车主×××。

3. 评估目的

根据委托方的要求,本项目评估目的是为调解买卖奥迪车过程中的价格纠纷,提供价格依据。

4. 评估对象

评估车辆的厂牌型号(奥迪 Audi A6 2.8);车牌号码(××—××××);发动机号(×××××××);车辆识别代号/车架号(×××××××××××××××××);初次登记日期(2003年8月),年检合格至2005年8月;养路费交至2005年12月;购置附加税(费)证(齐全);车辆船使用税(已交)。

5. 鉴定评估基准日

鉴定评估基准日:2005年8月31日。

6. 评估原则

严格遵循"客观性、独立性、公正性、科学性"原则。

7. 评估依据

1)行为依据

《机动车鉴定评估委托书》(×××)号。

2)法律、法规依据

(1)《国有资产评估管理办法》(国务院令第91号)。

(2)原国家国有资产管理局《关于印发 <国有资产评估管理办法施行细则> 的通知》(国资办发〔1992〕36号)。

(3)原国家国有资产管理局《关于转发(资产评估操作规范意见(试行))的通知》(国资办发〔1996〕32号)。

(4)国家经贸委等部门《汽车报废标准》(国经贸经〔1997〕456号)、《关于调整汽车报废标准若干规定的通知》(国经贸资源〔2000〕1202号);

3)产权依据

委托鉴定评估车辆的机动车登记证书编号:×××××××××。

4)评定及取价依据

技术标准资料:《机动车运行安全技术条件》(GB 7258—2004)。

技术参数资料:一汽-大众奥迪 A6 系列车型性能、装备一览表。

技术鉴定资料:

(1)评估鉴定人员现场勘察记录表。

(2)某修理厂提供的事故定损修理清单。

(3)某保险公司提供的事故理赔清单。

8. 评估方法

本次评估采用重置成本、等速折旧、综合调整系数、变现系数法，并考虑了交通事故所造成的车辆损失对车辆市场价格的影响。

鉴定评估鉴定和计算过程如下。

1) 技术状况鉴定

鉴定评估人员接受委托后，对评估标的奥迪 A6 2.8 现场勘察，并进行了试驾，经鉴定发现了以下问题：前减振支架左右相差 3cm，严重超出国家标准；在举升架上勘察车辆底部，发现车身有明显的碰撞后的焊痕，打开行李舱也发现有焊痕，关门时也发现声音异常，判断有重大事故发生；路试过程中，车速达到 100km/h 时，车身感觉摇晃，与其他奥迪车相比，明显缺少安全舒适感。

为客观公正地评估该车，鉴定评估人员经市场调查，调阅了该车的各项维修记录后，发现该车曾有两次重大事故。一次追尾，造成的损失 11 万元；另一次被追尾造成的损失接近 8 万元。修理部门和保险公司提供了相关的清单。清单显示：两次碰撞，造成的修理换件项目大致有：散热器 1923 元、冷凝器 3144 元、稳定杆 1104 元、前保险杆 3300 元、前照灯壳体 3578 元、左前翼子板 7500 元、车门骨架焊接总成 2504 元、安全气囊传感器 7400 元、防盗器传感器 726 元……修理项目达 200 多项，总计损失约 19 万元（详见修理定损清单）。

2) 评估计算过程

本次评估采用重置成本法，2003 年 8 月奥迪 A6 2.8 技术领先型市场售价为 523200 元。其基本配置有变速器类型：无级/手动一体式；发动机类型：2.8L/V 型 6 缸/5 气门电控多点燃油喷射/双顶置凸轮轴/可变相位/可变长度进气歧管；整车装备：带记忆电动外后视镜、带记忆前电动座椅、ABS 前后驻车报警装置、定速巡航装置、自动防眩晕内后视镜、动力转向随助力调节系统。在 2005 年 8 月评估基准日，该车型已不再生产，被新车型所替代。但仍然有库存车辆销售，其售价为 445000 元。

(1) 确定重置成本。

(2) 确定成新率。

规定使用年限 $G=15$ 年，已使用年限 $Y=2$ 年 1 个月，采用年份数求和法计算成新率，即

$$C_F=\left[1-\frac{2}{G(G+1)}\sum_{n=1}^{Y}(G+1-n)\right]\times 100\%$$
$$=0.7333$$

(3) 计算综合调整系数。

车况一般，技术状况调整系数取 $K_1=0.8$。

维护一般，车辆使用与维护状态系数取 $K_2=0.9$。

奥迪车为合资名牌车，考虑地域因素，品牌调整系数取 $K_3=0.9$。

工作性质为公务生活消费，车辆工作性质系数取 $K_4=0.8$。

该车主要在市内使用，车辆工作条件系数取 $K_5=0.9$。

则综合调整系数为：

$$K=K_1\times 30\%+K_2\times 25\%+K_3\times 20\%+K_4\times 15\%+K_5\times 10\%$$
$$=0.855$$

(4)确定二手车的变现系数。

该车已使用了25个月,根据变现系数表,取变现系数为0.90。

(5)确定事故折损率。

由于事故车修复后,对车辆的技术状况有影响,因此需确定事故折损率。根据评估人员的经验确定,该车事故折损率为26%。

(6)确定评估值。

评估值 = 重置成本 × 成新率 × 综合调整系数 × 变现系数 × (1 - 折损率)

≈23700(元)

9. 评估结论

车辆评估价格:人民币23.7万元,金额大写:贰拾叁万柒仟元整。

10. 特别事项说明

(1)评估机构或评估人员对于评估标的没有现实或潜在的利益。

(2)因事故造成的修理费用的定损清单,评估机构与买卖双方均已沟通,并获得双方认可。

11. 评估报告法律效力

(1)本项评估结论有效期为90天,自评估基准日至2005年11月30日止。

(2)当评估目的在有效期内实现时,本评估结果作为作价参考依据。超过90天,需重新评估。另外在评估有效期内若被评估车辆的市场价格或因交通事故等原因导致车辆的价格变化,对车辆评估结果产生明显影响时,委托方也需重新委托评估机构进行评估。

评估报告的使用权归委托方所有,其评估结论仅供委托方为本项评估目的使用和送交二手车评估主管机关审查使用,不适用于其他目的:因使用本报告不当而产生的任何后果与签署报告的鉴定评估师无关;未经委托方许可,本鉴定评估机构承诺不将报告的内容向他人提供或公开。

附件:

①《二手车评估委托书》(略)。

②《二手车评估作业表》(略)。

③《车辆行驶证》、《购置附加税(费)证》复印件(略)。

④《鉴定评估师职业资格证书》复印件(略)。

⑤《鉴定评估机构营业执照》复印件(略)。

⑥二手车照片(要求外观清晰,车辆牌照能够辨认)(略)。

二手车鉴定评估师(签字、盖章)　　　　复核人(签字、盖章)

(二手车鉴定评估机构盖章)

2005年8月31日

第七章　新汽车的技术鉴定

第一节　汽车性能检测

一、汽车性能检测的内容

1. 汽车的主要技术参数

汽车的主要技术性能常用下列结构参数予以表示。

(1)汽车外形尺寸。汽车外形尺寸主要有车长、车宽、车高。

①车长 L:车长是指车辆纵向最外端突出部位的两垂直面之间的距离(mm)。

汽车长度大,稳定性高。对于乘用车,车身越长,前后可利用空间越大,后排乘客腿部活动空间越宽敞,但是,车身过长,汽车在转弯、掉头、停车时不便利。在《汽车、挂车及汽车列车外廓尺寸、轴荷及质量限值》(GB 1589—2016)以及《机动车运行安全技术条件》(GB 7258—2012)中对各种车辆的车长有明确规定。

②车宽 B。车宽是指车辆横向最外固定突出部位(除后视镜、标志灯、方位灯、转向指示灯等)的两垂直面之间的距离(mm)。

汽车越宽,稳定性越高。车辆宽度主要影响乘坐空间。对于乘用车,车身宽,后排的乘客就会有足够的乘坐宽度,不会感到拥挤,可以提高乘坐舒适性;但是,车身宽便会降低车辆行驶、停泊的便利性,特别是在市区行驶与停泊。

③车高 H。车高是指车辆最高点与车辆支撑平面之间的距离(mm)。

汽车高度越大,车内空间越大,车辆惯性越大,风阻系数也越大,车辆重心也随之提高,稳定性下降;车辆高度降低,可以降低车辆重心,车辆高速转弯时不易发生侧翻,并且可以降低风阻,提高燃油经济性;但是,车辆高度太低,乘客会感到头部空间不足,有压抑感。

(2)轴距 L_1、L_2。汽车轴距是指汽车前后轴中心线的水平距离(mm)。

轴距越长,车辆总成越容易布置,稳定性好,缺点是通过性差。汽车轴距短,车长就小,最小转弯半径小,灵活方便,通过性强,适合在路况较差或行驶空间紧张的市区使用,但是,轴距太短,后悬过长,行驶时摆动较大,操纵性和稳定性下降。

(3)轮距 A_1、A_2。汽车轮距是指汽车同轴左右车轮两轨迹中心间的距离(轴两端为双车轮时,为左右两条轨迹的中间的距离)(mm)。

汽车轮距越大,横向稳定性越好。对于乘用车来说,加大汽车轮距,可以使车内宽度增加,车厢内空间增大,乘坐舒适;但是,轮距增大,车辆的宽度和总质量也随之增大,雨天容易导致侧面甩泥水,同时影响车辆的安全性。

(4)前悬 S_1。汽车前悬是指汽车前端刚性固定件的最前点到通过两前轮轴线的垂直面间的距离(mm)。

汽车的前悬应当足够固定和安装驾驶室、发动机、散热器、转向器、弹簧前托架和保险杠等零部件。前悬过长,会导致接近角变小,不利于车辆通过坑洼不平路面、上台阶、轮渡等情形。

(5)后悬 S_2。汽车后悬是指汽车后端刚性固定件的最后点到通过最后车轮轴线的垂直面间的距离(mm)。

后悬的大小,《机动车运行安全技术条件》(GB 7258—2012)规定:对于客车及封闭式车厢,后悬不超过65%轴距;对于其他机动车,后悬不超过55%轴距;同时所有后悬不超过3.5m;对于多轴汽车,轴距按总轴距计算,后悬从最后一轴算起。

(6)最小离地间隙 C。汽车最小离地间隙是指满载时车辆支撑平面与车辆最低点之间的距离(mm)。

最小离地间隙越大,车辆重心越高,汽车通过性越好,特别是对于有障碍物或坑洼不平的路面;但是,行驶稳定性会降低。

(7)接近角 α_1、离去角 α_2。接近角 α_1 是指汽车前端突出点向前轮引的切线与地面的夹角;离去角 α_2 是指汽车后端突出点向后轮引的切线与地面的夹角。

接近角和离去角都是反映汽车的通过能力,也就是汽车的最大爬坡度和最大下坡度。汽车的最大爬坡度不可能超过其接近角,汽车的最大下坡度不可能超过其离去角。由于越野车对于车辆的通过性要求较高,因此越野车的接近角和离去角相对较大。

(8)转弯半径 r。车辆的转弯半径是指将车辆的转向盘转到极限位置,外侧转向轮的中心平面轨迹圆半径(mm)。

最小转弯半径说明汽车通过狭窄弯曲地带或绕过障碍物的能力。转弯半径越小,车辆的机动性越高,弯道通过性越强,掉头和停车越方便。

(9)质量 M。

①最大总质量:汽车满载时的质量(kg)。

②整车整备质量:指完整的设备和辅助设备(燃料、润滑油、冷却液及随车工具等)的质量之和(kg)。

③最大装载质量:最大总质量和整车整备质量之差(kg)。

④最大轴载质量:汽车单轴所承载的最大总质量(kg)。

2.汽车的主要性能指标

汽车的主要性能指标包括汽车的动力性、燃油经济性、制动性、通过性、操纵性和稳定性、行驶平顺性、环保性等。

1)汽车的动力性

动力性是汽车首要的使用性能指标。汽车必须有足够的牵引力才能克服各种行驶阻力,保证车辆能够以尽可能高的平均速度正常行驶。

汽车的动力性可用以下三个指标进行评价:

(1)最高车速。汽车最高车速是指在风速小于或等于3m/s的条件下,汽车在平坦公路(混凝土路面或沥青路面)上行驶时能达到的最高行驶速度(km/h)。

(2)汽车的加速能力。汽车的加速能力是指汽车在行驶中迅速增加汽车行驶速度的能

力。加速过程越短、加速度越大或加速距离越短,汽车的加速性能越好。常用原地起步加速时间和超车加速时间来评价。

①原地起步加速时间。原地起步加速时间是指汽车由停车状态起步后以最大的加速度加速,并选择适当的时机逐步换挡到高挡后加速到某一规定车速或达到某一规定距离所需要的时间。常用 0 ~ 100km/h 所用的时间表示,有时也用从 0 ~ 400m 的距离所需要的时间表示。原地起步加速时间越短,汽车的动力性能越好。

②超车加速时间。超车加速时间是指汽车用最高挡或次高挡,由某一预定车速(该挡的最低稳定车速或 30km/h)全力加速到另一预定速度所需要的时间。超车加速时间越短,说明车辆高挡位加速性能越好,动力性能越强,可以减少超车过程中两车的并行时间,相对提高安全性。

(3)汽车的爬坡能力。汽车的爬坡能力一般用汽车最大爬坡度来衡量。

汽车最大爬坡度是指汽车满载时的最大爬坡能力,也就是在风速小于或等于 3m/s 的条件下,在干燥、清洁的混凝土或沥青坡道路面上,以最低挡行驶能够爬上的最大坡度。

不同类型的汽车对上述三项指标要求有所不同;乘用车偏重于最高车速和加速能力,而商用车特别是载货汽车和越野汽车对最大爬坡度要求较高。不论何种汽车,为了能够在公路上正常行驶,必须具备一定的平均速度和加速能力。

2)汽车的燃油经济性

汽车在一定的使用条件下,以最少的燃油消耗量完成单位运输工作量的能力,称为燃油经济性。为降低汽车使用成本,要求汽车以最少的燃料消耗,行驶尽量远的路程或完成尽量多的运输量。

汽车的燃油经济性评价指标有以下两种形式:

(1)汽车在一定的使用条件下,每行驶 100km 消耗掉的燃油量,单位为 L/100km。我国及欧洲常用此指标。此数值越大,说明汽车的燃油经济性越差。

(2)汽车在一定的使用条件下,一定的燃油量能使汽车行驶的里程,单位为 MGP 或 Mile/1USgal(英里/加仑),即每加仑燃油使汽车能够行驶的里程数。美国常用此指标,此值越高表明汽车的燃油经济性越好。

3)汽车的制动性

汽车的制动性是汽车安全行驶的保证,也是汽车动力性得以发挥的前提。只有在保证汽车行驶安全的前提下,才能充分发挥汽车的其他性能。

汽车的制动性一般采用制动效能、制动效能的恒定性和制动时的汽车方向稳定性三个指标进行评价。

(1)制动效能。制动效能是汽车迅速降低行驶速度直到车辆停止的能力。制动效能是评价汽车制动性能最基本的指标,一般采用一定初速度下的制动时间、制动减速度和制动距离来评价。

汽车的制动距离与行车安全有直接的关系,评价汽车制动性能非常直观,国家交通管理部门通常也是按照汽车的制动距离制定相关的安全法规。

(2)制动效能的恒定性。汽车在高速制动、短时间内连续制动或下长坡连续制动时,制动器温度急剧升高,导致制动效能下降,这称为制动器的热衰退性。

汽车连续制动后,制动效能的稳定程度称为制动效能的恒定性,或者称为制动系统抗热衰退性。

汽车涉水后,由于水进到制动器里也会使制动效能下降。汽车涉水后制动效能的保持程度用汽车制动系统抗水衰退性表示。

(3)制动时的汽车方向稳定性。制动时的汽车方向稳定性是指汽车在制动过程中按指定轨迹行驶的能力,即不发生跑偏、侧滑和失去转向的能力。检测汽车的方向稳定性时,一般规定符合一定宽度和路面要求的试验通道,根据制动时汽车偏离通道的大小确定其方向稳定性。试验时,制动稳定性良好的汽车不允许产生不可控制的效能使汽车偏离通道。

如果汽车的左右侧的制动力不一样,则会发生跑偏。当汽车车轮因制动而趋于抱死时,

易发生侧滑,并失去方向稳定性和操纵性。为防止上述现象的发生,现在的汽车配置了防抱死制动系统(ABS),防止紧急制动时因车轮抱死而发生危险。

4)汽车的通过性

汽车的通过性是指在一定载质量下,汽车能以足够高的平均速度通过各种坏路及无路地带和克服各种障碍的能力。所谓坏路及无路地带,是指松软土壤、沙漠、雪地、沼泽等松软地面及坎坷不平地段;各种障碍是指陡坡、侧坡、台阶、壕沟等。

各种汽车的通过能力是不一样的。轿车和客车由于经常在市区或在路面较好的公路(高速公路)或国道上行驶,通过能力要求相对较低。而越野汽车、军用车辆、自卸汽车和载货汽车等工况较差,必须设计有较强的通过能力。

5)汽车的操纵稳定性

汽车的操纵稳定性包括相互联系的两方面内容:操纵性和稳定性。

(1)操纵性。汽车的操纵性是指驾驶人能够以最小的修正而维持汽车按指定的路线行驶,以及按照驾驶人的愿望转动转向盘以改变汽车行驶方向的响应能力,其直接影响行车安全。

(2)稳定性。汽车的稳定性是指汽车抵抗力图改变其位置或行驶方向的外界影响的能力,即汽车在受到外界扰动(路面扰动或突然的阵风扰动)后,能自动地尽快恢复到原来的行驶状态和方向,而不发生失控,以及抵御倾覆、侧滑的能力。

对汽车来说,侧向稳定性尤为重要。当汽车在横向坡道上行驶、转弯、侧向风力较大以及受到其他侧向力时,容易发生侧滑或者侧翻。汽车重心的高度越低,稳定性越好。

合适的前轮定位角度可以使汽车具有自动回正和保持直线行驶的能力,提高汽车直线行驶的稳定性。如果汽车装载超高超重、转弯时车速过快、横向坡道角度过大或者偏载,会降低汽车的稳定性,甚至导致汽车发生侧滑及侧翻。

6)汽车的行驶平顺性

汽车正常行驶时,由于路面不平所产生的冲击会造成汽车的振动,使驾驶人和乘客感到疲劳和不舒服,或者使车载货物发生碰撞甚至损坏;同时,车轮的振动还会对车轮与地面间的附着性能产生不良影响,进而影响到操纵稳定性。振动还会加速汽车零部件的磨损,降低汽车的使用寿命。汽车一般行驶速度范围内对路面不平的隔振、降振程度称为汽车的行驶平顺性。

汽车行驶平顺性的评价指标有:

(1)客车和轿车采用"舒适—降低界限",当汽车速度超过此界限时,就会降低乘坐舒适

性，使人感到疲劳和不舒服。该界限值越高，说明汽车的平顺性越好。

(2)货车采用“疲劳—工效降低界限”，在此界限内，驾驶人能够正常进行驾驶，保持较高的工作效率；如果超过此界限，驾驶人就会感到疲劳，工作效率降低。良好的轮胎弹性、性能优越的悬架装置、座椅的降振性等都能提高汽车的行驶平顺性。

7)汽车的环保性

汽车的环保性主要包括排放和噪声两个方面。

目前，由于混合动力汽车、燃料电池汽车、电动汽车正处在起步阶段，所以汽车的发动机主要是内燃机，且燃料以汽油和柴油为主，研究汽车的排放污染问题其实就是研究内燃机的排气污染问题。

汽车废气主要有三个排放源：尾气、曲轴箱窜气和油箱油气蒸发。汽车排出的尾气并不全是有害气体，像 N_2、CO_2、O_2、H_2和水蒸气等对人体和生物不会直接造成危害；尾气中所含的有害物质主要是：汽油车排出的一氧化碳(CO)、碳氢化合物(HC)、氮氧化物(NO)等；柴油车除了上述有害物质外，还有大量的颗粒物。而曲轴箱窜气和油箱油气蒸发已经得到比较好的控制，被充分循环利用，所产生的污染很小。目前汽车的排放污染物主要来自尾气。

GB 18352.1/2—2001 是轻型汽车国家第Ⅰ/Ⅱ阶段排放标准。目前，我国汽车污染物排放的标准为国Ⅲ阶段(我国的第Ⅰ/Ⅱ阶段排放标准)。与广大消费者和汽车生产厂家关系密切的是自 2007 年 7 月 1 日起实施的《轻型汽车污染物排放限值及测量方法》(GB 18352.3—2005)(第Ⅳ阶段排放标准)。

二、汽车性能检测的仪器

汽车性能检测的仪器主要有底盘测功机、制动试验台、油耗仪、侧滑试验台、前照灯检测仪、车速表试验台、发动机综合测试仪、示波器、四轮定位仪、车轮平衡仪等。

1.汽车动力性检测

动力性是汽车重要的基本性能之一，它直接影响汽车运输效率的高低，动力性的高低直接取决于发动机的性能。汽车使用一段时间之后，其技术状况会发生改变，动力性也会发生改变。汽车动力性的检测方法有道路试验和室内台架试验两大类。

汽车动力性台架试验，主要是用无外载测功仪(或无负荷测功仪)检测发动机功率，底盘测功机检测汽车的最大输出功率、最高车速和加速能力。室内台架试验不受气候、驾驶人员技术条件等客观因素的影响，只受测试仪本身精度的影响，测试易于控制，所以在汽车检测站广泛应用。

为了使测量结果更为精确，底盘测功机的生产厂家都在说明书中给出了底盘测功机本身在测试过程中随转速变化机械摩擦所消耗的功率，对风冷式测功机还会给出冷却风扇随转速变化所消耗的功率。此外，底盘测功机的结构不同，对汽车在滚筒上模拟道路行驶时的滚动阻力也不相同，在说明书中还会给出不同尺寸的车轮在不同转速下的滚动阻力系数。

1)汽车底盘输出功率的检测方法

通过底盘测功机可以检测车辆的最大底盘驱动功率，从而评定车辆的技术状况等级。

底盘测功机又称底盘测功试验台,是一种不解体汽车而测量驱动轮输出功率的台架检测转置,是汽车动力性能测试的重要设备。通过在室内台架上模拟汽车道路行驶工况的方法来检测汽车的动力性,而且可以测量汽车多工况排放指标及油耗。此外,底盘测功机还能方便地进行汽车的加载调试和诊断汽车在负载条件下出现的故障等。在汽车底盘测功机上进行试验时,可以对试验条件进行控制,从而使周围环境条件的影响降到最小;同时,通过功率吸收加载装置来模拟道路行驶的阻力控制行驶状况,因此可以进行某些模拟实际行驶状况的复杂循环试验,得到了广泛应用。

底盘测功机分为两类:单滚筒底盘测功机,其滚筒直径大(500~2500mrn),制造和安装费用大,但其测试精度高,一般用于汽车生产厂家和科研单位;双滚筒底盘测功机的滚筒直径小(180~500mm),设备成本低,使用方便,测试精度稍差,一般用于汽车使用、维修行业及汽车检测线/站。

底盘测功试验台通常由滚筒装置、加载装置、惯性模拟装置、测量和辅助装置四大部分组成,如图 7-1 所示。

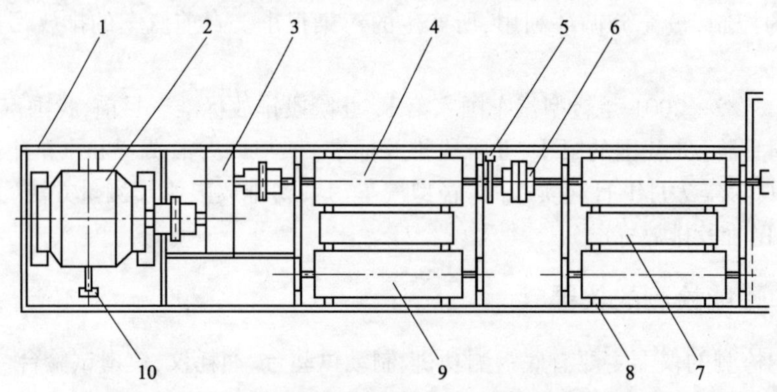

图 7-1 普通型底盘测功机道路模拟系统结构示意图

1-机架;2-功能吸收装置;3-变速器;4-滚筒;5-速度传感器;6-联轴器;7-举升器;8-制动器;9-滚筒;10-力传感器

(1)在动力性检测之前,必须按汽车底盘测功机说明书的规定进行试验前的准备。台架举升器处于升状态,无举升器者滚筒必须锁定;车轮轮胎表面不得夹有小石子或坚硬之物。

(2)汽车底盘测功机控制系统、道路模拟系统、引导系统、安全保障系统等必须工作正常。

(3)在动力性检测过程中,控制方式处于恒速控制,当车速达到设定车速(误差 ±2 km/h)并稳定 5s 后,通过计算机读取车速与驱动力数值,计算汽车底盘输出功率。

(4)输出检测结果。

2)发动机功率的检测方法

发动机输出的有效功率是发动机的综合性能评价指标。该指标直接描述了发动机的技术状况,定量地说明了发动机的动力性。目前,发动机功率的检测方法有无负荷测功法和有负荷测功法两种。有负荷测功法需要将发动机从汽车上卸下,不便于就车检测,其测量的功率精度较高。无负荷测功法又称动态测功法,它是利用发动机无外载测功仪检测发动机功率,使用方便,检测快捷。具体做法是:当发动机在怠速或空载某一低速下运转时,突然全开节气门,使发动机克服惯性和内摩擦阻力而加速运转,其加速性能的好坏可以直接反映出发动机功率的大小。

3）数据处理

目前，不同厂家生产的底盘测功机显示内容不尽相同，有的显示功率吸收装置吸收功率的数值，有的显示驱动轮输出的最大底盘输出功率的数值。对于显示功率吸收装置所吸收功率数值的，在数据处理时，必须增加汽车在滚筒上滚动阻力消耗的功率、台架机械阻力消耗的功率及风冷式功率吸收装置的风扇所消耗的功率。

用发动机无外载测功仪测得的发动机功率为净功率。若检测车辆发动机的额定功率为总功率，那么测得的功率应加上发动机附件消耗的功率，才能与额定功率进行比较。

2. 汽车燃油经济性检测

1）汽车燃油经济性路试检测

根据《乘用车燃料消耗量试验方法》（GB/T 12545.1—2001）以及《商用车燃料消耗量试验方法》（GB/T 12545.2—2001）的规定，汽车在路试条件下燃料消耗量的试验方法如下：

（1）试验规范。汽车路试的基本规范按照《汽车道路试验方法通则》（GB/T 12534—1990）。

（2）试验车辆载荷。除有特殊规定外，轿车为规定载荷的一半，试验时取整数；城市客车为总质量的65%；其他车辆为满载，乘员质量及其装载要求按《汽车道路试验方法通则》（GB/T 12534—1990）规定。

（3）试验仪器。试验仪器及精度要求如下：

①车速测定仪和汽车燃油消耗仪：精度0 5%。

②计时器：最小读数0.1s。

（4）试验的一般规定。

①试验车辆必须清洁，关闭车窗和驾驶室通风口，只允许开动为驱动车辆所必需的设备。

②由恒温器控制的空气流必须处于正常调整状态。

（5）试验项目。

①直接挡全节气门加速燃料消耗量试验。

②等速燃料消耗量试验。

③多工况燃料消耗量试验。

④限定条件下的平均使用燃料消耗量试验。

在进行道路试验时，多以等速行驶燃料消耗量试验来检测汽车燃油消耗量，即汽车在常用挡位（直接挡），从车速20km/h（当最低稳定车速高于20km/h时从30kin/h）开始，以10 km/h的整数倍均匀选取车速，通过500m的测量路段，测定燃油消耗量G（ml）和通过时间f（s），每种车速往返试验各进行两次，直到该挡最高车速的90%以上（至少测定5个试验车速）。两次试验时间的间隔（包括达到预定车速所需的助跑时间）应尽量缩短，以保持稳定的热状态。

2）汽车燃油经济性台架试验检测

按国家标准规定，检测汽车的燃油经济性应该采用道路试验，但是采用路试的方法检测汽车燃油消耗量受到很多条件限制，而在底盘测功机上通过台架试验检测汽车燃油消耗量目前没有国家标准。为了便利，可参照《乘用车燃料消耗量试验方法》(GB/T 12545.1—2001)和《商用车辆燃料消耗量试验方法》(GB/T 12545.2—2001)的要求评价汽车燃油经济性。在底盘测功试验台上模拟道路等速行驶来检测汽车燃油消耗量。

(1)台架试验中检测燃油消耗量的方法。

当汽车驶上底盘测功试验台后，拆卸燃油管路，接上油耗传感器，排除油路中的空气，然后在底盘测功试验台上进行加载，加载量要符合该车在路试状态下的各种阻力，进行油耗检测。

台架试验中常用的检测汽车燃油消耗量的方法有两种：一种是质量法，采用质量式油耗传感器在底盘测功试验台上进行油耗检测；另一种是容积法，采用行星活塞式油耗传感器在底盘测功试验台上进行油耗检测。

(2)台架试验中模拟加载量的确定。

按照中华人民共和国交通运输部行业标准《营运车辆技术等级划分和评定要求》(JT/T 198—2004)的规定，应测量汽车等速百公里燃油消耗量。根据《乘用车燃料消耗量试验方法》(GB/T 12545.1—2001)及《商用车辆燃料消耗量试验方法》(GB/T 12545.2—2001)、《汽车道路试验方法通则》(GB/T 12534—1990)的规定，在限定条件下的平均使用燃油量试验：试验车速建议轿车为(60 ± 2)km/h，铰接客车为(35 ± 2)km/h，其他车辆采用(50 ± 2)km/h；载荷按照不同车型加载至限定条件；测试距离应保证不少于500m。由于加载量是模拟汽车在道路上行驶时所受到的滚动阻力、空气阻力等行驶阻力，而各车型的实际情况(包括迎风面积、汽车总质量、汽车与地面接触的轮胎数等)不同，所以不同的车型在底盘测功试验台上应采取不同的加载量。

确定模拟加载量的方法如下：

①汽车(走合过的新车或接近新车的在用车)在额定总质量状态下，以直接挡从20km/h开始做燃油消耗量试验。往返各采样3次，算出该车20km/h的平均等速油耗，然后以10km/h的间隔加速，直到该车最高车速的90%，重复上述试验，依次得出20km/h到最高车速90%的等速平均百公里油耗。

②汽车在整备质量状态下，在底盘测功试验台上从20km/h开始加载，模拟该车空载时在20km/h路试状态下所受的外界阻力，直至加上某一载荷后得出20km/h等速百公里油耗值与车速为20km/h路试所得的平均百公里油耗相同，则上述对底盘测功机的加载量即为车速20km/h此时的模拟加载量。

重复上述试验，依次得出各个车速下的模拟加载量。

(3)汽车燃料经济性试验的注意事项。

①排除油路中的空气。做油耗检测时必须排除油路中的空气，方法如下：对于汽油车，把从油箱到汽油泵的管路"短路"，装上新的、密封性好的、无堵塞的油管，用性能稳定的电动汽油泵和汽油滤清器代替原车相应部件，缩短油泵到传感器的油管长度，使油泵到油耗传感器的阻力减小，从而避免油路中空气对检测结果的影响；在柴油车油路中安装好油耗传感器后，必须用手动泵泵油，以泵油压力排除油路中的空气。它与汽油车的差别在于：一是汽油车可以在发动后排净空气，而柴油车必须在发动之前排尽油路中的空气；二是汽油车在拆去油耗传感器恢复其原油路时无须排除空气，而柴油车在拆去传感器恢复原油路后仍需排除

油路中刚进去的空气。

②电喷的汽油机油耗测定时应注意的问题。使用油耗传感器检测油耗时,电控喷油发动机须注意从压力调节器回流的多余燃油的问题,必须让多余的燃油回流到油耗传感器的输出端,否则测出的油耗等于实际油耗加上回流的燃油,导致结果有误。

如果因油耗传感器及喷油泵间产生负压引起气穴现象,可加一个辅助泵使燃油泵进油端的油路保持正压,避免气穴现象发生,进行稳定的油耗测量。

3.汽车制动性能检测

汽车的制动性能好坏直接关系到交通安全。汽车制动性能检测有室内台试制动性能检验和道路试验检测两种。根据《机动车运行安全技术条件》(GB 7258—2012)规定,当汽车经台试制动性能检验后对其制动性能有质疑时,可用道路试验检测,并以满载路试的检验结果为准。

台试制动性能检验的主要项目有制动力、制动力平衡要求、车轮阻滞力和制动协调时间;道路试验检测的主要项目有制动距离、充分发出的平均减速度、制动稳定性、制动协调时间和驻车制动坡度。

1)台试检测汽车制动性能的方法

(1)用滚筒式制动检验台检验。

滚筒式制动检验台滚筒表面应干燥,没有松散物质及油污,滚筒表面当量附着系数不应小于0.75。

驾驶人将机动车驶上滚筒,位置摆正,置变速器置于空挡。起动滚筒,在2s后测取车轮阻滞力;使用制动,测取制动力增长全过程中的左右轮制动力差和各轮制动力的最大值,并记录左右车轮是否抱死。

在测量制动时,为了获得足够的附着力,允许在机动车上增加足够的附加质量或施加相当于附加质量的作用力(附加质量或作用力不计入轴荷)。

在测量制动时,可以采取防止机动车移动的措施(例如加三角垫块或采取牵引等方法)。

当采取上述方法之后,仍出现车轮抱死并在滚筒上打滑或整车随滚筒向后移出的现象,而制动力仍未达到合格要求时,应改用其他方法进行检验。

(2)用平板制动检验台检验。

制动检验台平板表面应干燥,没有松散物质及油污,平板表面附着系数不应小于0.75。

驾驶人将机动车对正平板制动检验台,以5~l0km/h的速度(或制动检验台制造厂家推荐的速度)行驶,置变速器置于空挡(自动变速的机动车可置变速器于D位),急踩制动踏板,使机动车停止,测取所要求的参数值。

(3)检验方法的选择。

机动车安全技术检验时,机动车制动性能的检验宜采用滚筒反力式制动检验台或平板制动检验台,其中前轴驱动的乘用车更适合采用平板制动检验台。

不宜采用制动检验台检验制动性能的机动车及对台试制动性能检验结果有质疑的机动车应路试检验制动性能。

对满载/空载两种状态时后轴轴荷之比大于20的货车和半挂牵引车,宜加载(或满载)检验制动性能,此时所加载荷应计入轴荷和整车质量。加载至满载时,整车制动力百分比应按满载检验考核;若未加载至满载,则整车制动力百分比应根据轴荷按满载检验和空载检验的加权值考核。

2)路试制动性能检验方法

路试检验制动性能应在平坦(坡度不应大于1%)、干燥和清洁的硬路面(轮胎与路面之间的附着系数不应小于0.7)上进行。

在试验路面上画出规定宽度的试验通道的边线,被测车辆沿着试验车道的中线行驶至高于规定的初速度后置变速器于空挡(自动变速的车辆可置变速器于D位),当滑行到规定的初速度时急踩制动踏板,使车辆停止。

用制动距离检验行车制动性能时,采用速度计、第五轮仪或用其他测试方法测量机动车的制动距离,对除气压制动外的机动车还应同时测取踏板力(或手操纵力)。

用充分发出的平均减速度检验行车制动性能时,采用能够测取充分发出的平均减速度(MFDD)和制动协调时间的仪器测量车辆充分发出的平均减速度和制动协调时间,对除气压制动外的机动车还应同时测取踏板力(或手操纵力)。

4.车轮侧滑检测

汽车前轮定位准确与否对汽车的操纵性、行驶稳定性影响很大,因此转向轮定位是很重要的检测项目。为了保证汽车转向轮直线滚动时无横向滑移现象,要求车轮外倾角与车轮前束有适当配合,否则车轮就可能在直线行驶过程中产生侧滑现象。侧滑现象严重时,将破坏车轮的附着条件,定向行驶能力减弱甚至丧失,致使轮胎异常磨损。在机动车年度审检中,应用侧滑试验台对车轮侧滑进行检测,确保车辆的操纵性和行驶稳定性。

1)汽车侧滑量要求

《机动车运行安全技术条件》(GB 7258—2012)中规定:汽车(三轮汽车除外)的车轮定位应符合该车有关技术条件,车轮定位值应在产品使用说明书中标明。对前轴采用非独立悬架的汽车,其转向轮的横向侧滑量用侧滑台检验时应在±5m/km之间。

2)转向轮侧滑量的检验方法

《机动车运行安全技术条件》(GB 7258—2012)附录中规定:

(1)转向轮横向侧滑量的检验应在侧滑检验台上进行。

(2)将汽车对正侧滑检验台,并使转向盘处于正中位置。

(3)使汽车沿台板上的指示线以3~5km/h的车速平稳前行,在行进过程中不允许转动转向盘。

(4)转向轮通过台板时测取横向侧滑量。

3)检测时的注意事项

(1)不允许超过额定吨位的汽车驶入侧滑检验台,以防压坏或损伤机件。

(2)不允许汽车在侧滑台上转向或制动,否则会影响测量精度和检验台的使用寿命。

(3)前桥驱动的汽车在测试时不能突然踩加速踏板、放松加速踏板或踏离合器踏板,否则会改变前轮受力状态和定位角,影响测量精度。

如果检测的结果不合格,需要分析不合格的原因。若倒滑量偏差较小,一般通过调整就可以使其合格;若侧滑量偏差比较大,可能需要更换部分零部件,甚至需要校正车身才能消除偏差。

5.汽车四轮定位检测

汽车保有量越来越大,公路越来越好,汽车行驶越来越快,对汽车的操纵性要求越来越高。为了保证汽车的行驶稳定性,车轮与车轴之间必须保持正确的位置关系。前轴、后轴的轴线必须相互平行且垂直于汽车纵轴线,车轮的定位角必须正确。汽车在使用过程中,由于各种事故导致悬架的损伤、车身或车架的变形引起车轮定位参数发生变化。不正确的车轮定位参数会导致转向沉重、轮胎异常磨损(俗称“吃胎”)、油耗增加、转向回正困难、行驶跑偏等,这些变化使汽车的操纵稳定性降低,影响行车安全。

车轮定位包括前轮定位和后轮定位,也就是常说的四轮定位。四轮定位的作用就是使汽车能够保持稳定的直线行驶、转向轻便,减少汽车在行驶中轮胎和转向机件的磨损。

四轮定位仪是专门用来测量车轮定位参数的设备。四轮定位仪检测的项目包括前轮前束值/角(前轮前束角/前张角)、前轮外倾角、主销后倾角、主销内倾角、后轮前束值(后轮前束角/前张角)、后轮外倾角、轮距、轴距、转向20°时的前张角、推力角和左右轴距差等。

目前常用的四轮定位仪有拉线式、光学式、电脑拉线式和电脑激光式四种,它们的测量原理都是一样的,只是采用的测量方法或使用的传感器类型及数据记录与传输的方式不同。本书介绍光学式四轮定位仪,如图7-2所示。

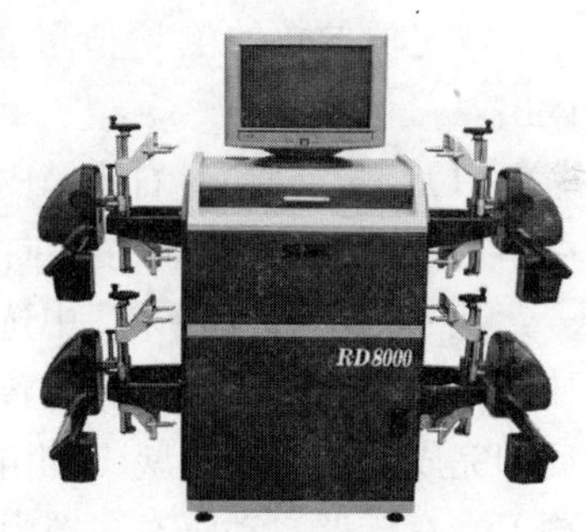

图7-2　四轮定位仪

下面介绍光学式四轮定位仪的试验方法。

1)测量前的准备工作

(1)安装测试投影仪。安装投影仪时必须注意,投影仪上标有“L”的,必须安装在待检车辆行进方向的左边导轨上,标有“R”的放在右边导轨上。

左右两侧投影仪的光学中心必须校准在同一轴线上,以便测量汽车左右轮的同轴度,调整时必须保证两侧投影仪屏幕上的十字刻度线在同一水平面上。

(2)调整投影仪上投光镜的高度。测量待检车轮毂中心距离地面高度,将测量值减去30mm,所得值作为投光镜的高度值,有偏差的通过手柄来调整。

(3)车辆的准备。检测前,被检车辆车轴的状况必须良好,车轮的所有轴承间隙、转向间隙和主销间隙均须检查并经过调整,轮胎气压要符合出厂要求。

2)安装调整

(1)将待检车辆开到定位仪上,后轮停在可以横向移动车辆的后轮滑板中心处,在滑板的下面有滚筒支承,轮毂中心位置与投影仪等高。

(2)安装轮镜。首先根据轮辋直径调整三个卡爪之间的距离,然后将万能轮镜安装架紧固在轮辋边沿上,将带有调整盘的轮镜安装在该架上,支起车轮并轻轻转动一周,若轮镜中心偏离车轴中心超过1cm,应移动轮镜至车轮中心并紧固。

(3)轮镜安装基准调整。由于轮辋的变形和轮镜安装架的安装误差,使夹在车轮上的镜面不垂直于车轮轴心线而造成测量误差。因此,需要进行轮镜安装基准调整(补偿调整)。

支起车轮,打开投影仪开关,轮镜将刻度线的像反射到投影仪的屏幕上,用手慢慢转动车轮,同时观察屏幕上的十字刻度线,若十字刻度线摆动量超过屏幕上一个刻度值时,需要使用三角形布置的调整旋钮调整,直至十字刻度线不摆动为止,然后锁紧。

补偿调整结束后，将转盘置于前车轮下面，落下车辆，后轮置于滑板上，按压车身前部，给汽车悬架施加上下交替的力，使悬架系统处于正常的受力状态，并将前轮向左和向右转动几次，消除转向间隙，最后让转向盘位于中间位置，前轮位于"正前方"位置，拉紧驻车制动器操纵杆。

(4)将车辆摆正定位。定位测量卷尺置于待检车辆的左前侧，用卷尺的磁性座与投影仪的底座相连，垂直于车轮中心线量出至轮辋最低位置问的距离，同样的方法测出右侧的距离，如果左右两侧的距离有差异，调整滑板直到两侧的距离相同为止。

运用同样的方法测出后轮左侧和右侧的数值，左右调整后轮摆正滑板，直至两侧的距离相同为止。

通过上述调整过程消除了前后轮距不等所造成的影响，此时待检车辆刚好位于光学矩形中心位置，保证了该光学系统的测试精度。

3)定位参数的测量

各定位参数的测量值可直接从屏幕上和转盘上读出或从投影仪底座上的刻度尺上读出。

(1)测量前轮左/右主销内倾角。前轮安装传感器及配件，锁紧前轮传感器，后轮传感器可不用，转盘不锁紧，不用转向盘锁定杆，使用驻车制动以防车轮滚动。

从"角度测量选项单"中选择"主销内倾角程序"，转动车轮使转向角显示 0°，等待测量。使左轮向左转动 20°(转向角度显示在屏幕上)，主销内倾角将相对 0°值自动存储，听到声响后即完成。转动转向盘，车轮继续向左转动，直到右边车轮也转过 20°(转向角的值显示在屏幕上)，存储器自动将右主销内倾角存储。

然后将车轮右转 20°(转向角显示在屏幕上)，右轮主销内倾角测量值显示在屏幕上方，右主销内倾角测量完毕。继续转动转向盘，使左轮右转至 20°，左轮主销内倾角测量值也就显示屏幕上，左主销内倾角测量完毕。

比较各测量值，从屏幕显示的颜色判断，白色表示测量值与基准值无偏差，绿色表示测量值在公差范围内，红色表示测量值在公差范围外。

(2)测量前轮左/右主销后倾角。采用与主销内倾角测量相同的操作过程，只是不用驻车制动即可读出数据。

(3)测量左(右)后轮前束角/外倾角。测量后轮前束角和外倾角时，使用四个传感器，使用转向盘锁定杆防止车轮转向，使用驻车制动防止车轮滚动，在"角度测量选项单"中选中"后轮倾角测量程序"，在屏幕上显示左、右侧后轮前束角及外倾角，还可以进一步由两后轮前束角算出推力角。用测量值与原厂值比较，如果测量值正确，可进行下一步操作；如果测量值不正确，则一定要进行调整。

(4)测量左(右)前轮前束角/外倾角，方法同(3)。

6. 汽车前照灯检测

1)前照灯光束照射位置检验方法

(1)屏幕法检测。屏幕法就是借助屏幕检查。检查场地应平整，屏幕与场地垂直。被检验的机动车空载、轮胎气压正常、乘坐一名驾驶人的条件下进行。将机动车停置于屏幕前，并与屏幕垂直，使前照灯基准中心距屏幕 10m，在屏幕上确定与前照灯基准中心离地面距离

H 等高的水平基准线及以机动车纵向中心平面在屏幕上的投影线为基准确定的左右前照灯基准中心位置线，分别测量左右远近光束的水平和垂直照射方位的偏移值。

(2)用前照灯检测仪检验。将被检验的机动车按规定距离与前照灯检测仪对正(车辆摆正装置)，从前照灯检测仪的显示屏上分别测量左右远、近光束的水平和垂直照射方位的偏移值。

(3)检验方法的选择。屏幕检测法需要有一个较大的场地，在检测站很少采用。目前各汽车检测机构和维修企业通常使用前照灯检测仪检测法。

前照灯检测仪分为聚光式、屏幕式、投影式和自动追踪光轴式等几种。目前，汽车检测站大多采用较为先进的自动追踪光轴式前照灯检测仪。无论哪种检测仪都是由接受前照灯光束的受光器、使受光器与汽车前照灯对正的找正装置、前照灯发光强度的指示装置与光轴偏斜量指示装置等组成。

2)自动追踪光轴式前照灯检验仪的检测步骤

(1)检测仪的准备。

①在前照灯检验仪不受光状态下检查光度计和光轴偏斜指示计的指针是否能对准机械零点。若指针失准，可用零点调整螺钉将其调整在零点上。

②检查聚光透镜和反射镜的镜面有无污物或模糊不清的地方。若有，可用柔软的布或镜头纸等擦拭干净。

③检查水准器的技术状况。若水准器无气泡，要进行修理；若气泡不在红线框内时，可用水准器调节器或垫片进行调整。

④检查导轨是否沾有泥土或小石子等杂物，要保证扫除干净。

(2)车辆的准备。

①清除前照灯上的油污。

②轮胎气压应符合汽车制造厂的规定。

③汽车蓄电池应处于充足电状态。

(3)检测开始。

①将汽车尽可能地与导轨保持垂直方向驶近检验仪，使前照灯与检验仪受光器相距3m。

②将车辆摆正找准，使检验仪和汽车对正。

③开亮前照灯，接通检验仪电源，用上下、左右控制开关移动检验仪位置，使前照灯光束射到受光器上。

(4)检测注意事项。

①检验仪的底座一定要保持水平。

②检验仪不要受外来光线的影响。

③必须在汽车保持空载并乘坐一名驾驶人的状态下检测。

④汽车有四只前照灯时，一定要把辅助照明灯遮住后再进行测量。

⑤开亮前照灯照射受光器，一定要把光电池灵敏度稳定后再进行检测。

⑥仪器不用时，要用罩子把受光器盖好。

7.汽车排气污染物检查

1)汽车排气污染物的成分及其危害

随着汽车工业的迅速发展,汽车保有量快速增加,汽车排放的污染物造成的环境污染情况也日趋严重。汽车排放造成的污染对社会、环境和人类的健康威胁已经成为严重的社会问题,因此对汽车排放污染物的监控与防治已到了刻不容缓的地步。为了控制汽车的排放污染,世界各国都将汽车排放作为一项很重要的汽车检测项目。我国也逐步完善了控制汽车排放物的国Ⅰ、国Ⅱ、国Ⅲ、国Ⅳ等标准。自 2007 年 7 月 1 日起,执行最新的《车用压燃式、气体燃料点燃式发动机与汽车排气污染物排放限值及测量方法(中国Ⅲ、Ⅳ、Ⅴ阶段)》(GB1 7691—2005)。要搞好汽车排放污染物的监控与防治,首先要做好汽车排放的检测工作。

汽车排放的污染物主要有:一氧化碳(CO)、碳氢化合物(HC)、氮氧化合物(NO_x)、微粒物(PM)(由炭烟、铅氧化物等重金属氧化物和烟灰等组成)和硫化物等。这些污染物由汽车的排气管、曲轴箱和燃油系统排出,分别称为排气污染物(又称尾气)、曲轴箱污染物和燃油蒸发污染物。此外,还含有氯氟烃(CFCs)和二氧化碳(CO_2)等各种有害成分,直接或间接危害人类的健康。

(1)一氧化碳(CO)。一氧化碳是汽油烃类成分燃烧的中间产物。如果空气充足,理论

上燃料燃烧后不会产生 CO,但当空气不足(氧气不足)即混合气空燃比小于 14.8∶1 时,必然会有部分燃料不能完全燃烧而生成 CO,特别是发动机处于怠速状态时,混合气体过浓,此时发动机工作循环中的气体压力与温度不高,混合气体的燃烧速度减慢,属于不完全燃烧,致使 CO 的浓度增加。在发动机加速负荷范围工作时,或点火过分推迟也会导致尾气中 CO 的浓度增高。CO 是一种无色、无刺激的气体,它能迅速和人体血液中的血红蛋白结合成为一氧化碳血红蛋白,阻止氧的输送。当其在人体血液中的浓度超过 60% 时,会导致人因窒息而死亡。

(2)碳氢化合物(HC)。碳氢化合物总称为烃类,是发动机未燃尽的燃料分解产生的气体。汽车排放污染物中的未燃烃类的 20% ~25% 来自曲轴箱窜气,20% 来自燃油箱的蒸发,其余 55% 由排气管排出。当排出的 HC 总量达到 $500 \times 10^{6} \sim 600 \times 10^{-6}$时就会影响人体健康。它与二氧化氮的混合物在强光照射下可在大气中产生臭氧等过氧化物,对人的眼睛、鼻和咽喉黏膜等处有较强的刺激作用,可引起结膜炎、鼻炎、支气管炎等症状,并伴有难闻的臭味,严重时可致癌。

(3)氮氧化合物(NO_x)。氮氧化合物主要指一氧化氮(NO)和二氧化氮(NO_2),由排气管排出。试验证明供给略稀的混合气(混合气空燃比≥15.5)会增大 NO 的排放量。汽油机排出的氮氧化合物中,NO 占 99%,而柴油机排出的氮氧化合物中 NO_2 比例稍大。高浓度的 NO 会引起人神经中枢的障碍,并且很容易被氧化成剧毒的 NO_2。NO_2有特殊的刺激性臭味,严重时会引起肺气肿。

(4)浮游微粒(PM)。汽油机中主要微粒有铅化物、硫酸盐和低分子物质;柴油机中主要微粒是石墨形的含碳物质(炭烟)和高分子量有机物(润滑油的氧化和裂解产物)。柴油机的微粒数量比汽油机多 30 ~60 倍,成分也比较复杂。特别是炭烟,主要由直径 0.1 ~10.0mm 的多孔性炭粒构成,它会被人体吸入肺部沉淀下来,并且往往黏附有 SO_2 及某些致癌物质,严重危害人体健康。

(5)光化学烟雾。它是指汽车内燃机排气中的 NO_x 和 HC 排入大气后,在紫外线作用下

进行光化学反应，由光化学过氧化物而形成的黄色烟雾。其主要成分是 O_3（一种极强的氧化剂），当其浓度达到 50×10^{-6}时，人就会在 1h 内死亡。

（6）硫氧化物。汽车尾气中硫氧化物的主要成分为二氧化硫（SO_2）。当汽车使用催化净化装置时，就算很少量的 SO_2，也会逐渐在催化剂表面堆积，造成“催化剂中毒”，不但影响催化剂的使用寿命，还危害人体健康，SO_2 还是造成酸雨的罪魁祸首。

（7）二氧化碳（CO_2）。世界工业化进程引起能源大量被消耗，导致大气中 CO_2 剧增，其中约 30% 来自汽车排放物。CO_2 为无色无毒气体，对人体无直接危害，但大气中 CO_2 的大幅度增加，因其对红外热辐射的吸收而形成的温室效应，使全球气温上升，南北极冰川融化，海平面上升，大陆腹地沙漠化趋势加剧，人类和动植物赖以生存的生态环境遭到破坏。因此近年来对 CO_2，的控制已成为研究汽车排放的重要课题。

2）汽车排气污染物的检测

（1）汽油车排气污染物的检测。

汽油车排气污染物的检测标准如下。1979 年 9 月，我国颁布了新中国成立以来第一部综合性的《中华人民共和国环境保护法（试行）》，1983 年发布并于 1984 年实施了《汽车污染物排放标准和测量方法》。其后，又相继制定了几项排放标准，并于 1993 年、1999 年对上述排放标准进行了修订，从严规范了诊断参数和测量方法，使我国治理废气污染走上了较为严格的法制轨道。

《在用汽车排气污染物限值及测试方法》（GB 18285—2000）是参照美国国家环保局标准 EPA-AA-RSPD-IM-96-2《加速模拟工况试验规程、排放标准、质量控制要求及设备技术要求技术导则》制定的，使我国治理在用汽车排气污染更为严格和规范。

2001 年颁布实施的《汽车排放污染物限值及测试方法》（GB 14761—2001）等效采用了联合国欧洲经济委员会（ECE）1995 年 7 月 2 日生效的 ECER83/02《按发动机对燃料的要求类别就污染排放物对车辆的认证规则》的全部内容，采用了国际通用的试验方法，对汽车排放污染物的控制标准达到了欧洲 20 世纪 90 年代初的水平。

2001 年颁布实施的《轻型汽车污染物排放限值及测量方法（Ⅰ）》（GB 18352. 1—2001）、《轻型汽车污染物排放限值及测量方法（Ⅱ）》（GB 18352. 2—2001）等效采用和参照了当时欧洲的最新标准。

2005 年 7 月 1 日起实施的《点燃式发动机汽车排气污染物排放限值及测量方法（双怠速法及简易工况法）》（GB 18285—2005）代替了《汽油车怠速污染物排放标准》（GB 14761 5—1993）、《汽油车排气污染物的测量怠速法》（GB 3845—1993）和《在用汽车排气污染物排放限值及测量方法》（GB 18285—2000）中的点燃式发动机汽车部分。

（2）汽油车排放污染物的检测。

①应保证被检测车辆处于制造厂规定的正常状态，发动机进气系统应装有空气滤清器，排气系统应装有排气消声器，并不得有泄漏。

②应在发动机上安装转速计、点火正时仪、冷却液和润滑油测温计等测量仪器。测量时，发动机冷却液和润滑油温度应不低于 80℃，或者达到汽车使用说明书规定的热车状态。

③发动机从怠速状态加速至 70% 额定转速，运转 30s 后降至高怠速状态。将取样探头插入排气管中，深度不少于 400mm，并固定在排气管上。维持 15s 后，由具有平均值功能的

仪器读取30s内的平均值，或者人工读取30s内的最高值和最低值，其平均值即为高怠速污染物测量结果。对于使用闭环控制电子燃油喷射系统和三元催化转化器技术的汽车，还应同时读取过量空气系数(兄)的数值。

④发动机从高怠速降至怠速状态15s后，由具有平均值功能的仪器读取30s内的平均值，或者人工读取30s内的最高值和最低值，其平均值即为怠速污染物测量结果。

⑤若为多排气管时，取各排气管测量结果的算术平均值作为测量结果。

⑥若车辆排气管长度小于测量深度时，应使用排气加长管。

⑦测量工作结束后，把取样探头从排气管里抽出来，让它吸入新鲜空气5min，待仪器指针回到零点后再关闭电源。

3)柴油车排气污染物的标准及检测

(1)柴油车排气污染物的检验标准。

柴油车排出的烟色有黑烟、蓝烟和白烟三种。其中，以柴油机在全负荷和加速工况时排出的黑色炭烟最为常见。黑烟的发暗程度用排气烟度表示，排气烟度用烟度计检测。烟度计可分为滤纸式、透光式、重量式等多种形式。

根据《在用汽车排气污染物限值及测试方法》(GB 18285—2000)的规定，对于装配压燃式发动机的车辆，按照《汽车排放污染物限值及测试方法》(GB 14761—1999)通过C类认证的车辆进行自由加速排气可见污染物试验，除通过C类认证以外的其他装配压燃式发动机的车辆进行自由加速烟度试验。标准中还规定，自由加速排气可见污染物试验按《在用汽车排气污染物限值及测试方法》(GB 18285—2000)附录B进行，自由加速烟度试验按《柴油车自由加速烟度的测量滤纸烟度法》(GB/T 3846—1993)规定进行。

(2)柴油车排气污染物的检测。

①滤纸法烟度检验。

A. 仪器的准备。

a. 接通电源，进行必要的30rain预热。

b. 按下校准键，插入标准烟度纸校准，屏幕所显示的数值必须与标准烟度纸上的一致，如果不一致用F1键调整。

c. 校准后，取出标准烟度纸按复位键复位，再按测试键开起检测。

d. 检查取样装置和控制装置中各部机件的工作性能，特别要注意脚和手控制的抽气泵开关与抽气泵动作是否同步。

e. 检查控制用压缩空气源的压力和清洗用压缩空气的压力是否符合要求。

B. 车辆准备。

a. 排气系统不得有泄漏。

b. 排气管应能保证取样探头插入深度不小于300mm，否则排气管应加接管并保证接口不漏气。

c. 必须采用生产厂规定的柴油机油和未添加消烟剂的柴油。

d. 柴油机应预热到说明书规定的热状态。

C. 检测程序。

a. 吹除积存物。由怠速工况将加速踏板迅速踏到底，4s后松开，反复3次，以清除排气

系统中的积物。

b. 安装取样探头。将取样探头固定于排气管内,插深等于300mm,并使其中心线与排气管轴线平行。

c. 将踏板开关固定在加速踏板上方。

d. 测量取样。由怠速工况将踏板开关和加速踏板一并迅速踏到底,保持4s后松开,完成第一次检验。

e. 读取示值(自动)或取样(手动)。

f. 相隔11s以后进行第二次检验。

g. 重复检验3次,取3次检验值的算术平均值为排气烟度的检验结果。

②自由加速烟度检测。自由加速烟度的检测应在自由加速工况下,采用滤纸式烟度计,按测量规程进行。

自由加速工况是指柴油发动机在怠速工况(发动机运转,离合器处于接合位置,加速踏板处于松开位置,变速器处于空挡位置,具有排气制动装置的发动机,蝶阀处于全开位置)下,将加速踏板迅速踏到底,维持4s后松开。

A. 仪器准备。

a. 通电前检查指示仪表指针是否在机械零点上,否则用零点调整螺钉使指针与“0”的刻度重合。

b. 接通电源,仪器进行预热。打开测量开关,在检测装置上垫10张全白滤纸,调节粗调及微调电位器,使表头指针与“0”的刻度重合。

c. 在10张全白滤纸上放上标准烟样并对准检测装置,仪表指针应指在标准烟样的染黑度数值上,否则应进行调节。

d. 检查取样装置和控制装置中各部机件的工作情况,特别要检查脚踏开关与活塞抽气泵动作是否同步。

e. 检查控制用压缩空气和清洗用压缩空气的压力是否符合要求。

f. 检查滤纸进给机构的工作情况是否正常;检查滤纸是否合格,应洁白无污。

B. 受检车辆准备。

a. 进气系统应装有空气滤清器,排气系统应装有消声器并且不得有泄漏。

b. 柴油应符合国家规定,不得使用燃油添加剂。

c. 测量时发动机的冷却液和润滑油温度应达到汽车使用说明书所规定的热状态。

C. 测量程序。

a. 用压力为0.3~0.4MPa的压缩空气清洗取样管路。

b. 把抽气泵置于待抽气位置,将洁白的滤纸置于待取样位置,将滤纸夹紧。

c. 将取样探头固定于排气管内,插入深度等于300mm,并使其轴线与排气管轴线平行。

d. 将脚踏开关引入汽车驾驶室内,但暂不固定在加速踏板上。

e. 按照自由加速工况的规定加速3次,以清除排气系统中的积存物,然后把脚踏开关固定在加速踏板上,进行实测。

f. 测量取样,按照自由加速工况的规定和自由加速烟度测量规程,将加速踏板与脚踏开关一并迅速踩到底,持续4s后立刻松开,维持怠速运转,循环测量4次,取后3个循环烟度读数的算术平均值作为所测烟度值。

g. 当汽车发动机出现黑烟冒出排气管的时间与抽气泵开始抽气的时间不同步现象时，应取最大烟度值作为所测烟度值。

h. 在被染黑的滤纸上记下试验序号、试验工况和试验日期等，以便保存。

i. 检测结束，及时关闭电源和气源。

第二节　汽车碰撞安全检测

全世界每年由于汽车事故造成的人员伤亡、财物损失极大，因此各发达国家都对汽车的碰撞安全制定了严格的要求，并且制定了相应的法规。世界各国基本上都是以汽车碰撞试验作为汽车安全性能的评价指标，这些指标的高低可以帮助消费者了解欲购车辆的安全性。

NCAP 是英文 New Car Assessment Program 的缩写，即新车安全评价规程，考验汽车安全性能的一系列碰撞测试。它是一个行业性组织，定期将企业送来或者市场上出现的新车进行碰撞试验，它规定的实车碰撞速度往往比政府制定的安全法规的碰撞速度要高，从而在更严重的碰撞环境下评价车内乘员的伤害程度，根据头部、胸部、腿部等主要部位的伤害程度将试验车的安全性进行分级。尽管 NCAP 不是政府强制性试验，但由于它代表性广泛、标准科学、试验严格、组织公正，直接面向消费者公布试验结果，通过碰撞测试向消费者表示什么汽车是安全的或是最安全的，为消费者所关心，各大汽车企业也都非常重视 NCAP，把它作为汽车开发的重要评估依据，在 NCAP 试验中取得良好成绩的厂家也将试验结果作为产品推广的宣传内容。由于各国 NCAP 结论的权威性都远高于政府安全法规，保险公司也将 NCAP 结论作为制定不同车辆保费的主要依据。

严格的试验条件是保证评价结果客观准确的重要前提。因此国外 NCAP 试验时普遍都具备高水平的测试设备和专业能力。但是，各国 NCAP 在组织实施方式、试验规程和评分方法上有明显不同，这与各国在法规体系、道路交通事故统计和车辆状况等方面存在的差异密切相关。

一、汽车碰撞安全检测的内容

1. EuroNCAP

1) Euro NCAP 简介

欧洲作为全球汽车制造领域具有实力的地区，不仅拥有最多的汽车生产企业，也有着最为成熟完善的消费环境。Euro NCAP 全称 Euro New Car Assessment Programme（欧盟新车安全评价规程），它始创于 1997 年，宗旨是检验欧洲各国市场上销售的各类车型在安全性方面的表现，为消费者提供真实可信的参考信息。

EuroNCAP 由欧洲 5 个国家的政府倡导，组织成员来自法国、德国、荷兰、瑞典、西班牙、英国等，并得到国际汽车联合会 FIA、德国赛车协会 ADAC 等汽车运动组织的协助。除定期对市场销售的车型进行撞击测试并公布结果外，NCAP 还会对在现实中发生的交通事故以及伤亡数据作统计分析，向汽车生产企业提供指导和改进建议，这项工作主要由瑞典国家安全局（SNRA）和安全顾问评级委员会（SARAC）负责。

2) Euro NCAP 测试项目及方法

EuroNCAP 现行的碰撞测试项目包括了车速 64km/h 的 40% 重叠可变性壁障碰撞，车速 50km/h 的侧碰、柱碰、儿童乘员保护；车速 40km/h 的行人保护测试、头颈保护（追尾保护）、ESC 装备情况、安全带提醒、限速装置等，测试结果通过五分制加权评分系统对车辆进行打分以查看综合性能。

各个项目对应的测试方法如下：

(1) 前方 40% 偏位撞击——为了模拟前方有障碍物或车辆的状况，Euro NCAP 在前方撞击时以车速 64km/h 占车头面积 40% 的驾驶侧偏位方式撞击刚性壁搭配蜂巢铝装置进行测试，只有少数右驾车型以右前为撞击点，大多数受测车都是撞击左前方（左驾）左驾。

(2) 侧方撞击——侧方撞击测试是模拟车辆在遭受侧向来车撞击时，评断车身对乘员的防护能力。测试时受测车静止停放，以前端装置蜂巢铝块的车辆加速至 50km/h 撞击受测车侧，其撞击面必须涵盖前后车门。

(3) 侧方圆柱体撞击——圆柱体撞击为 Euro NCAP 自 2009 年起新增加的测试项目，方法是将受测车固定于承载台车上，透过气动系统推动台车加速至 29km/h，以 B 柱区域为撞击点，撞击固定的刚性圆柱。由于此项测试具有高侵入性，在严苛的条件下表现良好的车款并不多。

(4) 模拟后方撞击——交通事故中遭受后方追撞的概率相当高，Euro NCAP 同样从 2009 年起新增加了后方撞击模拟测试，做法是将测试车座椅固定于台车上，以低、中、高三种速度模拟后撞加速度，并检查座椅、头枕对前座乘客头部颈部抵销撞击后甩鞭效应的程度。

Euro NCAP 在车辆碰撞时邀请生产企业直接参与以示公正性，还允许其产品有两次碰撞机会，当厂家获知初次碰撞结果不理想时，会对产品进行改进或安装安全装置，再进行第二次碰撞，以获得最好的成绩为准。NCAP 评价的前提必须是同质量等级的汽车之间碰撞安全性能的比较，不同质量等级的汽车之间进行碰撞安全性能比较是没有意义的。

Euro NCAP 是独立于汽车公司与政府的组织——欧盟汽车协会对新车安全评价采用的一个规程，是世界上最严格的车辆安全评价规程之一。由于 Euro NCAP 已树立良好的公信力及口碑，各大车厂也都乐于配合并以测试结果作为营销参考。该规程与政府安全法规有以下区别：

(1) 政府安全法规是定性的结论，即只有合格与不合格的结论。而 Euro NCAP 通过评分的方式，将车辆的安全性评为五等，即便是处于同一档次，其分数也有高低，因此是定量的、比较性的评价。

(2) 政府安全法规试验过程与结论都是不公开的，Euro NCAP 包括试验过程在内的全评价过程都是向公众开放的、公正透明的，其结论也必须定期公布。

2. 美国的 NCAP

美国主要存在有 NHTSA NCAP 碰撞测试和 Ⅱ HS NCAP 碰撞测试两种测试。具有政府背景的 NHTSA（National Highway Traffic Safety Administration，美国高速公路安全管理局）碰撞测试作为市场准入标准的碰撞测试，目的是为了保障基本的碰撞安全性，试验合格就可以上市销售。NHTSA NCAP 碰撞测试从 20 世纪 70 年代开始实施，由 56km/h、100% 正面重叠碰撞测试，61km/h、27°夹角侧面碰撞测试和侧翻概率测试三项组成。

1995 年，主要由北美各大保险公司注资的 IIHS（Insurance Institute for Highway Safety，高速公路安全保险协会）作为非营利性独立的检测机构进行的 NCAP 碰撞测试则采取比政府更高的标准，就是 64km/h、40% 正面重叠碰撞试验和 50km/h 侧面碰撞试验。Ⅱ HS NCAP 坚持客观公正的原则，对市场上的汽车产品进行高标准和高区分度的测试，向消费者和保险公司提供负责的结果报告。他们属于不同的评价体系，前者是底线和门槛，后者则是指导用户消费的标准。

美国的碰撞测试与欧洲稍有不同，其碰撞的车速稍慢，而其评估指标则分为正面碰撞中驾驶人和乘客保护、侧面碰撞中驾驶人和乘客保护，以及滚翻事故中乘员保护等 5 项，但与欧洲方面的碰撞测试没有本质的区别。

在前方遇到紧急情况时，人的自然反应之一就是打方向，幸运的话，这能让人逃过一劫，若不幸依然撞上障碍物，此举便会使碰撞点偏离车辆中线，碰撞面积也大大减小。碰撞测试模拟的 40% 重叠面碰撞其实就是为了模拟这种情况。而按照 IIHS 的数据，大约有 1/4 的汽车前排成员重伤或者死亡事故都是发生在此类重叠面低于 25% 的碰撞中。碰撞过程中车辆的情况如图 7-3 所示。

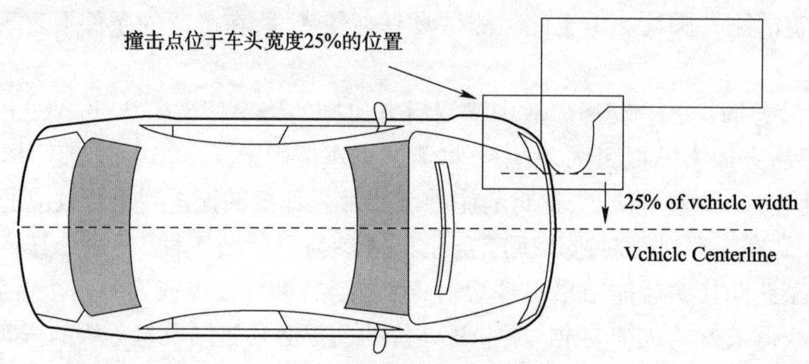

图 7-3　小重叠面碰撞示意图

从图中分析可见，这种小重叠面碰撞对很多轿车来说，很可能避开了车辆的纵梁，碰撞能量无法通过车辆纵梁的变形来吸收。碰撞对车辆的损坏从保险杠、悬架、车轮等结构开始，随即就会破坏车门和乘员舱，有些车的车轮和悬架甚至会跑到乘员舱里。这种情形很可能造成碰撞侧车身严重受损，甚至被撕开（最极端的情况可以连同驾驶人的左边肢体）的情况。A 柱也更容易会发生变形，变得离驾驶人的头部更近。

由于碰撞位置离车辆重心相对比较远，可能会导致车身旋转，而驾驶人头部会因为惯性撞向 A 柱，正面气囊却很可能因为碰撞过程中转向柱的变形而向右偏移，于是在正面气囊和侧面头部气囊（如果车辆有配备并且顺利弹出了的话）之间的 A 柱——也就是头部撞向的方向，刚好失去了气囊的保护。溃缩不足的转向柱以及变形的内饰零件也会伤及人体。如果乘员舱结构不够坚固的话，驾驶人还会被困车内，耽误宝贵的救援时间。

于是，自 2012 年 2 月开始，IIHS 启动“小面积重叠碰撞测试”，也就是测试车以 64km/h 的速度，用车辆前部驾驶人一侧大约车宽 25% 的面积去撞击一个 5ft 高的刚性屏障，主要模拟现实中与对面来车、路边的树、电线杆等发生碰撞这样的事故。IIHS 会根据车身结构、假人约束和假人受伤情况三个方面分别进行评价，最终的成绩分为四个等级，分别是 good（优秀）、Acceptable（良好）、Marginal（及格）、Poor（差）。

3. 日本的 J-NCAP

NCAP 在日本被称为“汽车安全性评估”，也有人称作 J-NCAP，全部的新车都要进行安全标准的汽车认证测试，这项标准被严格地实施。与欧美国家不同，日本政府并没有针对汽车安全性评价的法律规定，日本新车碰撞测试方法（J-NCAP）及评价标准是由国家出资，由日本国土交通省、汽车事故对策机构、汽车行业专家和消费者代表四方组成的汽车测试评价讨论会来确定的。

对使用者而言选择更加安全的车，这个标准就成了一个可信度较高的信息，而且可以促使汽车生产制造厂商对车辆进行提高安全性的改进工作。在试验细则方面，由于日本汽车产品多数都要出口欧美市场，因此日本汽车碰撞试验很大程度上借鉴了欧美标准。

J-NCAP 由对新车的安全性能的 3 个碰撞测试和制动性能测试，从 2004 年引进了“行人安全性”的评价体系，考量对行人头部的保护性能，共 5 个测试项目构成，商用车部门的测试也从 2004 年启动。

正面完全碰撞：把测试车的前面全部与墙壁碰撞，J-NCAP 的规定是 55km/h 正面碰撞，用驾驶座位和乘客座位坐了的实验用假人受到碰撞时受到伤害的程度作为评价依据。如图 7-4所示是正面完全碰撞。在正面碰撞项目中，日本有两种碰撞形式，100% 重叠率的刚性壁障和 40% 重叠率的可变形壁障。兼顾美国和欧洲两种形态的正面碰撞，即 100% 重叠率的刚性壁障碰撞和 40% 重叠率的可变形壁障碰撞。100% 刚性壁障的碰撞速度是 55km/h，40% 可变形壁障的碰撞速度是 64km/h。

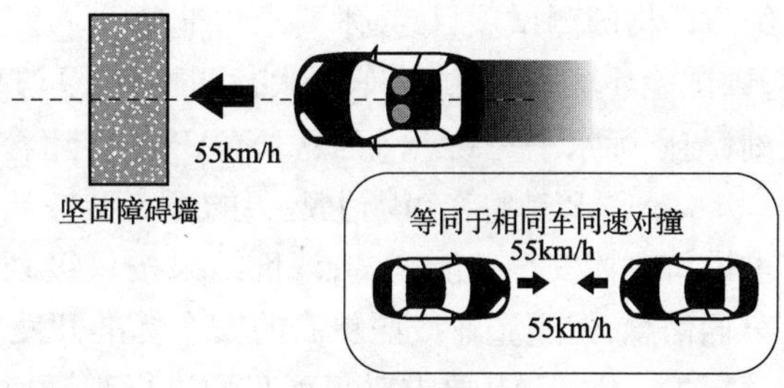

图 7-4　正面完全碰撞

正面交错碰撞：测试车前面的一部分撞上障碍物，J-NCAP 规定以 64km/h 使驾驶座位侧面撞向占车体 40% 宽度的障碍物上，图 7-5 所示是正面交错碰撞。

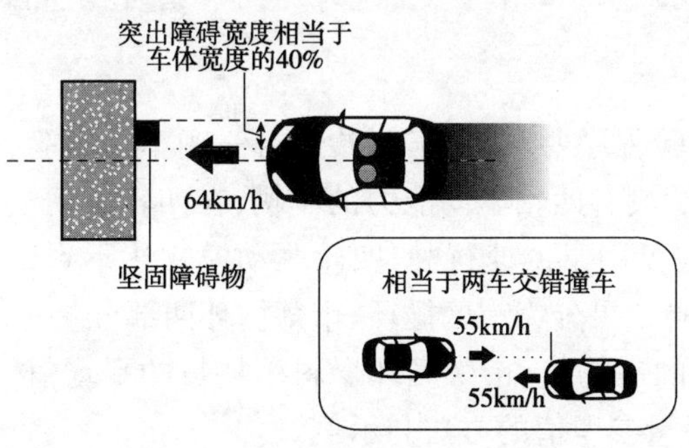

图 7-5　正面交错碰撞

侧面碰撞：是将测试车静止，用一台碰撞车撞击测试车的驾驶座位侧面，J-NCAP 用的碰撞车质量为 950kg（以日本小型车 1300cm^3 排量的平均质量为标准），以 55km/h 进行碰撞。结果则由驾驶座位专用的实验用假人受伤害程度作为测量标准，图 7-6 所示是侧面碰撞。在侧面碰撞方面，欧美之间在试验形态和试验用假人等方面尚未达到一致，日本更多参考欧洲法规。

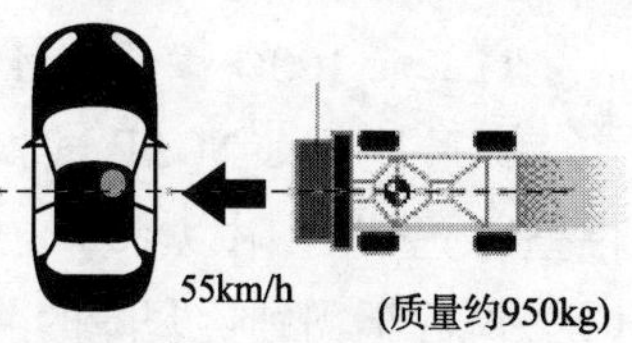

图 7-6　侧面碰撞

制动性能测试：100km/h 直线行驶的汽车突然制动的时候，测试其制动距离。分别在干燥路面和湿滑路面进行，温度条件分别是干燥路面 35.0℃ ±10.0℃ 和湿润路面 27.0℃ ±5.0℃，记录从踩制动踏板之后到停止之前的距离。

行人保护是 J-NCAP 一个独立的评价项目,目前只有欧洲和日本有。J-NCAP 的行人保护与欧洲的试验方法略有不同。日本儿童和成人的碰撞速度与角度(行人撞击发动机罩)都是考虑了日本本国居民的情况下设定的。测试时,以 35km/h 将假人头部撞击到车的某个部位,测量其伤害值,假想成以 44km/h 的速度和行人撞上的情况。

日本碰撞成绩也是采取 5 星标准,把大多数车辆都能取得的点数作为基础分 1 星,超过基础分的部分均等分割,分成 5 个星级。

4. 我国的 C-NCAP

1)C-NCAP 简介

中国汽车技术研究中心在深入研究和分析国外 NCAP 的基础上,结合我国的汽车标准法规、道路交通实际情况和车型特征,并进行广泛的国内外技术交流和实际试验确定了 C-NCAP的试验和评分规则。与我国现有汽车正面和侧面碰撞的强制性国家标准相比,不仅增加了偏置正面碰撞试验,还在两种正面碰撞试验中在第二排座椅增加假人放置,以及更为细致严格的测试项目,技术要求也非常全面。C-NCAP 对试验假人及传感器的标定、测试设备、试验环境条件、试验车辆状态调整和试验过程控制的规定都要比国家标准更为严谨和苛刻,与国际水平一致。今后,C-NCAP 还将随着技术的发展进行完善。

C-NCAP 是将在市场上购买的新车型按照比我国现有强制性标准更严格和更全面的要求进行碰撞安全性能测试,评价结果按星级划分并公开发布,旨在给予消费者系统、客观的车辆信息,促进企业按照更高的安全标准开发和生产,从而有效地减少道路交通事故的伤害及损失。C-NCAP 要求对每种车型进行车辆速度 50km/h 与刚性固定壁障 100% 重叠率的正面碰撞、车辆速度 56km/h 对可变形壁障 40% 重叠率的正面偏置碰撞、可变形移动壁障速度 50km/h 与车辆的侧面碰撞三种碰撞试验,根据试验数据计算各项试验得分和总分,由总分多少确定星级。评分规则非常细致严格,最高得分为 51 分,星级最低为 1 星级,最高为 5 +。

2)C-NCAP 评价方法

燃料消耗量评价方法如下。

(1)燃料消耗量试验要求。按照 C-NCAP 试验程序要求,每车型共进行三辆车的试验,每辆车进行一次试验。试验前,车辆不进行磨合。具有四轮驱动能力的车辆,在四轮驱动模式下进行试验。如果生产厂家规定四轮驱动模式仅用于低速行驶,四轮驱动模式达不到试验循环最高车速,可使用两轮驱动模式试验。试验结果分为市区循环、市郊循环两部分。

(2)评价。发布三辆车市区循环燃料消耗量的平均值、市郊循环燃料消耗量的平均值,并给出按照市区和市郊里程分布来计算燃料消耗量参考值的方法和示例。

二、C-NCAP 试验项目

1. 正面 100% 重叠刚性壁障碰撞试验

试验按照 C-NCAP 试验程序进行,如图 7-7 所示,试验车辆 100% 重叠正面冲击固定刚性壁障,壁障上附以 20mm 厚胶合板。碰撞速度为 50 ~ 51km/h(试验速度不得低于 50m/h)。试验车辆到达壁障的路线在横向任一方向偏离理论轨迹均不得超过 150mm。在前排驾驶人和乘员位置分别放置一个 Hybrid Ⅲ型第 50 百分位男性假人,用以测量前排人员受伤害情况。在第二排座椅最左侧座位上放置一个 Hybrid Ⅲ型第 5 百分位女性假人,最右侧座位上放置一个 P 系列 3 岁儿童假人,用以考核乘员约束系统的性能及对儿童乘员的保护,暂不对第二排假人伤害指数进行评价,但利用儿童假人头部指标作为判断儿童座椅固定方式是否失效的依据之一。若车辆第二排座椅 ISOFIX 固定点仅设置于左侧,可以将女性假人放置的位置与儿童约束系统及儿童假人调换。

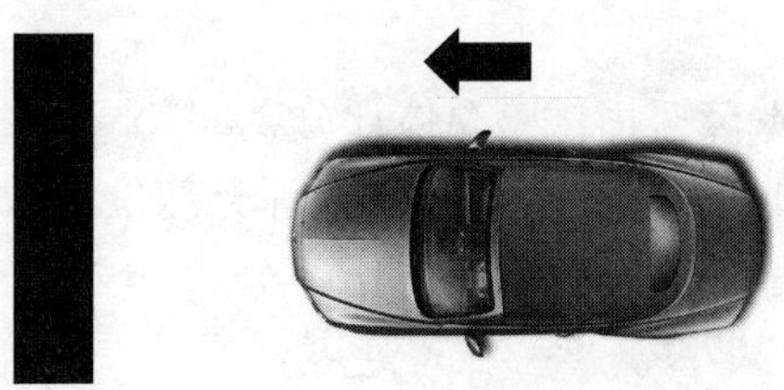

图 7-7　正面 100% 重叠刚性壁障碰撞试验

2. 正面 40% 重叠可变形壁障碰撞试验

试验按照 C-NCAP 试验程序进行,如图 7-8 所示,试验车辆 40% 重叠正面冲击固定可变形壁障。碰撞速度为 56 ~ 57km/h(试验速度不得低于 56km/h),偏置碰撞车辆与可变形壁障碰撞重叠宽度应在 40% 车宽 ~20mm 的范围内。在前排驾驶人和乘员位置分别放置一个 Hybrid Ⅲ型第 50 百分位男性假人,用以测量前排人员受伤害情况。在第二排座椅最左侧座位 E 放置一个 Hybrid Ⅲ型第 5 百分位女性假人,试验时该假人需佩戴安全带,用以考核乘员约束系统的性能,暂不对该假人伤害指数进行评价。在试验中需测量 A 柱、转向管柱和踏板变形量。

图 7-8　正面 40% 重叠可变形壁障碰撞试验

3. 可变形移动壁障侧面碰撞试验

试验按照 C-NCAP 试验程序进行,如图 7-9 所示,在移动台车前端加装可变形蜂窝铝,移动壁障行驶方向与试验车辆垂直,移动壁障中心线对准试验车辆 R 点,碰撞速度为 50 ~ 51km/h(试验速度不得低于 50km/h)。移动壁障的纵向中垂面与试验车辆上通过碰撞侧前排座椅 R 点(车辆 R 点是通过移动式三坐标仪进行测量的。三坐标仪需要在一个特定的平面上建立坐标系,坐标系各轴方向与车身坐标系相同)的横断垂面之间的距离应在 ±25mm 内。在驾驶人位置放置一个 EuroSID Ⅱ型假人,用以测量驾驶人位置受伤害情况。在第二

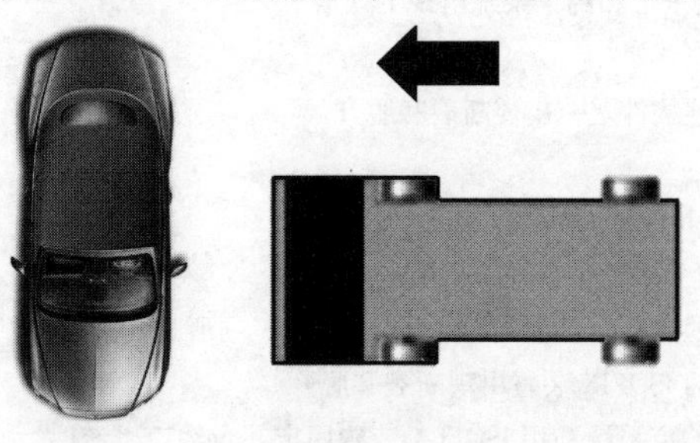

图 7-9　可变形移动壁障侧面碰撞试验

排座椅被撞击侧放置 SID-Ⅱs(D 版)假人并使用安全带,用以考核乘员约束系统的性能及对第二排乘员的保护。暂不对该假人伤害指数进行评价。

三、汽车碰撞评价标准

1. 试验评分原则

1)正面 100% 重叠刚性壁障碰撞试验总体评分

在这项试验中,可以得到的最高分数为 16 分,评分部位为假人的头部、颈部、胸部、大腿部和小腿部,每个部位最高得分分别为 5 分、2 分、5 分、2 分和 2 分。正面 100% 重叠刚性壁障碰撞试验总体评分原则见表 7-1。

正面 100% 重叠刚性壁障碰撞试验总体评分原则 表 7-1

<table>
<tr><th>部位</th><th>部 位 罚 分 项</th><th>得分</th><th>总分</th></tr>
<tr><td>头部</td><td>对于驾驶人侧假人,若转向管柱产生向上位移量,则其头部得分应被修正,修正值为 0 ~ -1</td><td>0 ~ 5</td><td rowspan="12">0 ~ 16</td></tr>
<tr><td>颈部</td><td>—</td><td>0 ~ 2</td></tr>
<tr><td>胸部</td><td>对于驾驶人侧假人,若转向管柱产生向后位移量,则其胸部得分应被修正,修正值为 0 ~ -1</td><td>0 ~ 5</td></tr>
<tr><td>大腿</td><td>—</td><td>0 ~ 2</td></tr>
<tr><td>小腿</td><td>—</td><td>0 ~ 2</td></tr>
<tr><td rowspan="7">总体罚分项</td><td>对于两侧的每一个车门,若在碰撞过程中开启,则分别减去 1 分</td><td rowspan="7">总体罚分最高限定 4 分</td></tr>
<tr><td>对于前排驾驶人侧和乘员侧的安全带,若在试验过程中失效,则分别减去 1 分</td></tr>
<tr><td>将假人从约束系统中解脱时,如果发生了锁止且通过在松脱装置上施加超过 60N 的压力仍未解除锁止,则分别减去 1 分</td></tr>
<tr><td>若第二排假人及儿童约束系统固定方式(包括成人用安全带或 ISOFIX 固定装置)失效,则减去 1 分</td></tr>
<tr><td>试验后,对应于每排座位,若有门且在不使用工具的前提下,两侧车门均不能打开,则该排对应减去 1 分</td></tr>
<tr><td>碰撞试验后,若燃油供给系统存在液体连续泄漏且在碰撞后前 5min 平均泄漏速率超过 30g/min,则减去 2 分</td></tr>
</table>

注:(1)成人安全带失效是指安全带和约束系统出现下列情形之一:

①安全带织带断裂。

②安全带带扣、调节装置、连接件之一出现断裂和脱开。

③卷收器未能正常工作。

④有乘员下潜现象出现(Submarine Effect)。

(2)儿童约束系统固定装置失效是指出现下列情形之一:

①用于固定儿童约束系统的成人安全带出现上述(1)中前三项所述的失效。

②用于固定儿童约束系统的 ISOFIX 装置出现断裂和脱开。

③用成人安全带固定儿童约束系统和用 ISOFLX 装置固定儿童约束系统时,由于成人安全带或 ISOFIX 装置的原因而导致儿童假人头部与车辆内部有接触,并且儿童假人的头部 3ms 合成加速度值超过 72g。

评分以驾驶人侧假人的伤害指数为基础，只有当乘员侧假人相应部位的得分低于驾驶人侧假人相应部位的得分时，才采用乘员侧相应部位得分来代替。对于每个假人，基本的评分原则是：定高性能指标限值和低性能指标限值，分别对应每个部位的最高得分和0分；若同一部位存在多个评价指标，则采用其中的最低得分来代表该部位的得分；所有单项得分保留到小数点后两位。

2）正面40%重叠可变形壁障碰撞试验总体评分

在这项试验中，可以得到的最高分数为16分，评分部位为假人身体区域被分为16分，按照试验假人身体区域被分成4组，每组最高得分均为4分。具体分组为：

第1组：头颈。

第2组：胸。

第3组：膝盖、大腿、骨盆。

第4组：小腿、脚及脚踝。

评分标准以驾驶人侧假人的伤害指数为基础，只有当乘员侧假人相应部位的得分低于驾驶人侧假人相应部位的得分时，才采用乘员侧相应部位得分来代替。对于每个假人，基本的评分原则是：对于每个指标，设定高性能指标限值和低性能指标限值，分别对应每个部位的最高得分4分和0分；若同一组中存在多个身体部位的评分，则采用其中的最低得分部位来代表该组的得分；若同一部位存在多个评价指标，则采用其中的最低得分来代表该部位的得分；所有单项得分保留到小数点后两位。正面40%重叠可变形壁障碰撞试验总体评分原则见表7-2。

正面40%重叠可变形壁障碰撞试验总体评分　　表7-2

组号	部位	部位罚分项	得分	总分
第一组	头、颈	对于驾驶人侧假人，若转向管柱向上位移量过大，则其头部得分应被修正，修正值为0～－1	0～4	
第二组	胸部	对于驾驶人侧假人，若A柱向后位移量过大以及转向管柱向后位移量过大，则其胸部得分应被修正，修正值为0～－2和0～－1	0～4	
第三组	膝、大腿及骨盆	—	0～4	
第四组	小腿、脚及脚踝	对于驾驶人侧假人，若踏板向后和向上位移量过大，则其得分应被修正，修正值为0～－1	0～4	
总体罚分项		对于两侧的每一个车门，若在碰撞过程中开启，则分别减去1分	总体最高限定4分	0～16
		对于前排驾驶人侧和乘员侧以及第二排假人所放置座位的安全带，若在试验过程中失效，则分别减去1分		
		将假人从约束系统中解脱时，如果发生了锁止且通过在松脱装置上施加超过60N的压力仍未解除锁止，则分别减去1分		
		若第二排假人及儿童约束系统固定方式（包括成人用安全带或ISOFIX固定装置）失效，则减去1分		
		试验后，对应于每排座位，若有门且在不使用工具的前提下，两侧车门均不能打开，则该排对应减去1分		
		碰撞试验后，若燃油供给系统存在液体连续泄漏且在碰撞后前5min平均泄漏速率超过30g/min，则减去2分		

3)可变形移动壁障侧面碰撞试验总体评分

在这项试验中,最高可以得到的分数为16分,评分部位为头部、胸部、腹部和骨盆,每个部位最高得分均为4分。基本的评分原则是:设定高性能指标限值和低性能指标限值,分别对应每个部位的最高得分4分和0分:若同一部位存在多个评价指标,则采用其中的最低得分来代表该部位的得分;所有单项得分保留到小数点后两位,具体评分原则见表7-3。

可变形移动壁障侧面碰撞试验总体评分原则　表7-3

部　位	部位罚分项	得分	总分
头部	—	0~4	
胸部	对于驾驶人侧假人,若转向管柱产生向后位移量,则其胸部得分应被修正,修正值为0~-1	0~4	
大腿	—	0~4	
小腿	—	0~4	
总体罚分项	对于两侧的每一个车门,若在碰撞过程中开启,则分别减去1分	总体罚分最高限定	0~16
	对于前排驾驶人侧和乘员侧以及第二排假人所放置座位的安全带,若在试验过程中失效,则分别减去1分		
	碰撞试验后,若燃油供给系统存在液体连续泄漏且在碰撞后前5min平均泄漏速率超过30g/min,则减去2分		

2.加分项。总体最高加分为3分。

(1)安全带提醒装置。对于配置有安全带提醒装置的车辆可得到加分,该项目最高加分为1分。

对于驾驶人位置:该位置安全带提醒装置信号必须包含听觉信号形式,若驾驶人未佩戴安全带,则听觉信号在下列条件之一时必须被激活:

①车辆已发生向前运动60s。

②车辆已发生向前运动500m。

③车辆的向前行驶速度已超过25km/h。

若驾驶人位置安全带提醒装置满足上述要求,则可得0.5分加分,否则不加分。

对于前排乘员位置:若前排乘员位置上有安全带提醒装置(对提醒信号形式无要求),并且该位置同时具有座椅使用状态监测功能(即若该座椅未被使用,则该位置的安全带提醒装置应自动处于失效状态),则相应得到0.5分加分。

(2)侧面安全气囊和气帘。对于配置有侧面安全气囊和气帘的车辆,若该气囊和气帘在可变形移动壁障侧面碰撞试验中能正常展开,则可得1分加分。

(3)ISOFIX固定装置。对于配置有ISOFIX固定装置的车辆(车辆上必须有两组ISOFIX固定装置,且其中一组位于后排),若该装置在正面100%重叠刚性壁障试验中未失效,则可得1分加分。

3.得分与星级评价。

将三项试验得分及加分项得分求和并四舍五入保留到小数点后一位,记为总分。在C-NCAP中最高得分为51分,为达到相应星级,试验总分必须满足下面的总分评价原则:

首先根据总分,按照以下星级评分标准对试验车辆进行星级评价。

总　分	星　级
≥50 分	5 +（★★★★★☆）
≥45 分且 <50 分	5（★★★★★）
≥40 分且 <45 分	4（★★★★）
≥30 分且 <40 分	3（★★★）
≥15 分且 <30 分	2（★★）
<15 分	1（★）

其次，对于根据总分评价出的5 星级车和4 星级车，还必须分别满足下列条件：

对于5 星级车，在三项试验中，假人的特定部位不能为0 分，否则该车将被降为4 星级车。在正面100% 重叠刚性壁障碰撞试验和正面40% 重叠可变形壁障碰撞试验中，特定部位为头部、颈部和胸部；在可变形移动壁障侧面碰撞试验中，特定部位为头部、胸部、腹部和骨盆。

对于4 星级车，在三项试验中，每项试验的得分不能低于10 分，否则该车将被降为3 星级车。

例如某车的总得分为47 分，按照总分，该车可评定为5 星级车，但在正面100% 重叠刚性壁障碰撞试验中，假人胸部得分为0 分，则该车的最终评定只能为4 星级。

又如某车的总得分为41 分，按照总分，该车可评定为4 星级车，但在正面40% 重叠可变形壁障碰撞试验中的得分仅为9 分，则该车的最终评定只能为3 星级。

第八章 新汽车的定价

第一节 新汽车的价格

一、新汽车价格构成

这里的汽车价格是指纯车价。

从经济学原理上讲,价值决定价格。汽车也不例外,汽车价值决定汽车价格,汽车价格是汽车价值的货币表现,但在市场经济的环境中,由于受汽车市场供求关系等因素的影响,汽车价格表现得非常活跃,价格时常与价值产生偏离,有时价格低于价值,有时价格高于价值。在价格形态上的汽车价值转化为汽车价格构成的四个要素是开发与生产成本、流通费用、政府税金和企业利润。

1. 开发与生产成本

开发与生产成本是汽车价格构成的重要组成部分,是制定汽车价格的重要依据。在汽车发达国家,一个新车型的开发成本,往往在3亿美元左右,而我国汽车多以"拿来主义"为主,开发成本往往远远小于这个数字。我国汽车成本中的开发成本很小,生产成本中劳动力成本也较发达国家要低得多。

2. 汽车流通费用

汽车流通费用是产生于汽车生产企业向最终消费者转移过程各个环节之中的,并与汽车转移的时间、距离相关,是汽车成本构成必不可少的因素。

3. 政府税金

政府税金是指政府向生产企业征收的税金,是汽车生产环节的税金。它包括地方税金和国家税金。税金的多少直接影响汽车的价格。

4. 企业利润

企业利润是汽车生产者和汽车经销者为社会创造价值的表现形态,是汽车价格构成的必要因素,是企业扩大再生产的重要保证。

二、影响新汽车价格的因素

价格是价值的货币表现形式,价格在表现价值上受到价值的制约,价格围绕价值上下波动。在市场经济条件下,特别是由卖方市场向买方市场转换时,汽车价格波动激烈,可能经常偏离价值。除此之外,影响新车价格波动的因素主要还有以下几个方面。

1. 汽车特质

所谓汽车特质,是指汽车本身的品质特征,包括汽车的质量、性能、造型、配置、服务等内容,对消费者产生吸引力的往往就是汽车的特质。汽车特质一方面决定了汽车的研发与生产成本的高低,同时也很大程度上影响了消费者的购买意向,所以汽车特质是影响汽车价格的首要因素。

消费者购买汽车时往往首先关注的就是汽车特质。所以,汽车生产企业要根据选定的目标市场,根据目标客户的要求,推出相应特质的汽车产品,在此基础上,根据汽车特质给顾客带来的认知价值的高低进行汽车产品价格的确定。

2. 市场需求

对于同一汽车产品,假设没有其他因素的影响,那么,汽车的价格越低,市场需求量就会越大。对于企业来说,在进行新车定价时,对于中高档汽车,可以维持较低产量,而实行较高的价格;而对于大众化的普及的经济型、紧凑型汽车则应该降低价格,扩大市场需求,提高销量,从而维持较高的市场占有率。如 2008 年北京国际车展上展出的布加迪豪华轿车凝聚着世界顶级的汽车设计理念和制造技术,以 2500 万元/辆的价格亮相仅 2h 就接到了来自国内的第一笔订单。布加迪作为大众旗下的顶级豪华跑车品牌,始终保持着极低的产量,这也为其带来了极高的收藏价值,是各国权贵用来炫耀身份的御用座驾。

而奇瑞 QQ 作为一款专为时尚人群打造的小车,采取较低的价格迅速打开市场并占领市场,短短的 5 年时间就成为中国汽车工业史上最具影响力的汽车品牌之一。

3. 市场供给

在汽车市场上,处在同一层次的汽车产品的定价往往会影响到汽车产量的变化。一般地,当汽车定价较高、利润空间较大时,必然会吸引竞争对手进入同一竞争市场,供给增加;当汽车价格降低、利润降低时,就会导致某些企业退出竞争市场。而汽车价格的高低,往往是竞争力强的企业定价自由度大,竞争力弱的企业只能追随定价,自由度较小。例如,在微型轿车市场上,主要品牌有天津夏利、吉利、奥拓等,其中夏利产品成熟,产量较大,主导着市场,所以夏利的定价往往会影响吉利、奥拓等微型轿车的定价。

当然,市场供给量达到一定程度后,市场竞争激烈,又会导致汽车价格的下降,自进入 21 世纪以来,我国汽车价格的大幅度下降就是例证。

4. 市场竞争环境

首先,从行业的竞争程度看,如果汽车行业垄断程度较高,汽车生产厂家就会减少供给,导致供不应求,使消费者选择的自由度小,汽车可以定以较高的价格,企业获取垄断利润;相反,如果汽车市场竞争程度较高,汽车同质化程度较大,市场供求趋于平衡,甚至供大于求,企业就必须根据自身的实力和市场策略来选择合适的价格策略。其次,现在的汽车市场竞争激烈,从市场上汽车价格的动态变化上看,竞争对手之间调整汽车价格是常有的事情。如果竞争对手调整汽车价格,要认真分析对手调价的目的以及调价后市场的反应,然后采取有针对性的多样化的顾客增值模式进行应对,防止盲目地跟随竞争对手进行价格调整,要化被动为主动。

5. 法律法规

为了维护国家利益、社会公共利益以及本国消费者的基本利益,维持正常的汽车市场秩序,保障国民经济的稳定发展,任何国家都制定了一系列的法律法规来规范汽车市场,这些法律法规都直接或间接地影响着汽车的价格。如国家为了对汽车进口进行有效控制,不同的时期规定了不同的进口汽车关税,影响着汽车价格水平;财政部、国家税务总局2008年8月13日发布通知,从2008年9月1日起调整汽车消费税政策,提高大排量乘用车的消费税税率,降低小排量乘用车的消费税税率,说明国家对汽车消费市场的政策导向;自2009年1月1日起实施的《成品油价税费改革方案》降低了消费者的用车成本,小排量、经济型轿车更受消费者的青睐。

6. 社会经济环境

按照国际社会定义一个国家或地区进入汽车社会(Auto Society)的一般标准:拥有汽车的家庭数达到社会家庭总量的20%以上,或该国(或地区)的平均车价与人均GDP比值R落在[3,2]区间,小汽车开始大量进入家庭,则该国(或地区)即进入了汽车社会。经济发展水平越高,发展速度越快,人们的购买力越强,对汽车的价格敏感性越差,汽车企业定价的自由度越大,相反,企业的定价自由度就越小。

我国对私家车的消费一直采取较为宽松的政策,中高档汽车的价格仍有下降的空间与压力,车价/人均GDP比值近十年不断降低,向[3,2]区间接近,从而为轿车大量进入家庭提供了保证。

7. 汽车使用环境

汽车购买之后的车辆购置税、消费税、过路过桥费、停车费、燃油消费、汽车维修费用等都不同程度地影响着汽车的消费结构,影响着人们的购买力,从而影响着企业对相应车辆的定价。

作为交通工具,汽车购买之后还需要有相应的道路及停车场等相关的配套设施。随着汽车保有量的增加,各大城市的道路交通压力越来越大,尤其在北京、上海等特大城市尤为严重,某些地方甚至出现汽车没有自行车快的现象,这些现象反过来会抑制汽车的消费,从而影响汽车的价格。

三、新汽车价格体系

汽车价格体系是指在国家整个汽车市场中,各种汽车价格之间相互关系的总和。从价格学的角度,价格体系一般分三个体系,即比从体系、差价体系和体现我国价格管理体制的各种价格形式体系。

从营销角度主要指汽车差价,因为购销环节、购销季节、汽车质量不同形成价格差异。

第二节　新汽车的定价目标

汽车生产企业的新车定价目标是指企业通过对汽车产品进行定价所要达到的目标。新车定价目标是由企业的经营目标决定的,是企业的经营目标在汽车价格上的具体反映。企业选择定价目标,是进行价格决策的重要过程,是确定价格策略和定价方法的依据。

企业的新车定价目标是为了尽可能地获取最大利润,这是很正常的。但是,由于营销环境、汽车特质、市场供求、市场竞争等因素的不断变化,不同的车型或同一车型在不同的营销时期应确定不同的定价目标。

一、利润导向的汽车定价目标

利润导向的汽车定价目标就是汽车企业在进行新车定价时，直接以利润的大小作为企业的定价目标。它是企业定价根本目标的直接反映，利润导向的汽车定价目标主要有以下三种。

1. 短期利润最大化目标

一般来讲，利润最大化是企业的长期定价目标，但是企业的所有车型不可能在任何时期都能获得最大的利润，所以实行短期利润最大化目标是有一定条件的：

(1)该车型的市场需求不会由于价格高而导致销量下降，否则利润得不到保障。

(2)汽车企业在技术水平、产品质量和售后服务保障等方面有良好的口碑，在同业竞争中占有绝对优势。

(3)产品供不应求，且替代车型很少。

(4)在国家价格法规和价格管理政策的允许范围内。

只有满足以上条件，企业才可以采取短期利润最大化的定价目标，从而制定利润较高的汽车价格。当然，有些中小企业的车型在某一时期产销对路，亦可采用这种定价目标。

需要注意的是，追求利润最大化并不一定追求最高的汽车价格。

2. 预期收益目标

以预期收益作为汽车定价目标就是汽车生产企业希望在一定时期内收回投资并获得一定收益，在进行汽车定价时，在总成本和总费用的基础上加上一定比例的预期收益，也就是汽车销售利润(率)或汽车项目投资利润(率)。简单地说，汽车定价是在汽车成本基础上加上目标利润。由于汽车的成本和费用变化不大，汽车价格的高低主要取决于企业预期利润的高低。

以预期收益作为汽车定价目标的企业，应具备以下两个方面的条件：

(1)企业生产规模大，经营管理水平高，市场竞争力强，且拥有较高的市场占有率，在本行业基本属于"龙头"企业。

(2)企业在汽车质量、性能、造型、配置等方面与竞争对手相比具有明显的差异性。

需要注意的是，企业在采取预期收益作为定级目标时，市场调研与预测工作必须充分，企业按照什么价位销售，销量达到多少才能实现目标利润。预期收益是采用资金收益(率)、成本收益(率)还是销售收益(率)，并且还要考虑同行利润水平、银行利率以及市场竞争情况等。

3. 适当利润目标

所谓适当利润一般是指中等程度的平均利润，即与企业的投资额及风险程度相适应的平均利润。特别是在市场竞争激烈的环境下，有的企业对市场价格的控制能力有限，无法与强大的竞争对手进行正面对抗，而是采取跟随或补缺的市场策略，获取适当的利润，维持企业的生存与发展。此种定价目标一般适合于处于追随地位的中小型企业。

二、销量导向的汽车定价目标

销售导向的汽车定价目标是指企业以汽车销售额(量)作为定价的目标选择，不直接以

利润的高低作为定价的中心，而是围绕提高汽车销售额(量)进行汽车定价，通过销售额(量)的增长来提高企业利润。常见的以销售为导向的汽车定价目标有以下几个。

1. 以促进销售额(量)增长为定价目标

在经营过程中，有些企业把汽车的销售额(量)作为企业的经营目标进行新车定价，希望通过确定的汽车价格能促进销售额(量)的增加，带来规模效益，从而获取更大的利润，为企业的发展创造良好的条件。具体实施中，应考虑以下两个问题。

1)销售额(量)与利润的关系

正常情况下，随着销售额(量)的增加，利润会相应提高。但是，如果企业的成本增加超过了销售额(量)的增加，则利润就会下降；另外，如果企业在竞争对手的逼迫下不得已采取亏损的价格进行市场销售，则会出现销售额(量)越大亏损越多的情况。如2000年，原来属于同一集团公司的某A、B两重型货车厂家重组后分别成为两个独立的竞争对手，产品配置及性能同质化程度很高，B企业的规模较小，成本高于A企业，但是为了占有市场，B企业采取了和A企业基本相同的定价，导致卖得越多亏得越多。

2)产品销售额(量)与市场份额的关系

销售额的提高途径有两条：一是降低单车定价，扩大销售量；二是单车定价提高，但销售量没降低。无论哪种途径，都要注意研究其与市场占有率的关系。由于市场份额是一相对概念，销售额(量)扩大，市场占有率不一定提高，还要看竞争对手的变化情况，如果竞争对手的销售额(量)增长更快，市场占有率可能没提高，甚至降低。

2. 以提高市场占有率为定价目标

汽车市场占有率是汽车企业经营状况和汽车产品在市场上的竞争能力的直接反映，对于汽车企业的生存和发展具有重要意义。因为汽车市场占有率一般比最大利润容易测定，也更能体现汽车企业的努力方向。因此，有时汽车企业把保持或扩大汽车市场占有率看得非常重要。

许多资金雄厚的大汽车企业喜欢以低价渗透的方式来保持一定的市场占有率；一些中小企业为了在某一细分汽车市场获得一定优势，也十分注重扩大汽车市场占有率。

一般地，企业的利润水平与市场占有率向同一方向变化，市场占有率提高，利润相应提高，因此市场占有率高的企业在进行汽车定价时往往利用这种市场优势来影响同类车型的市场价格。企业在采取以提高市场占有率为定价目标时，应注意：

(1)企业要有充足的资源条件和较大规模的生产能力。扩大市场占有率，必然要增加销量，生产必须要跟上市场的需求，一旦出现供不应求，竞争者就会乘虚而入。

(2)要合理掌握低价的限度。价格太低，使得单位商品价格中的利润减少，即使市场占有率提高了，企业利润可能没增加多少，导致"得到了客户，失去了利润"，因此低价应以平均利润率为界限，以总利润增加为前提。

一般来讲，只有当汽车企业处于以下几种情况下时才适合采用该种汽车定价目标：

①该汽车的价格需求弹性较大，低价会促使汽车市场份额的扩大。

②汽车成本随着销量增加呈现逐渐下降的趋势，而利润有逐渐上升的可能。

③低价能阻止现有和可能出现的竞争者。

④汽车企业有雄厚的实力，能承受低价所造成的经济损失。

⑤采用进攻型经营策略的汽车企业。

3. 以预定的销售额(量)为定价目标

销售额(量)的高低可以在一定程度上反映汽车生产企业的实力,所以所有的汽车企业每年都要制定销售额(量)指标。《财富》杂志每年都评出世界500强企业,就是采用销售额作为主要的评价指标。采取以预定的销售额(量)为定价目标,既可采用高价,也可采用薄利多销的形式。

我国鼓励和保护公平竞争,保护汽车经营者和汽车消费者的合法权益,制止不正当竞争行为。我国制定了《中华人民共和国反不正当竞争法》。在汽车定价时,不得以低于变动成本的价格销售汽车来排挤竞争对手;有奖销售的最高奖的金额不得超过5000元。

4. 以保持与分销渠道的良好关系为定价目标

汽车企业在定价时,除了考虑成本和市场竞争外,还要考虑经销商的利益,制定对经销

商具有吸引力的价格,调动经销商的积极性。常用方式有低价让利、价格返利、价格补贴等。

三、以竞争为导向的汽车定价目标

所谓以市场竞争为导向的汽车定价目标就是汽车企业根据市场竞争的需要而制定新车价格。在激烈的市场竞争中,汽车企业对竞争对手的汽车价格非常敏感,竞争对手的每一次调价都会引起市场的波动,所以,企业在进行汽车定价前要广泛收集市场信息,特别是竞争对手的信息,从而把本企业的汽车与竞争对手相应车型的性能、配置、成本等进行比较,然后制定本企业汽车产品的价格。常用的目标有以下四种。

1. 维持企业生存的定价目标

当市场处于经济萧条、生产能力过剩、竞争加剧的经营环境中时,企业为了维持经营并减少库存,对利润的追求只能让位于生存的需要——生存比利润更重要,不得不按等于甚至低于成本的价格定价。

对于这类汽车企业来讲,只要他们的汽车价格能够弥补变动成本和一部分固定成本,即汽车单价大于汽车企业变动成本,他们就能够维持住汽车企业。当然,以生存为主的定价目标只能是短期目标。

2. 稳定价格目标

稳定价格目标的目的在于避免打“价格战”,以求在稳定的价格中取得稳定利润,采用这一目标的条件是:

(1)企业实力雄厚、规模较大、在同行业中处于领先地位。

(2)企业生产的车型是市场供求比较平衡的车型。

一般而言,商品价格越稳定,经营的风险越小。但稳定价格并非保持价格长期不变,而是保持价格小幅度不明显的增长,从而保证企业的利润逐步扩大。

3. 避免和应对竞争的定价目标

中小企业为了适应和避免跟强大的竞争对手发生正面冲突,通常以同行业中大企业的价格作为参照,与之保持大体一致的水平,即使中小企业的成本发生变化,也不会轻易调整价格;但是,若大企业的定价发生调整,则跟进调整价格,避免发生价格战。

4.战胜竞争者的定价目标

战胜竞争者目标是一种短期目标,通过迅速提高销售额(量)占领市场,战胜竞争对手。选择这一目标的企业应该是产品质量好、产量高、有实力与竞争者抗衡的企业。应注意的是,此目标往往会引起价格战,有可能造成两败俱伤的后果,特别是供过于求的比较成熟的老车型。

汽车企业在遇到同行价格竞争时,常常会被迫采取相应对策。例如竞相降价,压倒对方;及时调价,价位对等;提高价格,树立威望。在现代市场竞争中,价格战容易使双方两败俱伤,风险较大。所以,很多企业往往会开展非价格竞争,如在汽车质量、促销、分销和服务等方面下苦功夫,以巩固和扩大自己的汽车市场份额。

四、汽车质量导向目标

质量导向的汽车定价目标是指汽车企业要在市场上树立汽车质量领先地位的目标,而在汽车价格上作出反应。优质优价是一般的市场供求准则,研究和开发优质汽车必然要支付较高的成本,自然要求以高的汽车价格得到回报。

从完善的汽车市场体系来看,高价格的汽车自然代表或反映着汽车的高性能、高质量及其优质服务。采取这一目标的汽车企业必须具备以下两个条件:一是高性能、高质量的汽车,二是提供优质的服务。

企业选择这一定价目标就是通过价格表现自己产品的定位,同时以价格来维护自己的信誉、用户的利益、社会公德和商业道德,树立企业的信誉和品牌形象。有的企业恪守"一分钱,一分货",产品质量不打折扣,如奔驰汽车的价格就是其质量和品位的象征。

五、汽车销售渠道导向目标

对于那些需要经过经代销商销售汽车的汽车企业来说,保持汽车销售渠道畅通无阻,是保证汽车企业获得良好经营效果的重要条件之一。

为了使得销售渠道畅通,汽车企业必须研究汽车价格对经代销商的影响,充分考虑经代销商的利益,保证经代销商有合理的利润,促使经代销商有较高的积极性去销售汽车。

在现代汽车市场经济中,经代销商是现代汽车企业营销活动的延伸,对宣传推介汽车、提高汽车企业知名度具有十分重要的作用。汽车企业在激烈的汽车市场竞争中,有时为了保住完整的汽车销售渠道,促进汽车销售,不得不让利于经代销商。

这几种定价目标不是孤立的,它们相互联系,相互渗透,你中有我,我中有你。企业的汽车定价目标往往是复合的,随着时间、市场竞争环境等因素的变化,企业采取的定价目标也会发生变化。

第三节　新汽车的定价方法

影响汽车定价的因素很多,但是企业在制定汽车价格时主要考虑的因素有成本、市场需求、竞争对手的价格等。通常情况下,成本决定了汽车的最低定价,市场需求决定了汽车的价格弹性,竞争对手的定价提供了本企业汽车定价的参考值。在实际经营过程中,企业往往侧重于其中的某几个因素进行定价,下面介绍常用的几种定价方法。

一、汽车成本导向定价法

根据价格与成本、价格与需求的关系以及竞争者对公司价格决策影响的分析,企业定价时主要应考虑成本、需求与竞争三大因素。企业所定的价格既不能低得无法盈利,也不能高得无法产生需求,而是介于其间。成本、需求、竞争三个主要因素对于定价的影响主要表现为:产品成本是定价的下限;竞争对手的价格和替代车型的价格是定价的定向点;消费者对产品独特性的评估是定价的上限。

1. 成本加成定价法

成本加成定价法是一种最简单的定价方法,就是在单位产品成本的基础上加上一定比例的预期利润作为产品的售价(成本中已包含税金)。通常利润是按照一定比例计算的,俗称"几成",所以这种方法称为成本加成定价法。其计算公式为:

$$单位产品价格 = 单位产品成本 \times (1 + 加成率)$$

【例 8-1】 某汽车生产企业生产某车型的单位成本为 10 万元,加成率为 15%,则:

$$汽车价格 = 10 \times (1 + 15\%) = 11.5(万元)$$

成本加成定价方法的优点是:

(1)简便易行,因为确定成本要比确定需求容易,价格盯住成本,企业可简化定价工作,不必经常依据需求情况而作调整。

(2)采用这种方法可保证整个行业取得正常的利润,从而保障生产经营的正常进行。

(3)有利于相关部门对汽车企业的价格进行监督。

(4)可以避免发生价格战,保持市场价格稳定。

但是,这种方法的不足之处也很明显:

(1)它是从卖方的利益出发进行定价的,基本原则是水涨船高,没有考虑市场需求和竞争因素的影响,属于卖方市场条件的产物。

(2)加成率是一个估计数,缺乏科学性,因此在应用这种方法时应当根据市场需求、竞争情况等因素的变化作必要的调整。

(3)各企业的成本属于个别成本,而不是社会成本,不同的企业成本可能包含不合理的开支。

成本加成定价法主要适用于生产经营处于合理状态下的汽车生产企业或者供求基本平衡、成本相对稳定的汽车企业。这种方法在西方国家广为应用,尤其在零售业,大都采用成本加成定价法。

2. 目标收益定价法

目标收益定价法又称目标利润定价法或投资收益率定价法。它是在成本定价的基础上,按照目标收益率的高低计算价格的方法。其计算步骤如下:

(1)确定目标收益率。目标收益率可以表现为几种形式,例如投资利润率、成本利润率、销售利润率和资金利润率等。

(2)确定目标利润。根据目标收益率表现形式的不同,目标利润的计算也不同。计算公式分别为:

目标利润 = 总投资额 × 目标投资利润率

目标利润 = 总成本 × 目标成本利润率

目标利润 = 销售收入 × 目标销售利润率

目标利润 = 资金平均占用额 × 目标资金利润率

(3)计算汽车价格。

汽车价格 =(总成本 + 目标利润)/预计销售量

汽车价格 = 单位变动成本 + 单位贡献毛利

【例 8-2】 某汽车生产企业年生产能力为 100 万辆 A 汽车,估计未来市场可销售 80 万辆,其总成本为 100 亿元,企业的目标收益率即成本利润率为 20%,其汽车价格应定为多少?

解:

目标利润 = 总成本 × 目标成本利润率
= 100 × 20%
= 20(亿元)

汽车价格 =(总成本 + 目标利润)/预计销售量
=(100 + 20)/80
= 15(万元)

目标收益定价法的优点是,可以保证企业实现既定的目标利润;缺点是,汽车定价时只从卖方的利益出发,没有考虑竞争因素和市场需求情况。这种方法先预测销售量,再确定和计算出汽车价格。理论上是说不通的,一般是汽车的价格影响市场销售,而不是销售决定汽车的价格。因此,按这种方法计算出来的价格,不一定能保证预计销售量的实现。

目标收益定价法,一般适用于需求价格弹性较小、在市场上有一定影响力的企业,或是市场占有率较高、具有垄断性质的企业。

3. 损益平衡定价法

损益平衡定价法又称盈亏平衡定价法或收支平衡定价法。根据固定成本和可变成本的不同形态,采用盈亏分界点分析法确定汽车的价格。这种方法有利于生产企业从保本入手,确定最佳车型结构及经营规模与价格组合;企业在进行汽车价格调整时,也可使用此法在价格与销量之间寻找决策平衡点。

损益平衡定价法是一种定量评价价格变动效果的增量分析方法。一般而言,价格变动对利润会产生价格效应和数量效应两种影响。降低价格,会减少单位利润,从而减少总利润;但是,降低价格又有利于增加销量,并由此增加总利润。其中,前者为价格效应,后者为数量效应。

综上所述,成本导向定价的特点是,以产品的成本为基础,在成本的基础上加上一定的利润,所不同的只是对利润的确定方法略有差异。它们的共同缺点是没有考虑市场需求和市场竞争。

二、汽车需求导向定价法

以需求为导向的汽车定价法就是以市场需求为中心,以消费者对汽车价值的认识和对汽车的需求程度为依据的定价方法。

1. 认知汽车价值定价法

这种方法的基本指导思想是,认为决定汽车价格的关键因素是顾客对汽车产品价值

的认知水平,而不是卖方的成本。因此,在进行汽车定价时,先要估计和预测在营销组合中的非价格变量在顾客心目中的认知程度,然后根据顾客对汽车的认知价值制定汽车的价格。

一般说来,各品牌汽车的每种车型的性能、质量、外观及其价格等内容在消费者心目中都有一定的认知水平。当卖方的价格水平与消费者对该车型价值的认知水平大体一致时,消费者才接受这种价格。认知价值定价法与汽车产品市场定位很好地结合起来,成为一种全新的定价思想和方法,被越来越多的汽车企业所接受。其主要步骤如下:

(1)预测顾客对汽车价值的认知。确定顾客对某品牌汽车的性能、质量、外观、售后服务的认知程度及市场营销各组合因素在顾客心目中的认知价值。

(2)根据预测的认知价值确定汽车的初始价格。

(3)预测该车型的销售量。在估计的初始价格的条件下预测可能实现的销售量。

(4)预测目标成本。计算公式如下:

$$目标成本总额 = 销售收入总额 - 目标利润总额 - 税金总额$$

$$单车目标成本 = 汽车价格 - 单车目标利润 - 单车税金$$

(5)市场价格决策。市场价格决策就是把预测的目标成本与实际成本进行对比,以此来确定价格。

①当实际成本≤目标成本时,说明在初始价格的条件下目标利润可以保证,初始价格就可定为汽车的实际价格。

②当实际成本 > 目标成本时,说明在初始价格的条件下目标利润得不到保证。需要进一步作出调整、选择,要么降低目标利润,要么降低实际成本,使初始价格仍可付诸实施。否则,只能放弃原有方案。

认知价值定价法的关键是能否准确地确定消费者对本企业汽车产品价值的认知程度。对自己的汽车价值产生夸张自满看法的企业,会对自己的产品定价过高;对自己产品的消费者认知价值估价过低,定的价格就可能低于他们能够达到的价值。所以,企业在进行市场投放以前,一定要进行市场调研,把自己的汽车产品与竞争者的相应车型进行比较,正确预估本企业的汽车产品在消费者心目中的形象,确定消费者对本企业汽车产品的理解价值。

2. 汽车需求弹性定价法

需求弹性是指某种商品的市场需求量与其价格的相对变动之比,有点弹性和弧弹性之分。

点弹性:表示需求曲线上某一点上的需求量变动对于价格变动的反映程度。

弧弹性:表示某商品需求曲线上两点之间需求量的变动对于价格变动的反映程度。

按需求弹性定价主要有两种方法:

(1)按需求弹性确定供求平衡价格。

(2)按需求弹性确定销售收入最大化价格。

一般来说,对于市场需求富有弹性的商品,采用降价策略可增加销售总收入,而对于需求缺乏弹性的商品,提价才能增加销售总收入。

3. 差别定价法

差别定价法又称为区分需求定价法,指在进行汽车定价时,可根据不同市场的需求强

度、不同购买力、不同购买地点和不同购买时间等因素分别制定不同的价格。

1)以顾客为基础的差别定价

是指对不同的消费者可以采用不同的价格。因为不同的客户对同一车型的需求弹性不同,有的顾客对价格比较敏感,可以采取适当优惠的价格,而有些顾客对价格不敏感,则可照价全收。又如,对老客户和新客户采用不同价格,对老客户给予一定的优惠;同一产品卖给批发商、零售商或消费者,分别采用不同的价格等。

2)以汽车的型号为基础的差别定价

由于汽车产品的系列化,即使同一品牌、同一规格的汽车也有各种不同的颜色、内饰、配置,而消费者的消费偏好又不尽相同,企业可以根据消费者的喜好分别确定不同的价格,吸引不同喜好的消费者。

3)以销售时间为基础的差别定价

不同季节、不同日期,甚至在不同时点,市场的需求是不一样的,企业可以根据销售时间的变化制定不同的汽车价格。例如,汽车市场上的“金九银十”之说就是对汽车销售市场的波动很生动的描述。

采用差别定价法,要具备一定的前提条件。首先要分析需求差别,做好市场细分;其次要防止引起顾客的反感。

三、汽车竞争导向定价法

竞争导向定价法,是企业以市场同行业竞争对手的价格为主要依据,根据应对竞争或避免竞争的需要来制定本企业相同档次的汽车价格的方法。特点是:汽车企业并不完全坚持本企业的汽车价格与成本及需求之间的固定联系,即使本企业汽车成本及需求有所改变,只要竞争者仍坚持其原有价格,本企业的汽车价格也不变;相反,当竞争者进行价格调整时,尽管本企业的汽车成本及需求并没有改变,也要为适应竞争对手的价格调整而相应地调整本企业的汽车价格。

1.流行水准定价法

流行水准定价法又称随行就市定价法。这是根据同行业同档次车型的现行平均价格水平来定价的,是汽车生产企业经常采用的定价方法。一般是在基于本企业的汽车成本测算比较困难,竞争对手不确定,对顾客和竞争者的市场反应难以做出准确的估计,以及企业希望得到一种相对公平的报酬和不愿打乱市场现有正常秩序的情况下采用的一种行之有效的方法。

采用这种方法既可以追随市场领先者定价,也可以采用市场的一般价格水平进行定价。

这要视企业汽车产品的特征及其汽车产品的市场差异性而定。比如,在竞争十分激烈的汽车市场上,买方处于主动地位,企业只能按既定价格出售商品,而毫无控价能力。此时,企业多采用流行水准定价法,将自己的价格始终与市场价格水平保持一致,并通过努力降低成本,实现规模化生产,追逐市场价格的变化,通过降低流通费用来获得更多的利润。

中小型企业多采取流行水准定价法。它们调整本企业的汽车价格,与其说是根据自己的需求变化或成本变化,不如说是依据市场领导者的价格变动。有些企业可以支付一些微小的赠品或微小的折扣,但是它们保持的是适度的差异。

2. 保本定价法

保本定价法是企业在市场不景气和特殊竞争阶段，或者在新车型试销阶段所采用的一种保本定价的方法。它是在保本产（销）量的基础上制定的价格，即保本价格。其计算公式为：

保本成本 = 企业固定成本/保本产（销）量 + 单位变动成本

一般来讲，在企业的成本不变的情况下，价格定在保本价格以上，企业就可以盈利，而定在保本价格以下，必然出现亏损。

这种方法只说明了在某一产（销）量时企业采取什么价格是保证不亏本的最低限度，但是并没有考虑在这种价格水平上其产品能不能销售得出去。

3. 相关车型比价法

相关车型比价法即以同类车型中消费者认可的某品牌汽车的价格作为参考依据，结合本企业汽车产品与消费者认可汽车的成本差率或质量差率来制定汽车价格。

（1）与认可汽车相比，成本变化与质量变化方向程度大致差不多时，可以实行“按质论价”：

汽车价格 = 认可汽车价格 ×（1 + 成本差率）

（2）与认可汽车相比，若成本增加不多，质量却有较大提高时，可以实行“按质论价、优质优价”的原则，结合市场供求变化，采取定价区间为：

认可汽车价格 ×（1 + 成本差率）< 汽车价格 < 认可汽车价格 ×（1 + 质量差率）

（3）与认可汽车相比，若成本降低不多，质量却有较大幅度下滑时，应严格执行“按质论价”的原则，采取低质低价：

汽车价格 = 认可汽车价格 ×（1 – 成本差率）

采用相关车型比价法，使本企业的汽车产品与市场认可的汽车产品之间保持由于质量、成本等因素造成一定的差距，可以避免恶性竞争。

4. 密封投标定价法

密封投标定价法也是一种依据市场竞争情况来定价的方法，是招标人通过引导卖方竞争的方法寻找最佳合作者的一种有效途径。其基本原理是，招标者（买方）首先发出招标信息，说明招标内容和具体要求。参加投标的企业（卖方）在规定期间内密封报价来参与竞争。其中，密封价格就是投标者愿意承担的价格。这个价格主要考虑竞争者的报价研究决定，而不能只看本企业的成本。在投标中，报价的目的是中标，所以报价要力求低于竞争者。

在汽车易主交易中，采用招标、投标的方式，由一个卖主（或买主）对两个以上并相互竞争的潜在买主（或卖主）出价（或要价）、择优成交的定价方法，称为竞争投标定价法。其显著特点是招标方只有一个，处于相对垄断的地位；而投标方有多个，处于相互竞争的地位。能否成交的关键在于投标者的出价能否战胜所有竞争对手而中标，中标者与卖方（买方）签约成交。

此定价法主要在政府采购办公用车、处理走私没收汽车和企业处理库存汽车时采用。

5. 拍卖定价法

拍卖定价法指卖方委托拍卖行，以公开叫卖的方式引导买方报价，利用买方竞争求购心理，从中选择高价格成交的一种定价方法。这种方法历史悠久，常见于出售古董、珍品、高级艺术品或大宗商品的交易中。上海市对车牌的竞拍就属于这种形式。

6.倾销定价法

倾销定价法指一国汽车企业为了进入或占领某国汽车市场而排斥其他竞争对手,以低于国内市场价格,甚至低于生产成本的价格向国外市场抛售汽车产品而制定的价格。

采用这种定价法制定的汽车价格,一般使用的时间比较短。一旦达到预期目的,占领了国外市场后,企业就会提高价格,收回在倾销中的损失,并获得应有的利润或垄断利润。但是采用这种方法制定的价格易受反倾销法的限制和制裁,因而风险比较大。

第四节　新汽车的定价策略

新车的定价策略是指汽车生产企业通过市场调研,对顾客的需求和企业的生产成本以及市场竞争状况进行分析,从而选择一种能吸引顾客、实现营销组合的价格策略。

在市场营销活动中,汽车产品的价格不仅是汽车商品价值的货币表现形式,而且是随着市场需求、市场竞争状况的变化而变动的,在我国汽车市场竞争日益激烈的今天,定价策略成为国内汽车企业重要的营销手段。

在激烈的汽车市场竞争中,企业为了实现自己的营销战略和目标,必须根据产品的特点、市场需求及竞争情况采取灵活多变的汽车定价策略,使汽车定价策略与其他策略更好地结合,促进汽车销售,提高企业的整体效益。因此,采用正确的汽车定价策略是企业取得竞争优势的重要手段。

一、汽车新产品定价策略

1.撇脂定价策略

撇脂定价策略又称撇油定价策略,是针对新上市车型的高价保利策略,指企业在汽车产品寿命周期的投入期或成长期,利用消费者的求新、求奇心理,抓住激烈竞争尚未出现的有利时机,有目的地将汽车价格定得很高,以便在短期内获取尽可能多的利润,尽快收回投资的一种定价策略。其名称来自从鲜奶中撇取乳脂,含有提取精华之意。

1)采用撇脂策略的条件

采用撇脂策略应具备以下条件:

(1)新车型有足够多的购买者而且愿意接受较高的价格。

(2)新车型仿制困难,使得竞争者难以迅速进入同一竞争市场。

(3)新车型与同类车型、替代产品相比具有较大的优势和不可替代的功能。

(4)新车型采取高价策略获得的利润足以补偿因高价造成需求减少所带来的销量损失。

2)撇脂定价策略的特点

撇脂定价策略的优点:新车刚投放市场,需求弹性小,暂时没有竞争者。因此,只要汽车产品有新意、质量过硬,就可以制定高价,满足一些消费者求新、求异的消费心理;由于价格较高,可以使企业在较短时期内取得较大利润;定价较高,又给以后的降价活动留有一定空间,当竞争者大量进入市场时可以主动降价,提高竞争能力,同时也符合价格由高到低的消费心理。

撇脂定价策略的缺点:新车刚上市,尚未树立市场声誉时,过高的价格往往不利于开拓市场,一旦销售遇阻,新产品就有夭折的风险;如果高价投放市场时销路旺盛,又很容易引来竞争者,导致竞争加剧。

3)撇脂定价策略的适用状况

撇脂定价策略一般适用于以下情况:

(1)企业研制开发的汽车新车型技术含量高、难度大、开发周期长。

(2)新车型市场需求较大,即使把价格定得很高,市场需求也不会大量减少。

(3)即使高价导致需求减少,也不至于抵消高价所带来的利益。

(4)企业为了树立产品性能高、质量优的高档品牌形象。

2. 渗透定价策略

渗透定价策略是一种汽车低价促销策略,也称渐取策略或低额定价策略,与撇脂定价策略截然相反,在新车型投放市场时,尽量把价格定得低一些,使消费者易于接受,采取保微利,通过薄利多销打开和占领市场。企业的目标不是争取短期更大利润,而是尽快争取最大可能的市场占有率。

此策略的产品上市后以较低价格在市场上慢取利、广渗透,因此叫作渗透定价策略。

1)采用渗透定价策略的条件

采用渗透定价策略的车型应具备以下条件:

(1)该车型的市场需求规模较大,具有强大的市场竞争潜力。

(2)该车型的需求价格弹性较大,稍微降低价格,需求量会大大增加。

(3)通过大批量生产能够降低生产成本。

2)渗透定价策略的特点

渗透定价策略的优点:一是可以利用较低价位迅速打开新车型的市场销路,占领市场,实现薄利多销,通过提高销售量来保证企业利润,也容易得到销售渠道成员的支持;二是采取低价低利,对阻止竞争对手的介入有很大的屏障作用,有利于控制市场。

渗透定价策略的缺点:由于定价过低,一旦市场占有率提高缓慢,投资的回收期会较长;一旦渗透失利,企业就会一败涂地。有时低价还容易使消费者怀疑商品的质量保证。

3)渗透定价策略的适用状况

渗透定价策略一般适用于以下几种情况:

(1)新车型所采用的技术已经公开或者易于仿制,竞争者容易进入该产品市场。利用低价可以排斥竞争者,占领市场。

(2)本公司上市的汽车新产品在市场上已有同类产品,但是本公司比生产同类汽车产品的企业拥有较大的生产能力,并且该产品的规模效益显著,通过规模生产降低成本和经营费用,提高效益。

(3)该类汽车产品市场供求基本平衡,市场需求对价格比较敏感,低价可以吸引顾客,刺激市场需求迅速增长,扩大市场份额。

撇脂定价策略和渗透定价策略各有利弊,在具体运用过程中,对于企业到底选择哪一种策略进行汽车定价更为合适,应根据市场需求、竞争情况、市场潜力、企业的生产能力和汽车成本等因素综合考虑。

3. 满意定价策略

满意定价策略是一种介于撇脂定价策略和渗透定价策略之间的汽车定价策略，所定的价格比撇脂价格低，比渗透价格要高，是一种中间价格。在新车上市后，企业本着适中原则，为产品制定一个不高不低的价格，兼顾厂商、中间商及消费者的利益，使顾客、同行及经销商都感到满意。满意定价策略比前两种定价策略的风险小，成功的可能性大，但也要根据市场需求、竞争情况等因素进行具体分析。

4. 按汽车产品生命周期定价策略

生命周期定价法就是借助汽车产品生命周期来帮助企业制定定价策略的定价方法。

无论汽车的品牌、造型等如何变化，市场总是逐渐演变的。一个车型从产生开始，逐渐被顾客接受，直至最后被更能满足顾客需求的新车型代替而步入死亡。在汽车产品市场生命周期的不同阶段，相关成本、购买者的价格敏感性和竞争者的行为是不断变化的。因此，汽车定价策略要适合时宜、有效，随市场变化而调整。

(1)导入期。新车型在市场导入期，没有其他品牌的汽车可进行比较，大多数消费者习惯把汽车价格作为衡量其质量的标志，且对新车型的价格敏感性相对较低，但当不同的汽车产品进入市场时，消费者的反应差异是很大的。

(2)成长期。进入成长期后，产品的销售量开始迅速上升，利润达到最高点。促销的平均费用低于导入期的促销费用。竞争日趋激烈，消费者的注意力不再单纯地停留在汽车产品的效用上，开始比较不同汽车品牌的性价比，企业可以采取汽车产品差异化和成本领先的策略。一般来说，由于消费者对产品更加熟悉，价格敏感性提高，故成长期的汽车价格要比导入期的价格低。但对于那些对价格并不敏感的市场，不宜使用渗透定价。

尽管这一阶段竞争加剧，但整个汽车行业市场的扩张可以有效防止价格战的出现。然而，有时汽车企业为了赶走竞争者，也可能会展开价格战。如美国、日本、韩国三国的汽车企业就是在美国汽车市场走向成长期时才爆发价格战的。

(3)成熟期。在产品成熟期，汽车销量达到最高点，而利润增长速度开始下降，因此成熟期的汽车定价目标不是为了提高市场份额，而是尽可能地创造竞争优势，提高规模效益。此阶段不宜再使用捆绑式销售，否则会导致产品组合中一个或几个性能较好的汽车产品难以打开市场，但可以通过销售更有利可图的辅助产品或优质服务来稳固竞争地位。此时由于市场竞争进一步加剧，可以适当下调价格。实力雄厚的企业将处于价格主导地位，弱小企业则处于比较被动的地位，是价格的追随者。

(4)衰退期。进入衰退期后，产品销量迅速下降，价格已降到最低水平，企业利润微薄，因此很多汽车企业选择降价销售。但是，此时降价往往不能刺激起足够的需求，结果反而降低了企业的盈利能力。衰退期的汽车定价目标不是赢得什么，而是在损失最小的情况下退出市场，或者是维护企业的竞争地位。有三种策略可供衰退期选择：紧缩策略(将资金紧缩到竞争力最强、生产能力最大的汽车生产线上)、收缩策略(通过汽车定价获得最大现金收入，退出整个市场)和巩固策略(巩固竞争优势，通过降价打败弱小的竞争者，占领他们的市场)。

二、折扣和折让定价策略

在汽车市场营销中，企业为了竞争和实现经营战略，经常对汽车价格采取折扣和折让策略，直接或间接地降低汽车价格，以争取消费者，扩大汽车销量。灵活运用折扣和折让策略，可以提高企业经济效益。具体来说，常见的折扣和折让策略有以下几种。

1. 数量折扣

数量折扣一般用在与集团客户交易的过程中，是根据客户购买的汽车数量多少，分别给予不同的折扣。客户购买的汽车数量越多，折扣越大。其目的是鼓励客户大量购买，或集中向本企业购买。数量折扣分为累计数量折扣和非累计数量折扣。

累计数量折扣是指在一定时期内，客户购买汽车达到一定程度的数量或金额时，企业按总量（总额）给予一定折扣的优惠，目的在于使一些集团客户与汽车企业保持长期的合作，成为可信赖的长期客户，从而维持企业的市场占有率。

非累计数量折扣是指按每次购买汽车的数量多少给予客户一定的折扣优惠，其目的是鼓励客户大批量购买，促进产品多销、快销，减少库存和资金占压。

数量折扣的促销作用非常明显，企业因单位产品利润减少而产生的损失完全可以从销量的增加中得到补偿。此外，销售速度的加快，使企业资金周转次数增加，流通费用下降，产品成本降低，从而导致企业总盈利水平上升。

运用数量折扣策略的难点是如何确定合适的折扣标准和折扣比例。如果享受折扣的数量标准定得太高，比例太低，则只有很少的客户才能获得优待，绝大多数客户将感到失望；购买数量标准过低，比例不合理，又起不到鼓励客户购买和促进企业销售的作用。因此，企业应结合具体的汽车产品特点、销售目标、成本水平、企业资金利润率、需求规模、客户购买频率、竞争者的手段以及传统的行业惯例等因素来制定科学的折扣标准和比例。

2. 现金折扣

现金折扣是对在规定的时间内按约定提前付款或一次付清款项的客户给予一定的优惠，目的是鼓励客户尽早付款，以促进汽车企业的资金周转，降低销售费用，减少财务风险。

采用现金折扣一般要考虑三个因素：折扣比例、给予折扣的时间限制、付清全部货款的期限。在西方国家，典型的付款期限折扣表示为“3/20，Net 60”。其含义是在成交后20天内付款，买者可以得到3%的折扣，超过20天，在60天内付款不予折扣，超过60天付款要加付利息。

由于现金折扣的前提是汽车的销售方式为分期付款，因此有些企业采用附加风险费用、管理费用的方式，以避免可能发生的经营风险。同时，为了扩大销售，分期付款条件下客户支付的货款总额不宜高于现款交易价太多，否则就起不到“折扣”促销的效果。

提供现金折扣等于降低价格，所以企业在运用这种手段时要考虑该车型是否有足够的需求弹性，要确保能通过需求量的增加来使企业获得足够利润。此外，由于我国的许多企业和消费者对现金折扣还不熟悉，运用这种手段的企业必须加强宣传，使潜在的客户清楚自己将从中得到的实惠。

3. 季节折扣

季节折扣可以分为淡季折扣和旺季折扣。前者是指在汽车销售淡季时，厂家给购买者一定的价格优惠，目的在于鼓励经销商提前预订和消费者购买汽车，减少库存，节约管理费，加快资金周转。后者是指生产能力较大的企业在汽车销售旺季进行价格促销，旨在提高市场占有率，巩固并增强竞争地位。

季节折扣比例的确定，应考虑成本、库存费用、基价和资金利息等因素。季节折扣有利于减少库存，加速商品流通，迅速收回资金，促进企业均衡生产，充分发挥生产和销售潜力，避免因季节需求变化所带来的市场风险。

季节折扣可以使企业合理安排生产，做到"淡季不淡，旺季更旺"，充分发挥生产能力。季节折扣实质上是季节差价的一种具体应用。

4. 运费让价

为了调动经销商的积极性，汽车生产企业对经销商的运输费用给予一定的补贴，支付一部分甚至全部运费。汽车运费让价一般不采用打折的方法，而采用回扣的方法。因为同样是降价，经销商在支出了很大的一笔费用以后能够收到回扣的感受比仅仅得到一种降价的产品要好一些。

5. 推广让价策略

推广让价是汽车生产企业对经销商积极开展促销活动所给予的一种补助或降价优惠，又称推广津贴。经销商分布广，影响面大，熟悉当地市场状况，因此企业可以借助当地的经销商开展各种促销活动，如在当地媒体刊登广告、在当地市场进行小型新车展销会等。对经销商的促销费用，生产企业一般以发放津贴或降价供货作为补偿。

6. 交易折扣策略

交易折扣策略是汽车企业根据各个经销商在市场营销中担负的不同功能所给予的不同折扣，又称商业折扣或功能折扣。企业采取此策略的目的是为了扩大生产，争取更多的利润，或为了占领更广泛的市场，利用经销商努力推销产品。交易折扣的多少，随车型的不同而不同；相同的车型，又要看经销商所承担的商业责任的多少而定。如果经销商提供商品车的运输、促销、资金融通等功能，对其折扣就较多；否则，折扣将随功能的减少而减少。

三、针对汽车消费者心理的定价策略

心理营销定价策略是针对消费者的不同消费心理制定相应的商品价格，以满足不同类型消费者的需求的策略。每一品牌的汽车都能满足汽车消费者某一方面的需求，汽车价值与消费者的心理感受有着很大的关系。这为汽车心理定价策略的运用提供了空间，企业在定价时可以利用汽车消费者的心理因素，有意识地将汽车价格定得高或低，以满足消费者心理的、物质的和精神的多方面需求，通过消费者对汽车产品的偏爱或忠诚，引导消费者的消费理念，扩大市场销售量（销售额），从而获得最大效益。下面介绍常见的心理定价策略。

1. 尾数定价策略

尾数定价又称零头定价，指企业利用汽车消费者求廉的心理，在新车定价时，不采用整数报价，而是有意采用带尾数的定价策略。这是一种具有强烈刺激作用的心理定价策略。带尾数的汽车价格给汽车消费者直观上一种便宜的感觉，消费者还会认为企业是经过了认真的成本核算才制定的价格，可以提高消费者对该定价的信任度，从而激起消费者的购买欲望。尾数定价策略一般适用于汽车档次较低的经济型汽车。

尾数定价法在欧美及我国常以奇数为尾数，如0.99、9.95等，这主要是因为消费者对奇数有好感，容易产生一种价格低廉、价格向下的概念。但由于"8"与"发"谐音，在定价中8的采用率也较高。

例如,2004 年低端轿车市场竞争激烈,10 月 12 日,吉利推出三款新车型:豪情亮星经济型,此款车型把配置简化到最低,同时也提供了一个能够与奥拓竞争的价格:2.9999 万元(给消费者的感觉是两万元多而不是三万元);豪情亮星舒适型,售价为 3.1999 万元;豪情 203A 技术领先型,售价为 3.9999 万元。

2. 整数定价策略

整数定价与尾数定价相反,针对的是消费者的求名、求方便心理,将商品价格有意定为整数,由于同档次车型产品,配置各有千秋,在交易中,消费者往往将价格作为判别产品质量、性能的指示器。

整数定价策略适用于:汽车档次较高、需求的价格弹性比较小、价格高低不会对需求产生较大影响的汽车产品。由于目前选购高档汽车的消费者都属于高收入阶层,自然会接受较高的整数价格。

3. 声望定价策略

声望定价策略是整数定价策略的进一步发展。消费者一般都有追求名望的心理。是企业根据汽车产品在消费者心目中的声望、信任度和社会地位制定比市场同类车型更高价格的一种定价策略。它能有效地消除购买心理障碍,使客户对该汽车产品形成信任感和安全感,客户业从中得到荣誉感。声望定价策略可以满足某些汽车消费者心里的特殊欲望,如地位、身份、财富、名望和自我形象等,还可以通过高价格彰显汽车的名贵优质。有报道称,在美国汽车市场上,质高价低的中国汽车通常竞争不过相对质次价高的韩国汽车,其原因就在于美国人眼中低价就意味着低档次。声望定价策略一般适用于知名度高、市场影响大的著名品牌的汽车。如德国的奔驰轿车,售价 20 万马克;数千万元人民币一辆的布加迪轿车;巴黎时装中心的服装,一般售价 2000 法郎;我国的一些国产精品也多采用这种定价方式。当然,采用这种定价法必须慎重,若普通汽车滥用此法,搞不好便会失去市场。

4. 招徕定价策略

招徕定价策略是企业将某种型号的汽车产品价格定得非常高或非常低,以此引起消费者的好奇心理和观望行为,吸引消费者,从而带动其他车型的销售的汽车定价策略。如企业在某一时期推出某款车型降价出售,过段时间又换另一种车型降价,吸引客户时常关注该企业的产品,促进降价产品的销售,同时带动其他正常价格的汽车产品的销售。招徕定价策略常为汽车超市、汽车专卖店所采用。

采用招徕定价策略时,必须注意以下几点:

(1)降价的车型应是消费者比较关注的,否则没有吸引力。

(2)实行招徕定价的车型,品种规格要多,以便使客户有较多的选购机会。

(3)降价车型的降价幅度要大,一般应接近成本甚至低于成本。只有这样,才能引起消费者的注意和兴趣,才能激起消费者的购买欲望。

(4)降价车型的数量要适当,若太多,企业亏损太大,太少则容易引起消费者的反感。

(5)企业不可采取有价无车的欺骗行为,否则会引起消费者的抵触、反感情绪。

5. 分级定价策略

分级定价策略是在定价时,把同品牌的车型分为几个等级,不同等级的车型采用不同价格的一种汽车定价策略。这种定价策略能使消费者产生货真价实、按质论价的感觉,容易被消费者接受;另一方面,在同样的价格内消费者有选择的余地,成交机会较大。而且,这些不同等级的汽车若同时提价,对消费者的质价观冲击不会太大。企业在采用分级定价策略时应注意,产品等级的划分要适当,级差不能太大或太小,否则起不到应有的效果。例如,款式差价定价方法就是一种分级定价策略。

四、针对汽车产品组合的定价策略

汽车产品组合是指一个企业所生产经营的全部汽车产品线和产品项目的组合。对于生产经营多种车型的企业来说,定价须着眼于整个产品组合的利润实现最大化,而不是追求单个车型的价格。

一个汽车企业往往会有多个系列的多种车型同时生产和销售,这些车型之间的需求和成本是相互联系的,相互之间又存在一定程度的“替代、竞争关系”,定价时应结合关联的产品组合制定产品的价格系列,使产品组合的利润最大化。这种定价策略主要有以下两种情况:

(1)同系列汽车产品组合定价策略。也就是把一个企业生产的同一系列的车型作为一个产品组合来定价。为了吸引消费者,可以选定某一车型将其价格定得较低;同时又选定某一车型将其价格定得较高,在该系列汽车产品中充当品牌价格,以提高该系列汽车的品牌效应。

(2)附带选装配置的汽车产品组合定价策略。

这种定价策略是指汽车产品的配置可以由客户进行某些选择时,把汽车产品与可供选装的配置看作产品组合来定价。这种情况在汽车经销企业中应用较多。

第五节　新汽车评估实例

一、新汽车评估方法与步骤

因为新汽车的评估方法通常都采用市场价格法,所以新汽车的评估步骤应遵循市场价格法的评估步骤,具体如下:

(1)采集与被评估汽车同类型汽车的技术参数、性能指标、配置情况及价格。

(2)选择参照车型。

(3)对被评估汽车与参照汽车进行试驾。

(4)被评估汽车与参照汽车的品牌、性能和结构特点、配置的差异比较。

(5)收集被评估汽车与参照汽车的价格走向。

(6)了解与判断被评估汽车的定价目标、方法和策略。

(7)差异量与评估。

二、评估实例

【例8-3】　请对2006年1月1日,北京市场上的菱帅轿车(手动基本型)进行性价比评估。

1. 市场调研

通过市场调研,得到2006年1月1日北京汽车市场几款同类型汽车(三厢、1.6 L、最低配置、时尚品牌)的制造厂商提供的技术参数、性能指标、配置情况及市场价格,见表8-1。

被评估汽车同类型汽车的技术参数、性能指标、配置情况及价格　　表8-1

品牌车型参数、指标配置	菱帅手动基本型DN7160	凯越舒适版SGM7161LX	伊兰特手动标准型BH7160M	福美来新锐HMC7161GL	爱丽舍X	宝来手动基本型FV7161
长×宽×高(mm)	4430×1700×1410	4515×1725×1445	4526×1725×1425	4365×1700×1410	4305×1707×1413	437×1735×1446
轴距(mm)	2500	2600	2610	2610	2540	2513
整备质量(kg)	1165	1220	1275	1105	1115	1266
行李舱容积(L)	420	405	415	416	437	455
发动机形式	四缸、顶置16气门、多点电喷汽油	四缸、顶置16气门、多点电喷汽油	四缸、顶置16气门、多点电喷汽油	四缸、顶置16气门、多点电喷汽油	四缸、顶置8气门、多点电喷汽油	四缸、顶置20气门、可变配气相位、多点电喷汽油
最大功率[kW/(r/min)]	73/6 000	78/6000	82/6 000	71/5000	65/5600	78/5800
最大转矩[N·m/(r/min)]	133/4 500	142/4 000	143/4 500	140.2/4 000	135/3 000	150/4 200
整备质量(kg)	1165	1220	1275	1105	1115	1266
等速百公里油耗(L)	6.5	6.5	6.3	6.0	6.8	6.3
燃油标号	95号以上无铅汽油	93号以上无铅汽油	93号以上无铅汽油	93号以上无铅汽油	90号以上无铅汽油	93号以上无铅汽油
油箱容积(L)	50	60	55	55		55
最高时速(km/h)	187	180	184	185	175	185
0~100km/h加速时间(s)	12.4	12.7	11.6	12.7	15.5	12.5
排放标准	欧Ⅱ	欧Ⅱ	欧Ⅱ	欧Ⅱ	欧Ⅱ	欧Ⅱ
等速百公里油耗(L)	6.5	6.5	6.3	6.0	6.8	6.3
变速器	五挡手动	五挡手动	五挡手动	五挡手动	五挡手动	五挡手动
制动装置(前/后)	盘式/盘式	盘式/盘式	盘式/盘式	盘式/盘式	盘式/盘式	盘式/盘式
ABS	无	有(加EBD)	有(加EBD)	有(带制动力分配)	有(带制动力分配)	有(加EBV)
转向助力	有	有	有	有	有	有
转向盘	不可调	不可调	倾角可调	倾角可调	倾角可调	高度及角度可调
轮胎规格	185/65R14	185/65R14	195/65R15	195/55R15	185/60R14	195/65R15

续上表

品牌车型参数、指标配置	菱帅手动基本型 DN7160	凯越舒适版 SGM7161LX	伊兰特手动标准型 BH7160M	福美来新锐 HMC7161GL	爱丽舍 X	宝来手动基本型 FV7161
气囊	无	前排双	前排双	前排双	驾驶人座	驾驶人座
后座安全带	无	有	有	无	有	有
高位制动灯	无	无	有	有	无	有
防撞车身	有	无	有	有	无	无
防盗系统	无	有	无	无	无	有
中控门锁	有	有	有	有	有	有
倒车雷达	无	无	无	无	无	无
音响	磁带式收放机	立体声收音机/CD	立体声收音机/CD	立体声收音机/CD	磁带式收放机	磁带式收放机
玻璃升降	前后门电动	前后门电动	前后门电动	前后门电动	前后门电动	前后门电动
外后视镜	电动	电动	电动	电动	电动	电动加热
真皮座椅	无	无	无	无	无	无
价格(万元)	8.49	10.98	10.61	10.66	8.95	12.43

2. 选择参照车型

从表8-1可以看出,爱丽舍X型已属于淘汰车型,不属于同一代产品,不能作为评估参照物。宝来手动基本型,由于设计理念是为驾车人设计的汽车,不同于其他几个车型,同时,发动机采用了可变配气相位,在同排量的汽车中使用较少,因此也不是一个档次的汽车,也不能作为评估参照物。

3. 对被评估汽车及参照汽车进行试驾

试驾结果见表8-2。

被评估汽车与参照汽车进行试驾情况表 表8-2

性能 \ 品牌车型	菱帅手动基本型	凯越舒适版	伊兰特手动标准型	福美来新锐级
加速性	最差	第三	最好	低速时加速性较好 高速时加速性一般
油耗	第二低	最高	第三低	最低
高速噪声	最大		第二大	
操纵稳定性	最好	一般	一般	一般

4. 被评估汽车与参照汽车的品牌、性能、结构特点和配置的差异比较

被评估汽车在品牌上与参照物均为一线品牌,而在性能、结构特点和配置上与参照汽车有一些差异,见表8-3。

从表中可以看出,被评估汽车与参照汽车的差别主要表现在:

(1)使用95号以上无铅汽油。由于要求使用95号以上无铅汽油,燃油标号要高于参照汽车,95号以上无铅汽油普及率较低,中心城市以外不易购买到,造成行驶区域受到限制,从而使得一些对行驶区域有要求的潜在购买者被排除在外。购买者群体的减少会影响生产

厂商的定价。

被评估汽车与参照汽车的品牌、性能、结构特点和配置的差异比较表 表8-3

品牌车型参数、指标、配置	菱帅手动基本型	凯越舒适版	伊兰特手动标准型	福美来新锐级
燃油标号	95号以上无铅汽油	93号以上无铅汽油	93号以上无铅汽油	93号以上无铅汽油
油箱容积(L)	50	60	55	55
ABS	无	有(加EBD)	有(加EBD)	有(带制动力分配)
气囊	无	前排双	前排双	前排双
音响	磁带式收放机	立体声收音机/CD	立体声收音机/CD	立体声收音机/CD

(2)油箱容积。由于油箱容积相对较小,相对于参照物百公里燃油消耗也较高,因此行驶里程相对于参照物要少,这也使得对继驶里程要求较高的潜在买者被排除在外。购买者群体的减少也会影响生产厂商的定价。

(3)无ABS。由于配置上无ABS,使得在制造成本与参照汽车相比有一定的差距,其制造成本上要比参照汽车低大约4 000元。

(4)无气囊。由于配置上无气囊,使得在制造成本上与参照汽车相比也有一定的差距,其制造成本要比仅安装驾驶人一侧单气囊的参照汽车低3 000~5 000元,比安装前排双气囊的参照汽车低5 000~8 000元。

(5)磁带式收放机音响。由于配置上采用磁带式收放机响,与参照物汽车磁带式收放机加CD音响相比也有一点逊色,其制造成本上与参照汽车相比有一些的差距,大约低不到1 000元。与菱帅另一款配置ABS和CD音响的差4 900元。

5. 收集被评估汽车与参照汽车的价格走势

被评估汽车与参照汽车的价格比较见表8-4。

被评估汽车与参照汽车的价格比较表 表8-4

品牌车型 时间、价格	菱帅手动基本型(类似车型)	凯越舒适板(类似车型)	伊兰特手动标准型(类似车型)	福美来新锐级(类似车型)
最初上市时刻	2003年7月	2003年7月	2004年4月	2003年7月
最初上市价格(万元)	12.38	14.98	12.68	13
已上市时间	22个月	18个月	9个月	18个月
评估基准时价格(万元)	8.49	10.98	10.61	10.66
平均每月降价(万元)	0.177	0.222	0.23	0.13
现价占最初上市价百分比(%)	68.58	73.30	83.68	82.00

被评估汽车与参照汽车综合平均每月降价为1 900元。

6. 差异量化与评估

参照汽车的平均价格为10.75万元,与被评估汽车的配置差价约为1.2万元。

参照汽车的平均价格－配置差价＝10.75－1.2＝9.55万元,而被评估汽车的价格为8.49万元。

评估结论：

(1)被评估汽车使用燃油的标号较高，在现有的燃油供应的情况下，行驶区域受到限制。

(2)被评估汽车的燃油箱容积相对较小，在同类型的汽车中油耗相当，续驶里程相对较少。

(3)被评估汽车无 ABS，制动稳定性相对参照车型的汽车较差。

(4)被评估汽车无前排气囊，前排人员安全性相对于参照车型的汽车较差。

(5)被评估汽车 CD 音响，相对于参照车型的汽车音质较差。

(6)如果对(1)、(2)要求不高，并且驾驶技术比较成熟的潜在消费者，其性价比较高。

(7)从被评估汽车的定价目标、方法和策略上看，被评估汽车的降价空间不大。

第九章　事故车辆损失评估

第一节　事故汽车损失评估概述

对事故车损失的评估关系到车主、保险公司以及维修厂等多方利益。汽车评估人员对出险车辆的损失评估，既要考虑保险公司的经济效益，也要考虑事故车辆修复后能否基本恢复原有性能，也就是说，汽车评估人员必须能够准确、合理地对事故车辆的损失进行评估。

一、事故车损失的评估原则

对事故车辆损失的评估，应遵循以下基本原则：

(1)维修仅限于本次事故造成的损失。

(2)能修理的零部件，尽量修理，不能更换。

(3)能局部维修的，不扩大到整体修理，如车身局部的喷漆修理。

(4)更换个别零部件可以恢复性能的，不更换总成。

(5)根据修复的难易程度，参照当地工时费水平，准确确定工时费用。

(6)根据更换项目，参照当地采购价格或保险公司的系统报价，准确确定换件费用。

二、事故车损失评估的技术依据

在对事故车进行损失评估时所采取的技术依据主要是：

(1)了解出险车辆的结构及整体性能。

(2)熟悉受损零部件拆装的难易程度及相关作业量。

(3)掌握受损零部件的检测技术，了解修理工艺及所需工装器具。

(4)熟悉受损零部件的市场价格。

(5)掌握修理过程中所需的辅助材料及用量。

(6)掌握出险车辆维修后的检查、鉴定技术标准。

三、事故车损失评估所需的基本工具

对损坏汽车的鉴定工作有时非常复杂，如果不借助适当的工具、按照规范的步骤进行检查，很难做到准确无误。评估人员在评估时常用的工具有：

(1)必要的测量工具，如卷尺、量规等。

(2)常用的手动工具。评估人员应当能够熟练使用扳手、螺丝刀和钳子等常用工具，以便能够熟练拆卸一些损坏的配件，做进一步的检查。

(3)举升设备。评估人员应当能够自己操作举升机或千斤顶，对车辆进行正确的举升操

作。因为对于较为严重的碰撞事故,一般都要将车辆举起,检查车身底部。

(4)记录信息的工具。可以用笔、本记录损伤情况,也可用语音方式将损坏情况记录在MP3等录音设备上,或者直接记录在笔记本式计算机上。

(5)查询配件信息的手册或软件。可以是原厂配件手册、第三方手册或估价软件,以便查询配件信息和关键尺寸。

四、事故车损失评估的步骤

(1)弄清肇事起源点,由此确定因肇事部位的撞击、振动可能引起哪些部位损伤。

(2)确定维修方案,并据此对损坏的零部件由表及里进行登记,并进行修复或更换的分类。鉴定、登记时可以按以下顺序进行:由前到后,由左到右,先登记外附件(即钣金覆盖件、外装饰件),再按发动机、底盘、电器、仪表等分类进行。

(3)根据已确定的维修方案及修复工艺难易程度确定工时费用。

(4)根据所掌握的汽车配件价格确定材料费用。

(5)评估时各方(被保险人、第三者、修理厂、保险公司)最好均在场。在明确修理范围及项目,确定所需费用,签订"事故车辆估损单"协议后方可让事故车进厂修理。

五、事故车损失评估的注意事项

1. 损失范围确认

(1)区分本次事故和非本次事故造成的损失。根据事故部位的痕迹进行判断。本次事故的碰撞部位,一般有脱落的漆皮痕迹和新的金属刮痕;非本次事故的碰撞部位一般有油污或锈迹。

(2)区分事故损失和机械损失。机械损失如制动失灵、机械故障、轮胎自身爆裂,以及零部件的锈蚀、朽旧、老化、变形、裂纹等,这些都属于车辆的折旧部分。而事故损失多是由于意外原因造成的,但若因机械损失导致事故(如造成碰撞、倾覆、爆炸等)的,则事故损失部分属于评估范围。

(3)区分因意外风险导致的事故损失与因产品质量或维修质量问题而引发的事故损失。碰撞、倾覆、坠落、火灾、爆炸、暴风、暴雨、雹灾、泥石流等意外风险造成的车辆损失一般保险公司负责赔偿,而由汽车或零配件的产品质量或维修质量引发的车辆损毁,应由生产厂家、配件供应厂家、汽车销售公司或汽车维修厂家负责赔偿。所以,损失评估时对二者的损失要分开进行。同时,在评估过程中,对汽车质量是否合格不好把握时,可委托机动车辆的司法鉴定部门进行鉴定。

(4)区分事故发生后,有无因采取措施不当或施救方法不合理导致损失扩大部分。常见采取措施不当有:汽车托底后,发动机油或变速器油泄漏,而又继续行驶导致发动机或变速器损失扩大;汽车碰撞后,造成散热器破裂,冷却液泄漏,而又继续行驶导致发动机损失扩大;行驶中发动机进水后,未及时停车或因进水而导致熄火后重新起动,导致发动机损失扩大。常见不合理施救有:对倾覆车辆在吊装时未对车身合理保护,致使车身漆层大面积损伤的;对倾覆车辆在吊装过程中未合理固定,造成二次倾覆的;在分解施救过程中拆卸不当,造成车辆零部件损坏或丢失;对拖移车辆未进行检查,造成拖移过程中车辆损坏扩大,如轮胎缺气或转向失灵硬拖硬磨造成轮胎的损坏。

(5)对有新增设备的车辆,应区分车辆标准配置的损失和新增设备的损失。

(6)对更换零件的,损坏件的残值应合理作价,损失应为换件价格扣除损坏件的残值。

2. 事故维修与正常维修的区别

(1)维修起因有别。汽车的正常维修主要依据使用年限或行驶里程,也可根据性能退化决定是否需要维修。而事故车辆的修理则主要依据突发事故对车辆造成的损坏程度。

(2)维修目的不同。汽车进行正常维修时需发现和确定所存在的技术缺陷。依据"技术上可行、经济上合理"的原则,提出解决方案,排除已经发现的故障以及潜在的故障隐患,恢复汽车的正常性能。事故车辆维修是确定本次事故造成的损失,确定哪些零部件该换,哪些零部件该修及如何修理;确定更换零部件的价格,确定修理所需工时费;使汽车恢复到事故发生前的技术状态。维修事故车辆时,凡与本次事故无关或事故发生后未经处理继续使用导致扩大的损坏,即使存在问题也不属于保险责任范围。

(3)依据标准不同。事故车辆碰撞以后,各部位变形的差别很大,修复的工作量差异也很大,依据的标准基本是行业约定俗称的修换界定以及经济方面的合理性。正常维修时,各总成的拆装、修理及部件的修理,是根据汽车维修企业长期实践且经测算而取得的平均工时定额,如各汽车维修管理部门颁发的汽车维修相关规定。

3. 常见矛盾的处理

(1)处理好与汽车维修厂的矛盾。作为汽车维修厂,考虑自身效益,希望评估价格越高越好。应对策略:初步拟定修理方案,对工时费部分,先实行招标包干。一般说来,大事故往往需要分解检查后,才可能拿出准确的定损价格。此时,不宜先分解后定价,而应先与修理厂谈妥修理工时费用,再对事故车辆进行分解。若盲目分解,一旦在工时费用方面与修理厂无法达成一致,则会给后期变更修理厂等工作带来很大被动。在工时包干不能与修理厂谈妥的情况下,可对事故车辆的作业项目按部位、项目等进行工时分解,并逐项解释,以理服人。

(2)处理好与客户的矛盾。大多数客户在车辆出险后,对于损坏的零部件(特别是钣金件、塑料件等),不论损坏程度轻重,都希望更换。应对策略:向客户说明损坏的零部件在车辆结构上所起的作用以及修复后对汽车原有性能及外观没有影响;对出险频率较高的车辆必须坚持原则,达不到更换标准的一概不换;对配件价值较大,可换可不换的,尽量说服客户不换,对配件价值较小,考虑照顾客户情绪,可予以更换;根据车辆出险前的实际情况,如果所损坏的零件原本属于副厂件,不能更换正厂件,原本属于国产件,不能换进口件。

4. 注意安全事项

(1)在评估受损汽车之前,先查看车上是否有破碎玻璃,是否有锋利的刀状或锯齿状金属边角。对危险部位做上安全警示,或进行处理。

(2)如果闻到有汽油泄漏的气味,切勿使用明火,切勿开关电气设备。事故较大时,可考虑切断蓄电池电源。

(3)如果有机油或齿轮油泄漏,当心滑倒。

(4)在检验电气设备的状态时,不要造成新的损伤。例如:在车门变形的情况下,检验电动车窗玻璃升降功能时,切勿盲目升降,以免造成升降器损坏。

(5)应在光线良好的场所进行碰撞诊断,如果损伤涉及底盘或需在车下进行细致检查时,务必使用专用举升设备,以保证评估人员的安全。

第二节　汽车碰撞常见的易损坏零部件

一、汽车碰撞损失的零部件

汽车碰撞一般损坏的是外饰件,了解外饰件的组成对于事故车的评估十分重要。

图 9-1 ~ 图 9-35 所示为典型汽车外饰件的组成情况。

(1)前保险杠(图 9-1)。

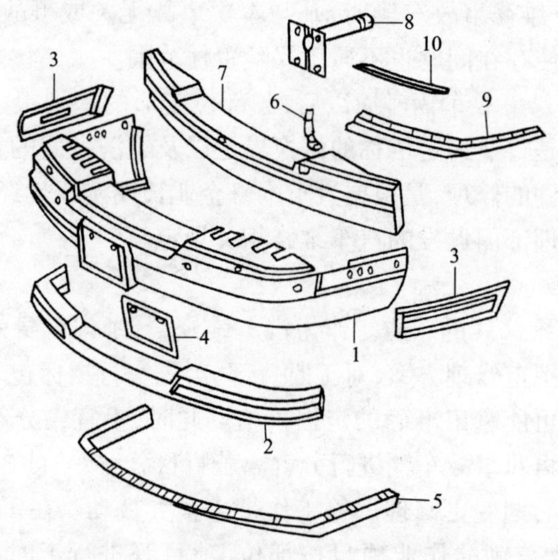

图 9-1　前保险杠

1-外皮;2、3-压紧饰条;4-牌照架;5-保险杠罩板;6-保险杠外皮支架;7-保险杠骨架;8-缓撞减振器;9-倒流板;10-前脸框架下饰条

(2)前灯(图 9-2)。

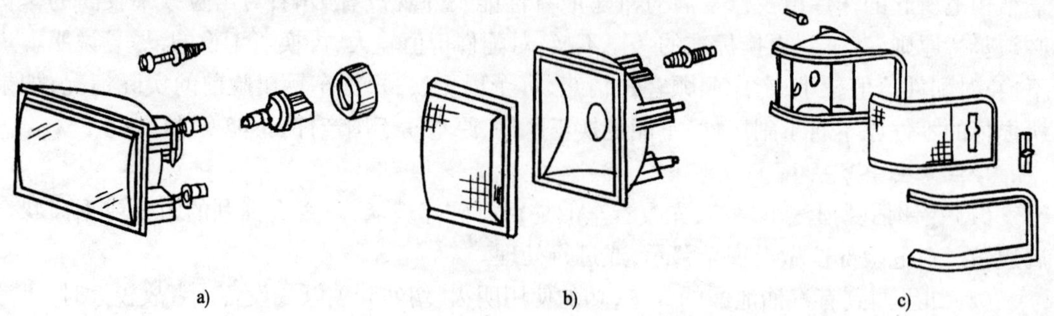

图 9-2　前灯

a)前照灯总成;b)停车灯总成;c)边灯总成

(3)中网及前脸框架(图 9-3)。

(4)发动机罩(图 9-4)。

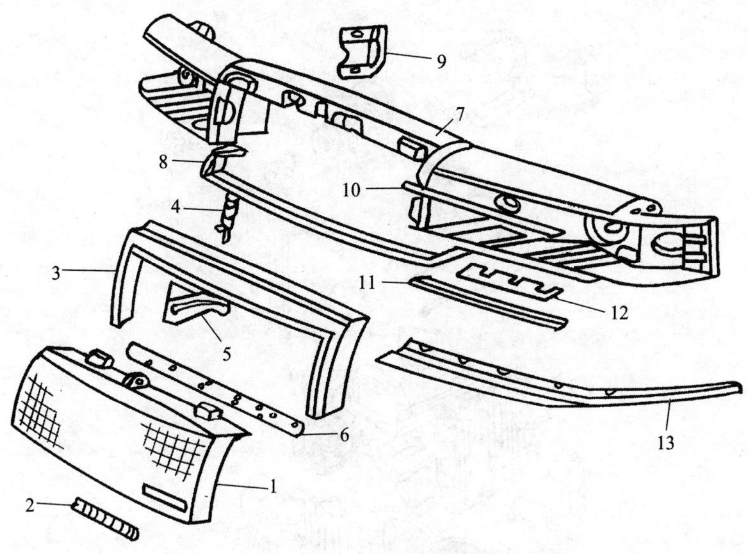

图 9-3　中网及前脸框架

1-中网;2-标牌;3-中网外护板;4-立标;5-中网固定弹簧;6-导流板密封条;7-前脸框架;8-中网支撑条;9-前脸框架托架;10、11-前脸框架饰条;12-前脸框架延伸条;13-导流板

(5)冷却系(图 9-5)。

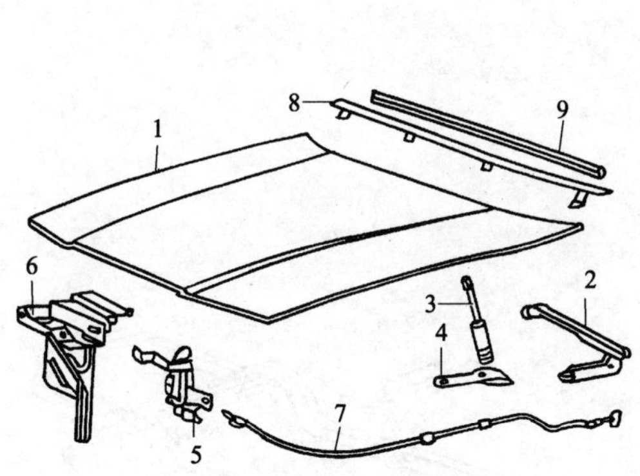

图 9-4　发动机罩

1-发动机罩;2-发动机罩铰支座;3-支撑杆;4-翼子板托架;5-锁;6-锁支座;7-拉线;8-发动机罩饰条;9-发动机罩缓振垫

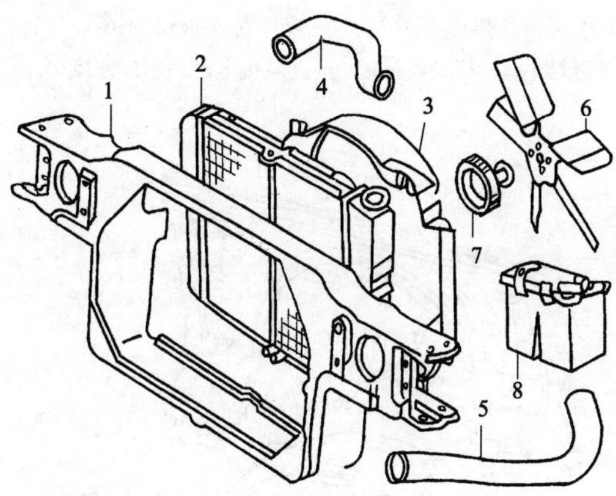

图 9-5　冷却系

1-散热器大框;2-散热器;3-风扇护圈;4、5-散热器上、下水管;6-风扇叶;7-风扇离合器;8-储水箱

(6)空调系/暖风(图 9-6)。

(7)翼子板(图 9-7)。

(8)车架总成(图 9-8)。

(9)车轮(图 9-9)。

(10)前悬架(图 9-10)

(11)转向拉杆(9-11)。

(12)转向机(9-12)。

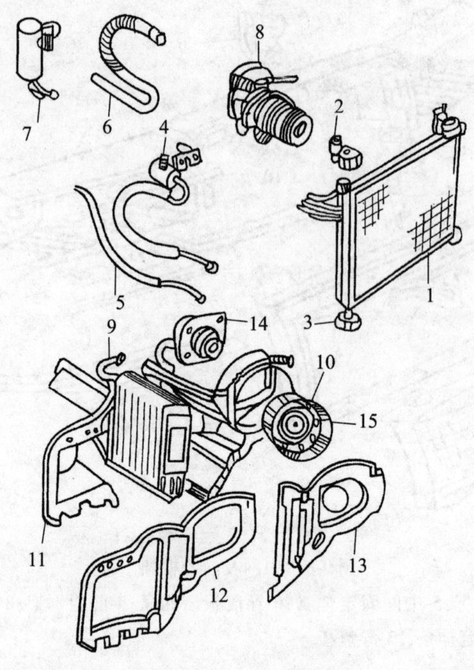

图9-6　空调系/暖风

1-冷凝器;2-托架;3-隔热垫;4-歧管总成;5-液流管;6-进气管;7-储液干燥器;8-压缩机;9-蒸发器;10、11-暖风外壳;12-暖风外壳密封垫;13-蒸发器托板;14-鼓风机电动机;15-鼓风扇

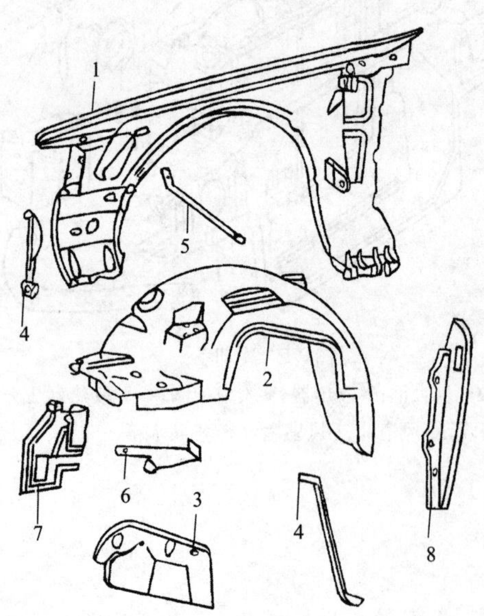

图9-7　翼子板

1-翼子板;2-挡泥板;3-翼子板内侧;4-翼子板支撑拉杆;5-蓄电池支架加强杆;6-蓄电池支架加强板;7-蒸发器支架;8-隔声材料

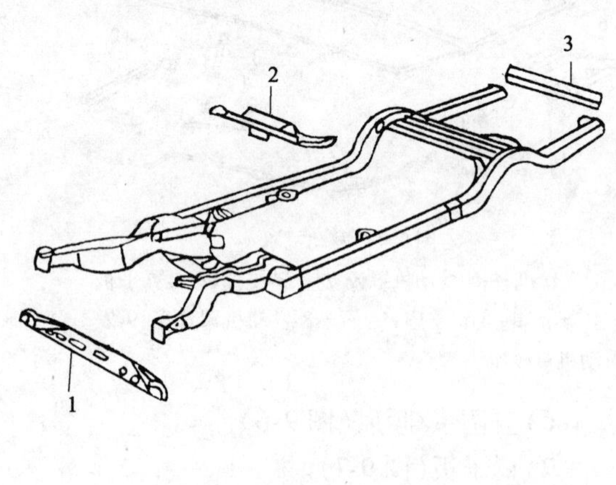

图9-8　车架总成

1-前横梁;2-二号横梁;3-后横梁

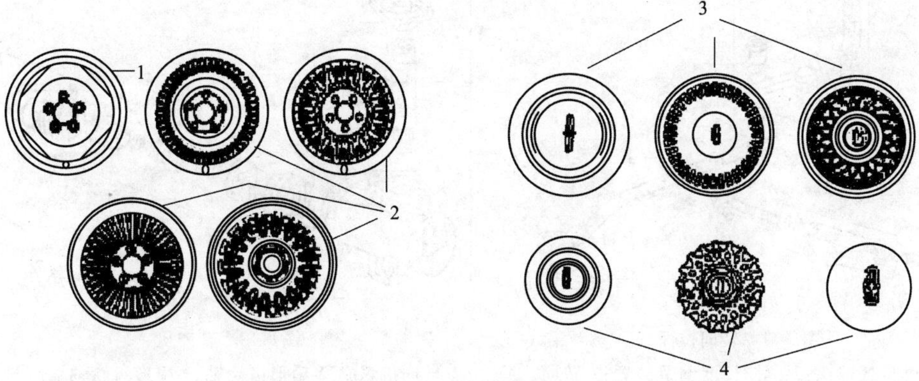

图 9-9　车轮

1-钢制车轮;2-铝合金车轮;3-车轮装饰盖;4-轴头盖

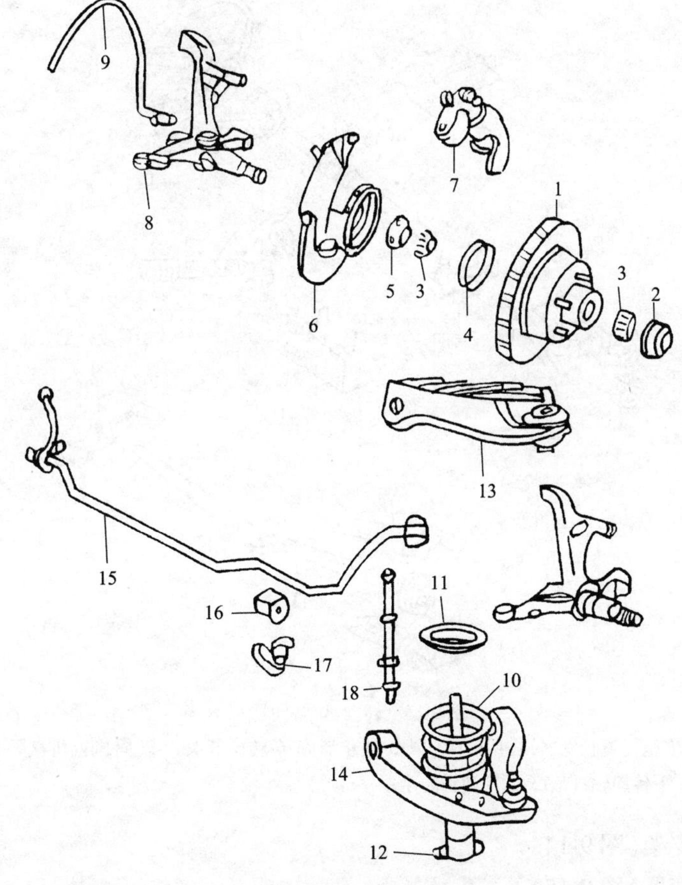

图 9-10　前悬架

1-制动盘;2-防尘盖;3-车轮轴承;4-ABS 齿圈;5-油脂密封圈;6-挡泥板;7-制动钳;8-转向节;9-ABS 传感器;10-减振弹簧;11-弹簧挡圈;12-减振器;13-上支臂;14-下支臂;15-平衡杠;16-平衡杠轴衬;17-平衡杠支架;18-平衡杠连接组件

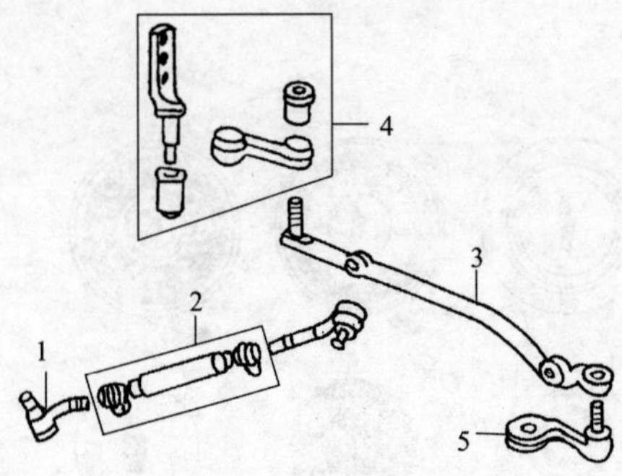

图 9-11　转向拉杆

1-外拉杆球头;2-拉杆长度调节装置;3-转向横拉杆;4-随动转向臂;5-转向拉臂

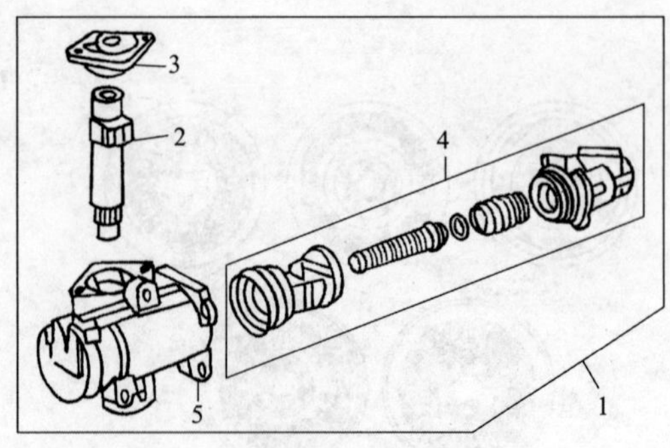

图 9-12　转向机

1-转向机总成;2-扇形齿轮轴;3-扇形齿轮轴盖;4-输入控制轴;5-转向机齿轮壳

(13)转向盘/转向柱(图 9-13)。

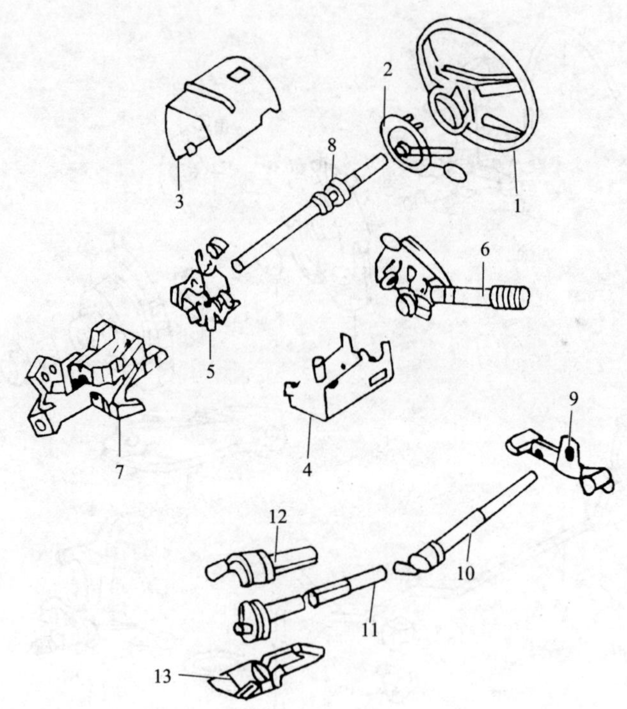

图 9-13　转向盘/转向柱

1-转向盘带防撞气囊;2-安全气囊触发器;3、4-上下护罩;5-锁止器壳;6-转向开关;7-转向执行机械外壳;8-上传动轴;9-安装支架;10-中传动轴;11-下传动轴;12、13-下传动轴防尘罩

(14)发动机支架(图 9-14)。

(15)空气滤清器(图 9-15)。

(16)风窗玻璃(图 9-16)。

(17)刮水机构(图 9-17)。

(18)仪表工作台(图 9-18)。

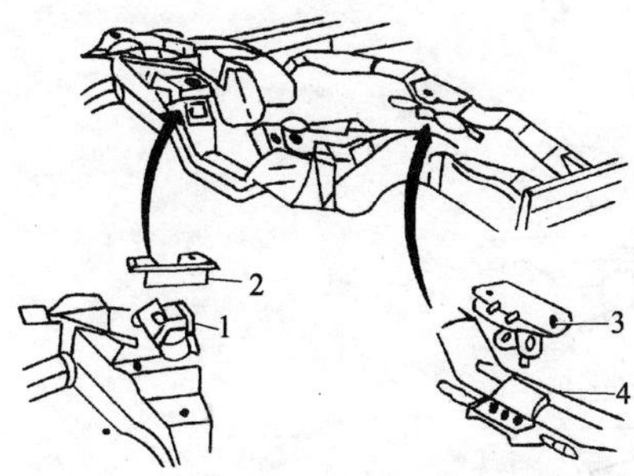

图 9-14　发动机支架

1-发动机座;2-发动机安装支架;3-变速器座;4-前横梁

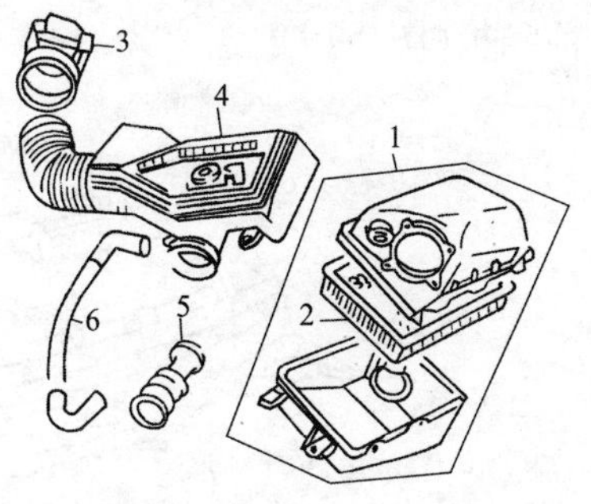

图 9-15　空气滤清器

1-空气滤清器总成;2-空气滤芯;3-空气流量传感器;4-排气管;5-进气管;6-旁通管

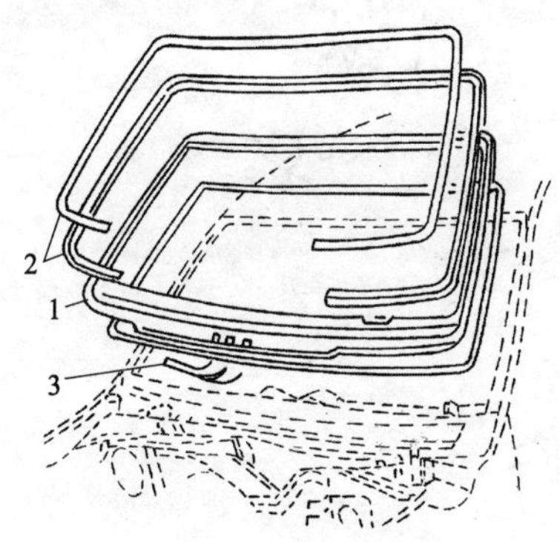

图 9-16　风窗玻璃

1-玻璃;2-玻璃压紧条;3-预热电丝

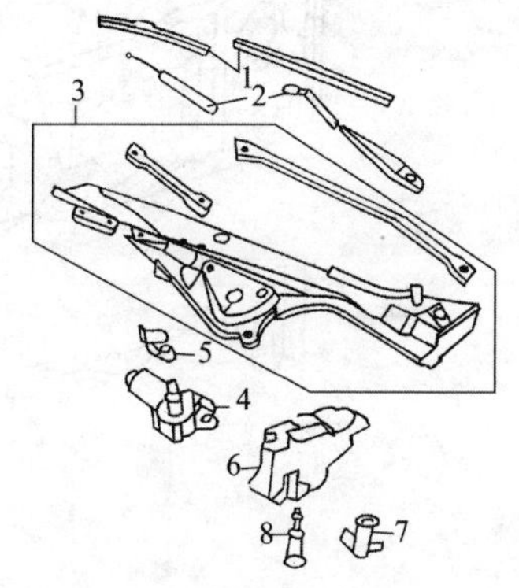

图 9-17　刮水机构

1-刮水片;2-刮水臂;3-枢轴联动器总成;4-刮水器电动机;5-电动机输出轴;6-储水箱;7-喷水泵;8-液面传感器

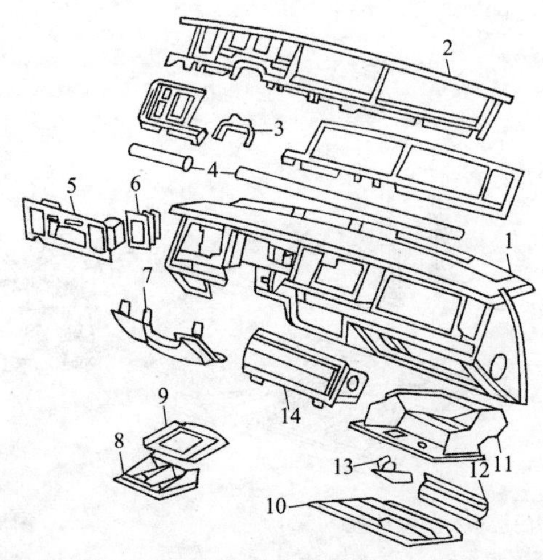

图 9-18　仪表工作台

1-仪表工作台面板;2-组合饰板;3-转向柱垫片;4-面板饰条;5-装饰板;6-气流调节器;7-转向柱盖;8-烟灰盒;9-烟灰盒盖;10-工具箱门;11-工具箱;12-工具箱合页;13-工具箱锁;14-副座安全气囊

(19)前隔板(图 9-19)。

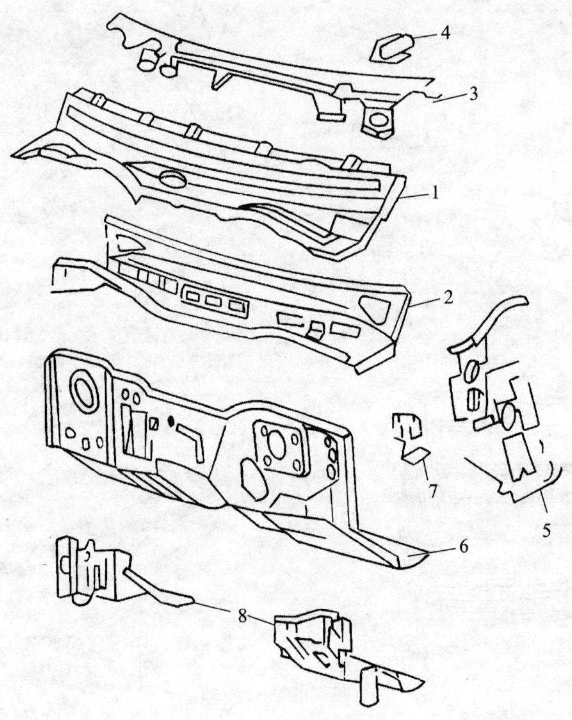

图 9-19　前隔板

1、2-前隔板上部面板;3-前隔板上挡板;4-前隔板上部加强板;5-前隔板侧面板;6-前隔板;7-前隔板上挡板托架;8-前隔板托架

(20)车门槛板/立柱/地板(9-20)。

(21)座椅安全带(图 9-21)。

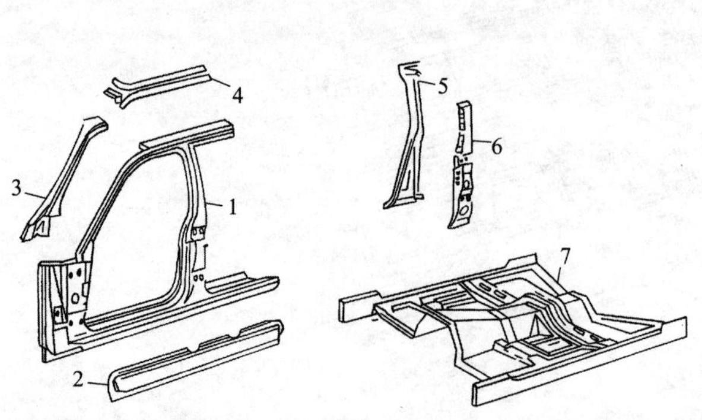

图 9-20　车门槛板/立柱/地板

1-车门框架;2-框架加强板;3-前立柱;4-车顶侧边条;5-中立柱;6-中立柱加强板;7-前地板

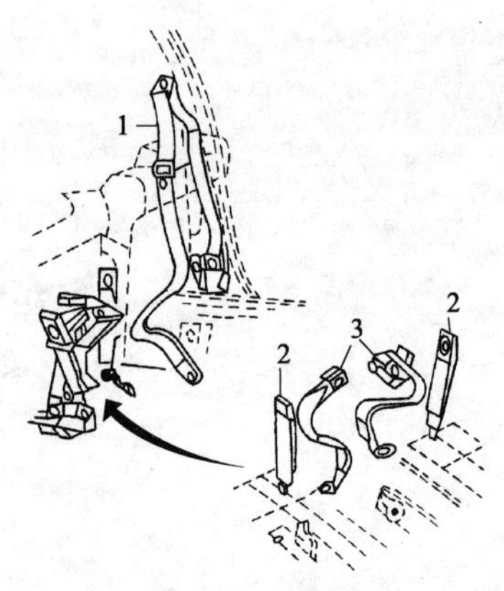

图 9-21　座椅安全带

1-收锁装置;2-搭扣;3-安全带

(22)前门(图 9-22)。

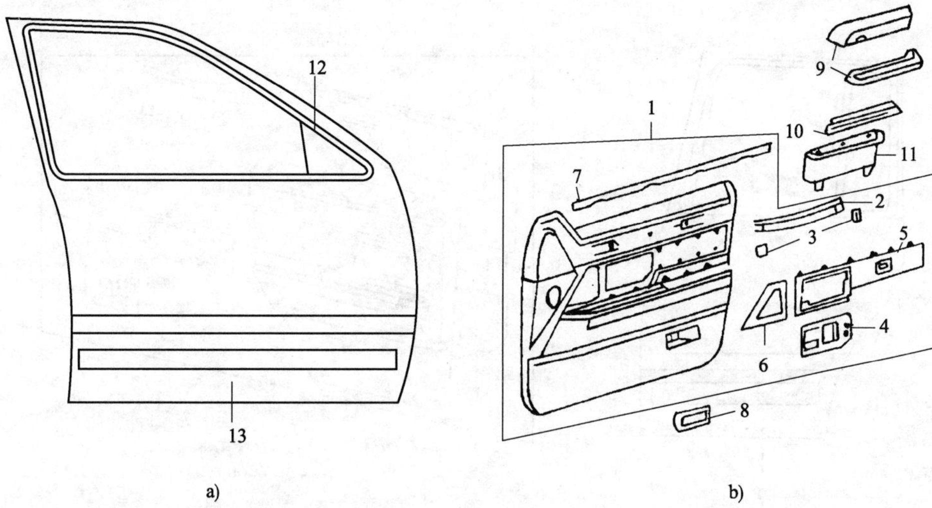

图 9-22　前门

a）前门饰条；b）前门内饰

1-内饰板总成；2-手拉条；3-拉条端头；4-内拉手；5-贴面面板；6-扬声器盖；7-上部饰条；8-开门灯；9-扶手；10-扶手折叶；11-扬声器调节器盒；12-车窗升降机构饰条；13-车门下部饰条

（23）金属构件（图 9-23）。

（24）玻璃及其部件（图 9-24）。

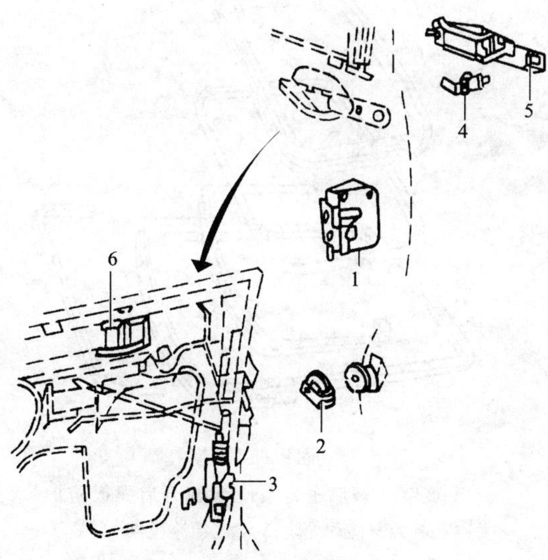

图 9-23　金属构件

1-门锁；2-锁芯；3-门锁执行元件；4-门锁液压件；5-外拉手；6-内拉手

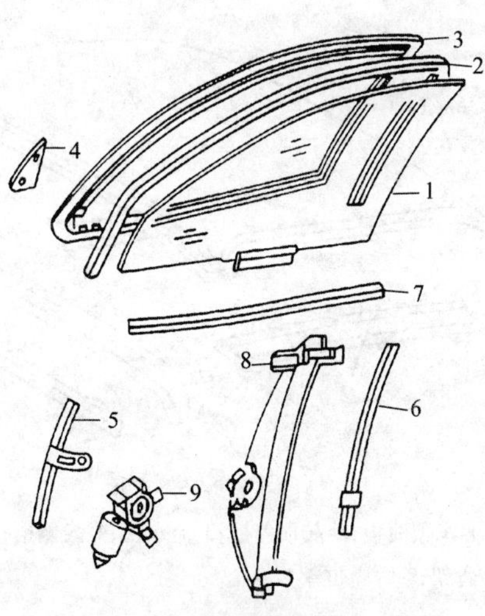

图 9-24　玻璃及其部件

1-玻璃；2-玻璃升降槽；3-车窗外饰条；4-密封垫片；5-前槽定位架；6-后槽定位架；7-内密封条；8-玻璃升降器；9-升降器电动机

(25)后门(图9-25)。

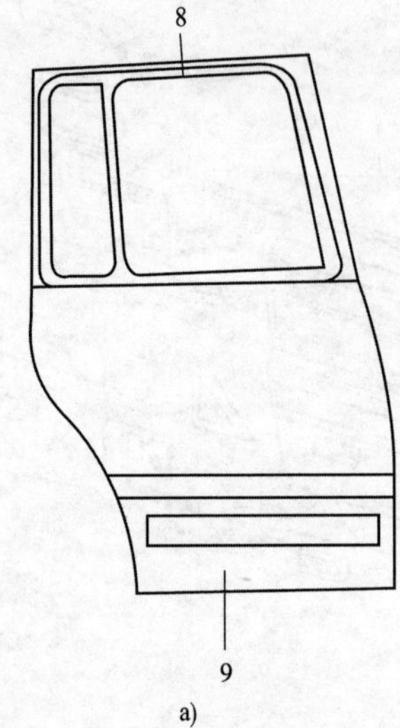

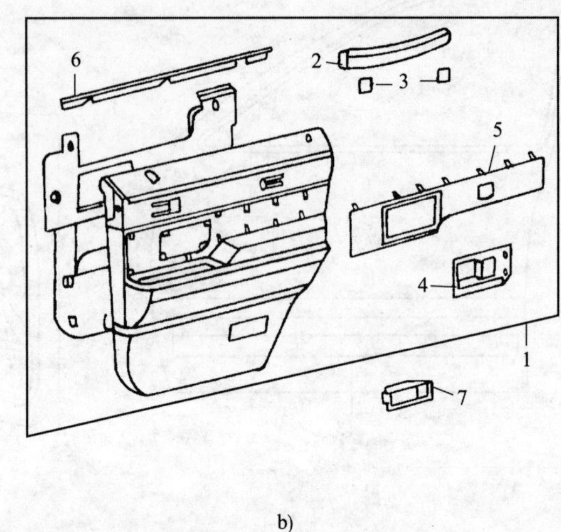

图9-25 后门

a)后门饰条;b)后门内饰

1-内饰板总成;2-手拉手;3-拉条端头;4-内拉手;5-贴面面板;6-上部饰条;7-开门灯;8-车窗升降机构饰条;9-车门下部饰条

(26)车顶(图9-26)。

(27)天窗(图9-27)。

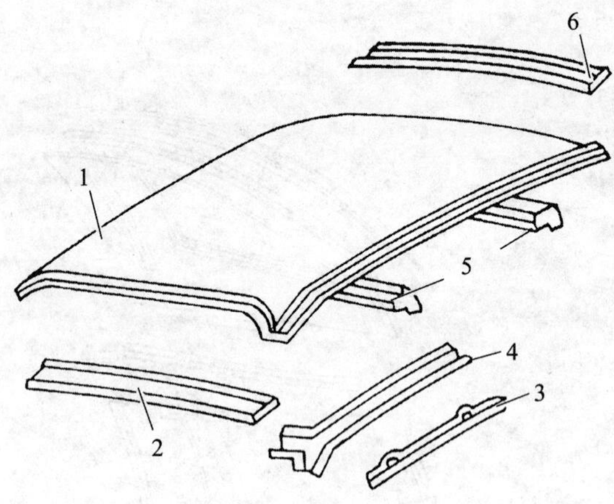

图9-26 车顶

1-车顶面板;2-前顶盖板;3-流水槽;4-内侧槽;5-车顶加强骨架;6-后窗框架

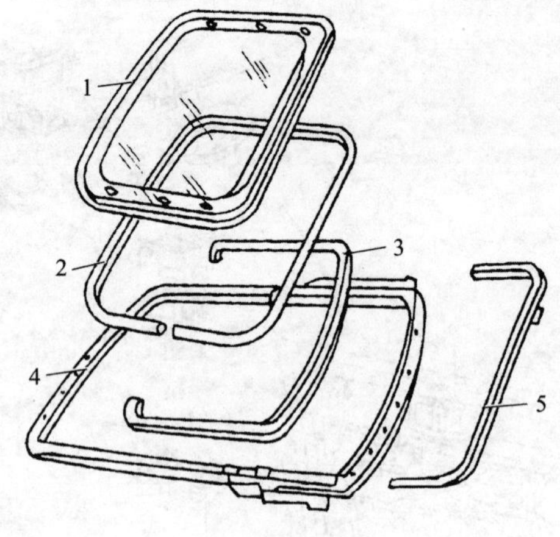

图9-27 天窗

1-玻璃;2-玻璃密封条;3-天窗开启面板防护件;4-天窗移动导轨;5-空气导流板

(28)车身后侧面板(图9-28)。

(29)后侧面板内饰(图9-29)。

(30)行李舱盖(图9-30)。

(31)后悬架(图9-31)。

(32)后部车身(图9-32)。

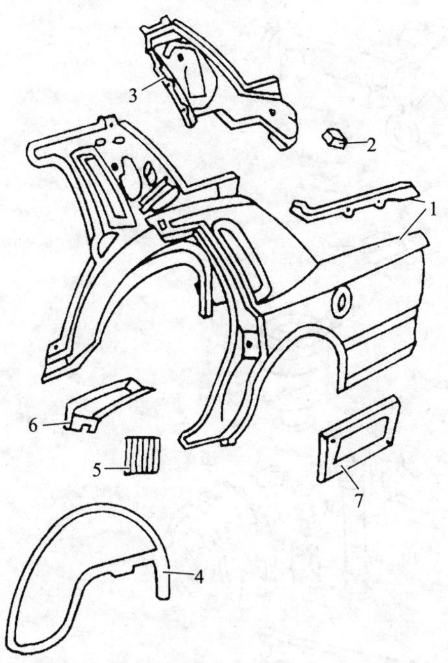

图 9-28　车身后侧面板

1-后侧面板;2-门锁碰板;3-内护板;4-内侧轮罩;5-轮罩支座;6-行李舱底板支架;7-后侧面板缓撞条

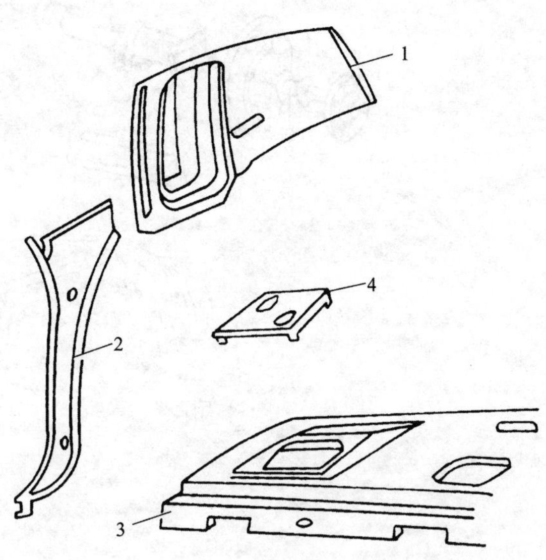

图 9-29　后侧面板内饰

1-上饰板;2-下饰板;3-行李舱底板;4-扬声器网栅

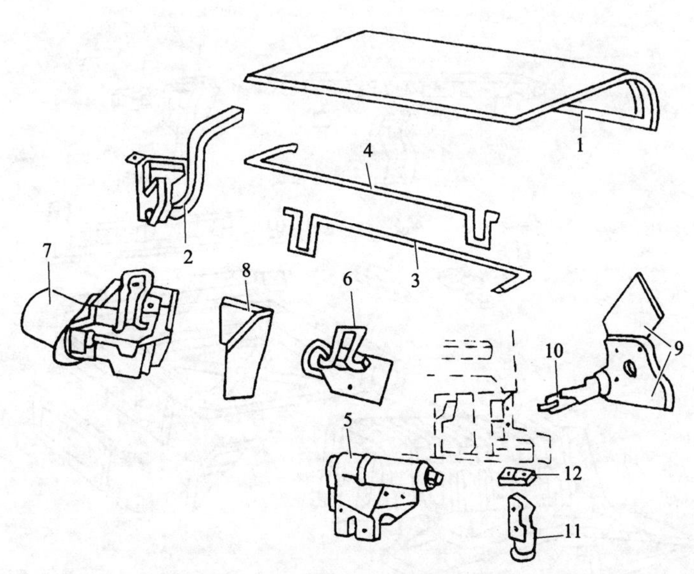

图 9-30　行李舱盖

1-行李舱盖;2-行李舱盖铰支座;3、4-扭转撑杆;5-锁;6-锁闩眼;7-锁执行机构;8-锁执行机构支架;9-锁壳体;10-锁液压件;11-锁定位块;12-定位块密封垫

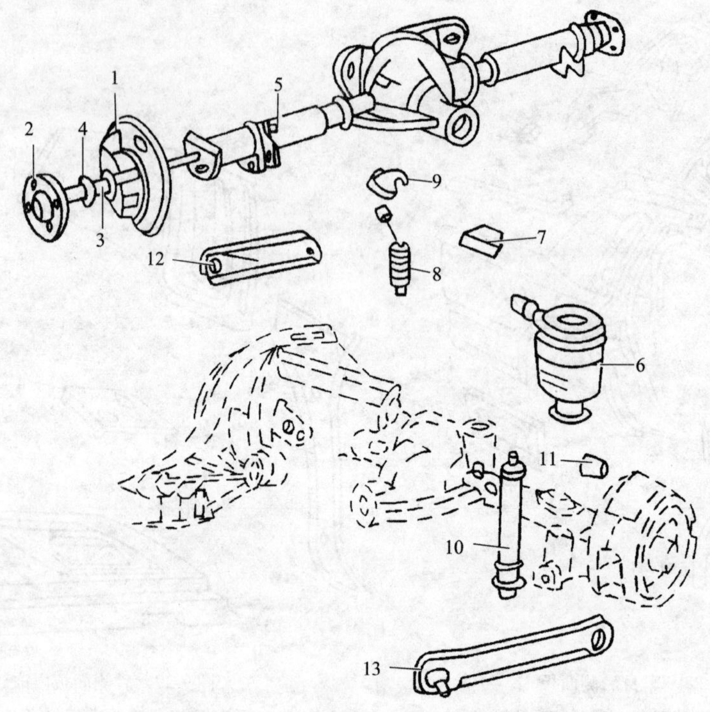

图 9-31　后悬架

1-制动底板;2-后桥半轴;3-油封;4-后桥轴承;5-后桥壳;6-空气弹簧;7-空气弹簧护罩;8-装载高度传感器;9-传感器支架;10-减振器;11-后桥减振器;12-上摆臂;13-下摆臂

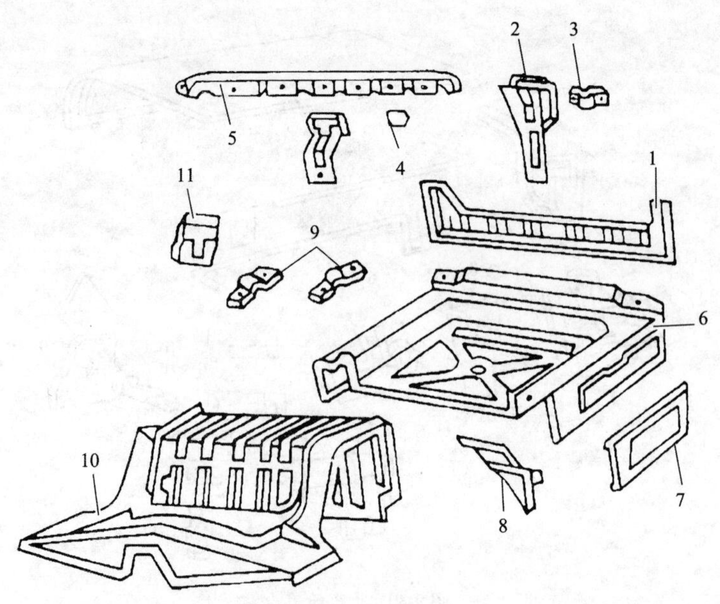

图 9-32　后部车身

1-后部车身面板;2-锁闩眼支架;3-锁定位器支架;4-行李舱锁闩眼;5-面板加强筋;6-行李舱底板;7-底板延伸部件;8-延伸部件加强筋;9-支架;10-中央地板底板;11-底板支架

(33)油箱(图9-33)。

(34)后部车身内饰(图9-34)。

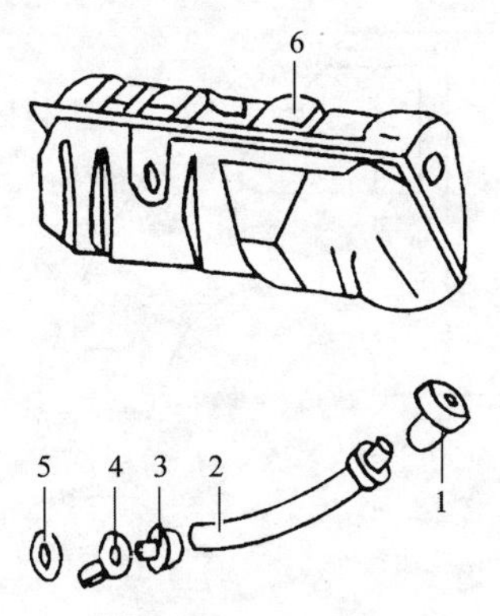

图9-33 油箱

1-加油口盖;2-加油管;3、5-密封圈;4-油管定位器;6-油箱

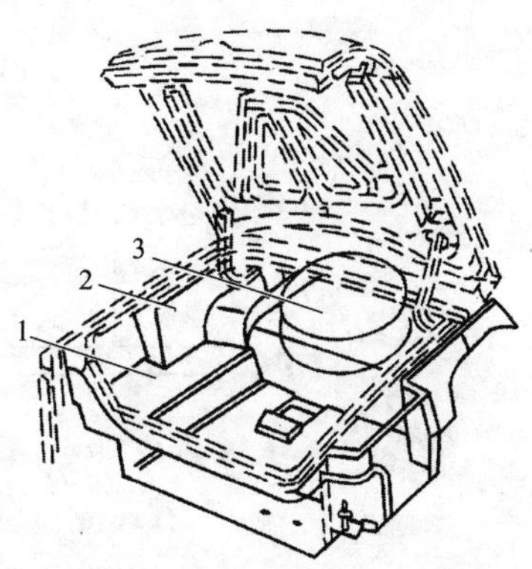

图9-34 后部车身内饰

1-行李舱底板盖;2-车轮护罩内饰;3-备胎罩

(35)后灯(图9-35)。

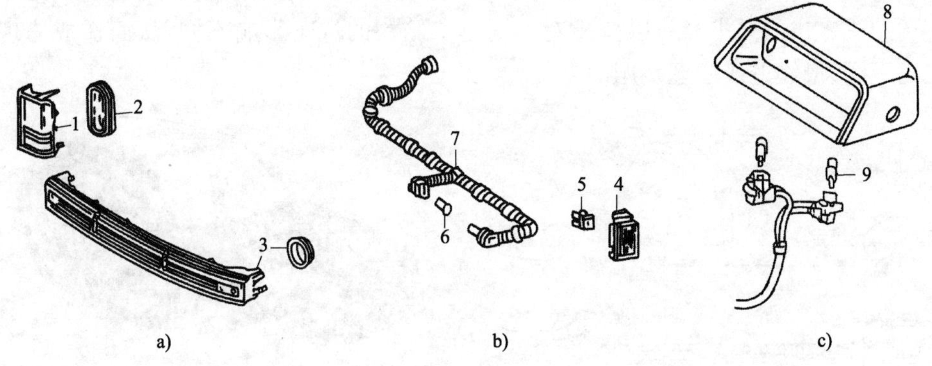

图9-35 后灯

a)组合灯;b)牌照灯;c)高位制动灯

1-尾灯总成;2-尾灯密封圈;3-装饰罩及后射器总成;4-灯总成;5-车灯定位件;6-灯泡;7-灯座及电线;8-灯总成;9-灯泡及电线

二、汽车碰撞损伤的诊断与测量

1.车辆碰撞损伤影响因素

汽车碰撞事故是所有汽车事故中数量最多的一种。影响事故车损坏程度的因素有:

(1)事故车的结构、大小、形状和质量。

(2)被撞物体的大小、形状、刚度和速度。

(3)发生碰撞时的车辆速度。

(4)碰撞的位置和角度。

(5)事故车辆中的乘员或货物的质量和分布情况。

2.碰撞对不同车身结构的影响

汽车车身既要经受行驶中的振动,又要在碰撞时能够为车上乘员提供安全保障。因此,现代汽车的车身被设计成在碰撞时能最大限度地吸收能量，以减少对乘员的伤害，如图9-36所示。

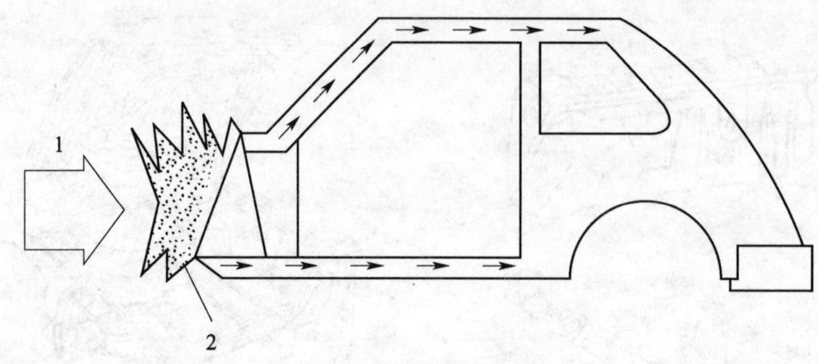

图9-36 碰撞时车身变形吸能

1-碰撞力方向;2-车身变形区

如图9-37所示，非承载式车身发生碰撞后，可能是车架损伤，也可能是车身损伤，或车架车身都损伤。车架车身都损伤时可通过更换车架来实现车轮定位及主要总成定位，然而，承载式车身发生碰撞后通常会造成车身结构件的损伤，如图9-38所示。通常非承载式车身的修理只需满足形状要求即可，而承载式车身的修理不但要满足形状要求，还要满足车轮定位及主要总成定位的要求。所以碰撞对不同车身结构的汽车影响不同，从而造成修理工艺和方法的不同，最终造成修理费用的差距。

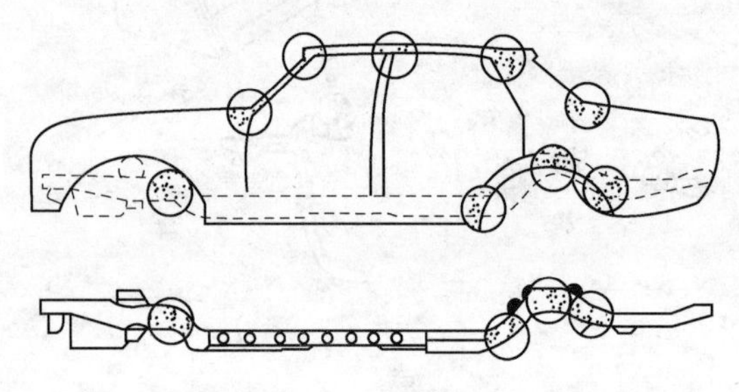

图9-37 非承载式车身

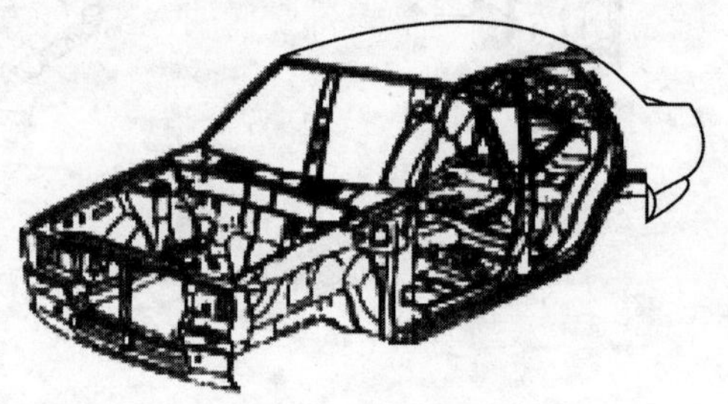

图9-38 承载式车身

1）碰撞造成的非承载式车身变形种类

（1）左右弯曲。侧面碰撞会引起车架左右弯曲或一侧弯曲，如图9-39所示。左右弯曲通常发生在汽车前部或后部，一般可通过观察钢梁内侧及对应钢梁外侧是否有皱曲来确定。通过发动机罩、行李舱盖及车门缝隙、错位等情况也能够辨别出左右弯曲变形。

（2）上下弯曲。汽车碰撞产生弯曲变形后，车身外壳会比正常情况高或比正常位置低，结构上也有前、后倾现象，如图9-40所示。上下弯曲一般由来自前方或后方的直接碰撞引起，可能发生在汽车一侧也可能是两侧。判别上下弯曲变形时，可查看翼子板与门之间的上下缝隙，是否顶部变窄下部变宽，也可查看车门在撞击后是否下垂。

（3）皱折与断裂损伤。汽车碰撞后，车架或车上某些零部件的尺寸会与厂家提供的技术资料不相符，断裂损伤通常表现在发动机罩前移和侧移、行李舱盖后移和侧移，如图9-41所示。有时看上去车门与周围吻合很好，但车架却已产生了皱折或断裂损伤，这是非承载式结构不同于承载式结构的特点之一。皱折或断裂通常发生在应力集中的部位，而且车架通常

还会在对应的翼子板处造成向上变形。

(4)平行四边形变形。汽车一角受到来自前方或后方的撞击力时,其一侧车架向后或向前移动,引起车架错位,使其成为一个接近平行四边形的形状,如图9-42所示。平行四边形变形会对整个车架产生影响。目测可见发动机罩及行李舱盖错位,通常平行四边形变形还会带来许多断裂及弯曲变形的组合损伤。

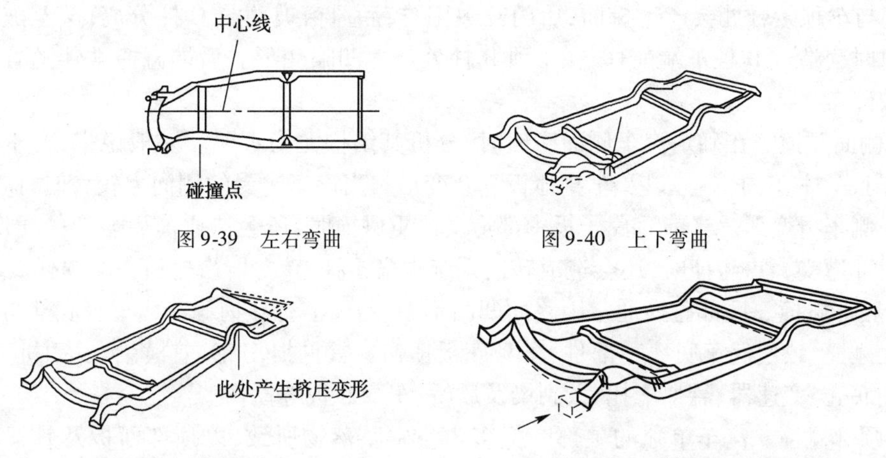

图9-39 左右弯曲

图9-40 上下弯曲

图9-41 皱折变形图

图9-42 平行四边形变形

(5)扭曲变形。当汽车高速撞击到与车架高度相近的障碍物时,会发生扭曲变形,如图9-43所示。另外,尾部受侧向撞击时也会发生这种变形。受此损伤后,汽车的边角会比未受损伤时高,而相反一侧会比正常时低。应力集中处时常伴有皱折或断裂损伤。

2)碰撞对承载式车身的影响

承载式车身能很好地吸收碰撞时产生的能量。发生撞击时,车身由于吸收撞击能量而变形,使撞击能量大部分被车身吸收。撞击能量在承载式车身上造成的影响通常按锥形传递,碰撞点为锥顶,如图9-44所示。

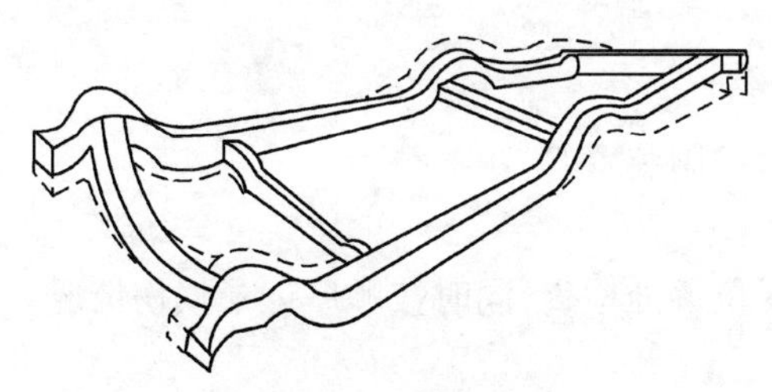

图9-43 扭曲变形

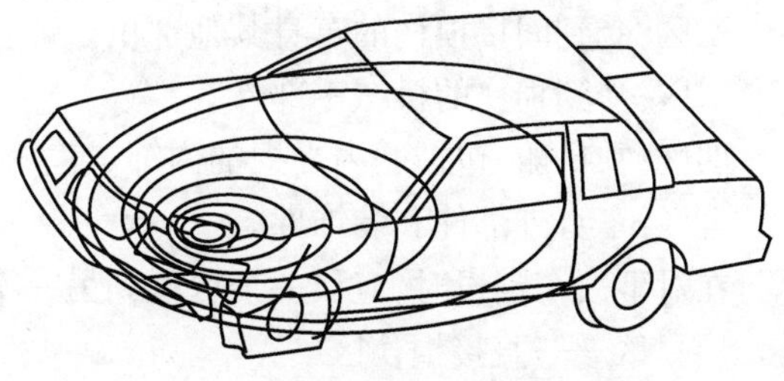

图9-44 承载式车身碰撞时能量的锥形传递

在受到碰撞时,车身能按照设计要求形成特定形状,这样传到车身的振动波就会被大大减弱,即来自前方的碰撞应力被前部车身吸收了;来自后方的碰撞应力被后部车身吸收了;来自前侧方的碰撞应力被前翼子板及前部纵梁吸收;中部的碰撞应力被边梁、立柱和车门吸收;来自后侧方的碰撞应力被后翼子板及后部纵梁吸收。

(1)前端碰撞。碰撞较轻时,保险杠会被向后推,前纵梁及内轮壳、前翼子板、前横梁及散热器框架会变形;如果碰撞加重,那么前翼子板会弯曲变形并移位触到车门,发动机罩铰链会向上弯曲并移位触到前围盖板,前纵梁变形加剧造成副梁的变形;如果碰撞程度更剧烈,前立柱将会产生变形,车门开关困难,甚至造成车门变形;如果前面的碰撞从侧向而来,由于前横梁的作用,前纵梁也会产生变形。前端碰撞常伴随着前部灯具及护栅破碎,冷凝器、散热器及发动机附件损伤、车轮移位等。

(2)后端碰撞。汽车因后端正面碰撞造成损伤时,往往是被动碰撞所致。如果碰撞较轻,后保险杠、行李舱后围板、行李舱底板可能压缩弯曲变形;如果碰撞较重,C 柱下部前移,C 柱上端与车顶接合处会产生折曲,后门开关困难,后风窗玻璃与 C 柱分离,甚至破碎。碰撞更严重时会造成 B 柱下端前移,在车顶 B 柱处产生凹陷变形。后端碰撞常伴随着后部灯具等的破碎。

(3)侧面碰撞。在确定汽车侧面碰撞时,分析其结构尤为重要。一般说来,对于严重的碰撞,车门、A 柱、B 柱、C 柱以及车身地板都会变形。当汽车遭受的侧向力较大时,惯性作用会使另一侧车身变形。当前后翼子板中部遭受严重碰撞时,还会造成前后悬架的损伤,前翼子板中后部遭受严重碰撞时,还会造成转向系统中横拉杆、转向器齿轮齿条的损伤。

(4)底部碰撞。底部碰撞通常因路面凹凸不平、路面上有异物等造成车身底部与路面或异物发生碰撞,致使汽车底部零部件、车身底板损伤。常见损伤有:前横梁、发动机下护板、发动机油底壳、变速器、悬架下托臂、副梁及后桥、车身底板等损伤。

(5)顶部碰撞。汽车单独的项部受损多为空中坠落物所致,以顶部面板及骨架变形为主。汽车倾覆是造成顶部受损的常见现象,受损时常伴随着车身立柱、翼子板和车门变形、车窗破碎。

3. 汽车碰撞损伤的区位检查法

进行事故车辆的损失评估时,评估人员应该掌握一套科学的损伤检查方法,这对于受损严重的事故车来说尤为重要。评估时如果不遵循规范的检查程序,很容易遗漏一些受损件或维修项目,或者对同一项目重复估损。

"区位检查法"是按碰撞损坏规律把汽车分为五个区位。

一区:车辆直接受到碰撞的部位。

二区:受到间接损伤的车身其他部位。

三区:受到损伤的机械零部件。

四区:乘员舱,包括舱内受损的内饰、灯、附件、控制装置等。

五区:车身外部件和装饰件。

在对事故车定损时,应从一个区位到另一个区位逐处检查,同时按顺序记录损伤情况。

1)一区——直接损伤区

直接损伤情况因车辆结构、碰撞力度和角度的不同而有所不同。多数情况下,直接损伤会导致板件弯折、断裂和部件损坏。直接损伤直观明了,一般不需要测量。

检查一区时,首先应检查外部装饰件、塑料件、玻璃、镀铬层以及外板下面的金属材料。

对于前部碰撞,应检查的项目通常有前保险杠、格栅、发动机罩、翼子板、前照灯、玻璃、前车门、前车轮、油液泄漏等。

对于后部碰撞,应检查的项目通常包括后保险杠、后侧围板、行李舱盖、后车灯、玻璃、后车轮、油液泄漏等。

对于侧面碰撞,应检查的项目通常包括车门、车顶、玻璃、立柱、前车身底板、支撑件、油

液泄漏等。

有时需将事故车举升起来,检查车身底板、发动机支架、横梁和纵梁等的损伤情况。

为了检查哪些部位受到了损伤,应当查找以下线索或痕迹:缝隙、卷边损坏、裂开的焊点、扭曲的金属板等。

2)二区——间接损伤区

车辆碰撞时,碰撞力会沿车身向各个方向传递,从而引起间接损伤。碰撞力扩展和间接损伤的范围取决于碰撞的力度和角度,以及车身纵梁和横梁吸收碰撞力的能力。通常承载式车身的吸能区会在碰撞中产生间接损伤。

动力传动系统和后桥也会引起间接损伤。当汽车由于碰撞突然停止时,质量很大的零部件在惯性作用下继续前移,对其支座和支撑构件产生强大的惯性力,容易造成相邻金属件变形、划伤或焊点开裂。因此,对于比较严重的事故,一定要仔细检查悬架、车桥、发动机和变速器的支撑点等部位。

3)三区——机械损坏区

对于前部碰撞的事故车,应检查散热器、风扇、动力转向泵、空调器件、发电机、蓄电池、燃油蒸发炭罐、前风窗玻璃清洗器储液罐以及其他机械和电子元件是否损坏。查看油液是否泄漏、皮带轮是否与皮带对正、软管和电线是否错位以及是否有凹坑和裂纹等。

如果碰撞比较严重,发动机和变速器也可能受损。如果条件允许,应当起动发动机,怠速到正常工作温度。举升车辆,使车轮离开地面,在各个挡位运转发动机,听一听有没有异常的噪声。对于手动挡的车辆,检查换挡是否平顺,离合器的工作是否正常。查看节气门拉索、离合器操作机构和换挡拉索是否犯卡。

打开空调,确保空调运转正常。查看充电、机油压力等仪表板灯和仪表,如果发动机故障灯点亮,说明发动机存在机械或电控故障。但是,估损人员应判断,故障码是否在事故之前就已存储在控制电脑中,若不是由事故引起的故障码,其维修费用应当从估损单中扣除。

在完成发动机舱的检查后,用千斤顶举起事故车,钻到车辆下面检查转向和悬架元件是否弯曲,制动软管是否扭绞,制动管路和燃油管路及其接头是否泄漏。检查发动机、变速器、差速器、转向机和减振器是否存在泄漏。将转向盘向左和向右打到头,检查是否犯卡,是否有异常噪声。转动车轮,检查车轮是否跳动,轮胎是否有裂口、刮痕和擦伤。降下车辆,使轮胎着地,转动转向盘,使车轮处于正直向前的位置,测量前轮毂到后轮毂的距离,左右两侧的测量值应当相同,否则,转向或悬架元件有损伤。

4)四区——乘员舱

乘员舱损坏可能是由碰撞直接引起(如侧碰时)。而内饰和车内附件的损坏也可能是由乘员舱内的乘客和物品的碰撞能量引起的。

首先检查仪表板。如果碰撞导致前围板或车门立柱受损,仪表板、暖风机芯和管道、音响、电子控制模块和安全气囊等有可能受损。所有在三区检查中没有被查看的元器件都要进行检查。

检查转向盘是否损坏。查看其安装紧固件、倾斜和伸缩性能、喇叭、前照灯和转向信号灯开关、点火钥匙以及转向盘锁。转动转向盘,将车轮打到正直向前的位置,查看此时转向盘是否对中。对于吸能型转向盘,查看是否已经发生溃缩。

检查门把手、操纵杆、仪表板玻璃和内饰是否受损。打开、关闭并锁住杂物箱，查看杂物箱是否在碰撞中变形或损坏。检查制动踏板是否变形、犯卡或松脱等。掀开地毯，查看地板和踢脚板，看铆钉是否松脱，焊缝是否裂开。

检查座椅是否受损。汽车在前端受到碰撞时，乘客的身体质量会产生较大的惯性力，由于乘客被安全带捆绑在座椅上，所以惯性力可能会对座椅框架调节器和支撑件产生损害。汽车在后端受到碰撞时，座椅靠背的铰链点可能受到损害。将座椅从最前位置移动到最后位置，查看其调节装置是否完好。

检查车门的状况。乘客的惯性力可能损坏内饰板件和车门内板。如果发生侧碰，门锁和车窗调节器也可能受损。即使是前端碰撞，车窗玻璃产生的惯性力也可能使车窗轨道和调节器受损。将车窗玻璃降到底后再完全升起，检查玻璃是否犯卡或受到干扰。将车窗降下4cm，查看车窗玻璃是否与车门框平齐。查看电动门锁、防盗系统、车窗和门锁控制装置以及后视镜的电控装置等所有附件是否正常。

检查乘员约束系统。当代汽车大都装备了被动式约束系统，应检查安全带是否能够正常扣紧和松开，安全带插舌和锁扣是否完好。对于主动式安全带系统，检查其两点式和三点式安全带是否都能轻松地扣紧和解开。查看卷收器、D形环和固定板是否损坏。有些安全带有张力感知标签。如果安全带在碰撞中磨损，或者安全带的张力超过设计极限，张力感知标签撕裂，就必须予以更换。将安全带从卷收器中完全拉出，就可以看到这个张力感知标签。

还应当列出车内的非原装附件，如民用无线电装置、磁带播放机、立体声扬声器等。

5)五区——外饰和漆面

在车身、机械件、内饰和附件都检查完毕之后，再围绕车辆检查一圈，查看并列出受损的外饰件、嵌条、车顶板、轮罩、示宽灯以及其他车身附件。

打开灯光开关，检查前照灯、尾灯、转向信号指示灯和危险指示灯。车灯的灯丝通常在碰撞力的作用下断裂，如果碰撞时车灯处于点亮状态，灯丝就更容易断裂。

如果在一区和二区检查中没有查看保险杠，那么现在就应该对保险杠进行检查。查看保险杠皮和防尘罩是否开裂，吸能装置是否受损，橡胶隔振垫是否开裂。

仔细检查油漆的状况。记录下哪块油漆必须重新喷涂，并要列出那些需要特别注意的事项，如清漆涂层、柔性塑料件和表面锈迹。板件的轻度损坏可能只需进行局部喷涂，而有些维修项目则需要喷涂整块板件甚至多块板件。无论是哪种情况，都需要考虑新油漆与原有油漆的配色和融合工时。如果事故车的损坏非常严重，或者原有漆面已经严重老化，则可能需要进行整车喷漆。

检查漆面是否在事故前就已经损坏也很重要。这些事故前已有的凹痕、裂缝、擦伤和油漆问题不在保险公司的理赔范围内，其维修费用由客户自行承担。

4.汽车碰撞损伤的目测检查

通常碰撞部位能直接显示出结构变形或断裂迹象。目测检查时，应先根据碰撞点位置，估计受撞范围大小及方向，判断碰撞是如何扩散的；然后，从总体上查看汽车上是否有扭转、弯曲变形，并确定所有损伤是否由同一事故引起。

碰撞力沿车身扩散，并使许多部位发生变形，碰撞力具有穿过车身坚固部位最终抵达并损坏薄弱部件，扩散并深入至车身部件内的特性。因此，为了查找汽车损伤，必须沿碰撞力扩散的路径查找车身薄弱部位。沿碰撞力扩散方向逐处检查，确认是否有损伤，如果有损伤，还要确定损伤程度。具体可从以下几方面加以识别：

(1)钣金件截面变形。车身设计时，要使碰撞产生的能量能按既定路径传递、到指定地方吸收，即车身钣金件有些部位是薄弱环节，撞击时，薄弱环节会产生截面的变形。截面的变形通常通过漆面的变化情况可以判断。碰撞所造成的钣金件截面变形与钣金件本身设计的结构变形不一样，钣金件本身设计的结构变形处表面油漆完好无损，而碰撞所造成的钣金件截面变形处油漆起皮、开裂。

(2)零部件支架断裂、脱落及遗失。发动机支架、变速器支架、发动机各附件支架是碰撞应力的吸收处，各支架在设计时均有保护重要零部件免受损伤的功能。在碰撞事故中常有各支架断裂、脱落及遗失的现象。

(3)检查车身各部位的间隙和配合。车门是以铰链形式装在车身立柱上的，通常立柱变形会造成车门与门框、车门与立柱的间隙不均匀。还可通过简单地开关车门，查看车门锁与锁扣的配合，从锁与锁扣的配合可判断车门是否下沉，从而判断立柱是否变形，从查看铰链的灵活程度判断主柱及车门铰链处是否有变形。

在比较严重的汽车前端碰撞事故中，还应检查后车门与后翼子板、门槛、车顶侧板的间隙，并做左右对比，这是判断碰撞应力扩散范围的主要手段。

(4)检查来自乘员及行李的损伤。由于惯性力作用，乘客和行李在碰撞中会引起车身二次损伤，损伤程度因乘员位置及碰撞力度而异，较常见的是转向盘、仪表工作台、方向柱护板及座椅等被损坏。行李碰撞是造成行李舱中部分设备(如音频功率放大器)损伤的主要原因。

5. 汽车碰撞损伤的测量检查

在评估车身的损伤时通常要参照车身尺寸图对车身的特定点进行测量。图9-45所示为一承载式车身尺寸图，图9-46所示为一非承载式车身尺寸图。

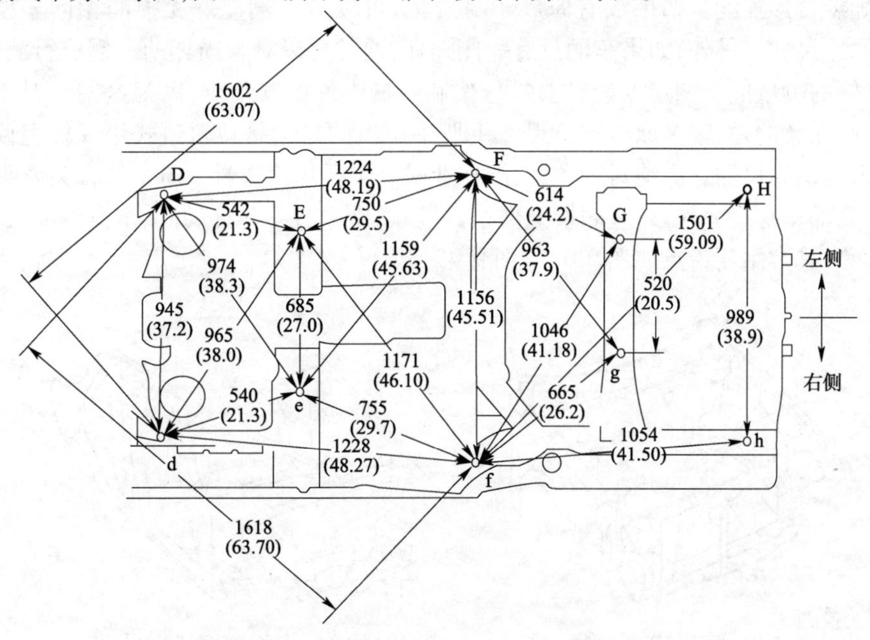

图9-45　承载式车身尺寸图

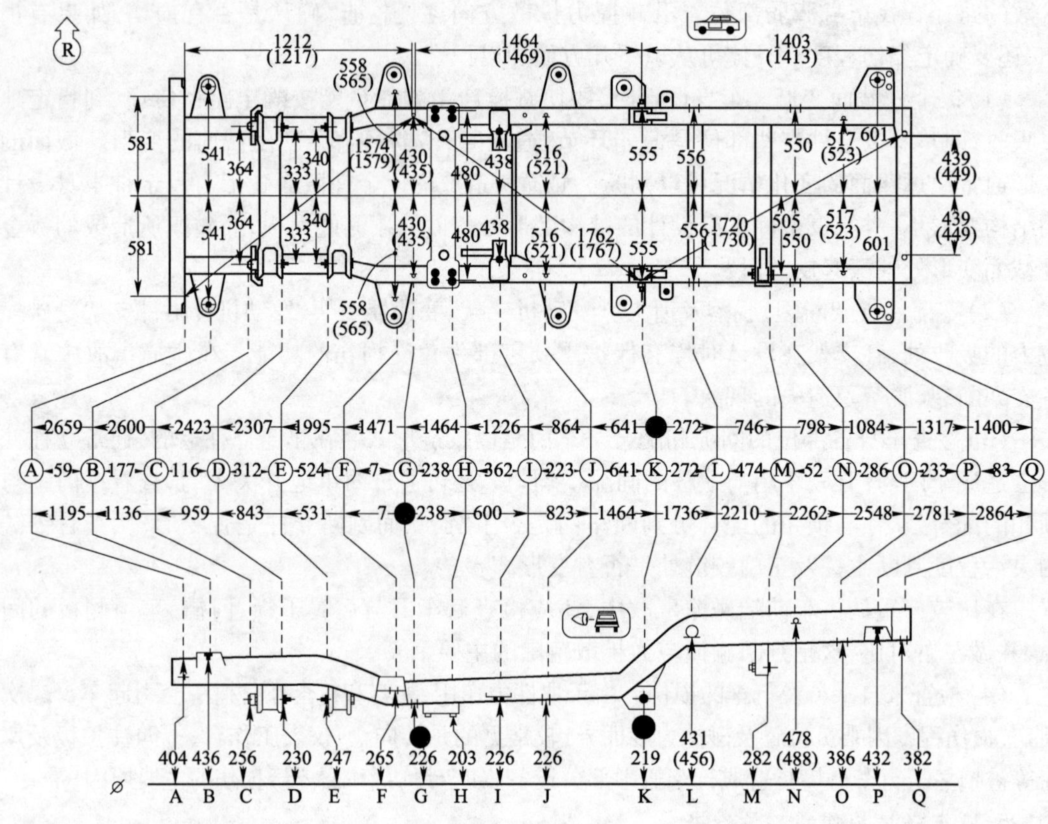

图 9-46　非承载式车身尺寸

用钢卷尺或轨道式量规就可以测量各控制点之间的尺寸，与汽车厂家给定尺寸进行比较，从而确定变形程度。如果没有原厂车身规范，可以对一辆完好无损的相同车型进行测量，获得原厂尺寸。另外，如果车辆只有一侧损坏，通常可以对未损坏的一侧进行测量，然后比较这两侧的测量值。测量点最好选择悬架和机械零件的安装点，因为这些点对于定位至关重要。应注意的是：很多原厂车身尺寸手册中给出的尺寸是从轨道式量规杆上读取的测量值，而不是钢卷尺测量的绝对距离，实际作业时一定要仔细查看手册中的有关说明。

除了底部车身尺寸外，还应测量上部车身尺寸，比如前部车身尺寸、车身侧面尺寸、后部车身尺寸等，其常用测量点如图 9-47 ~ 图 9-49 所示。

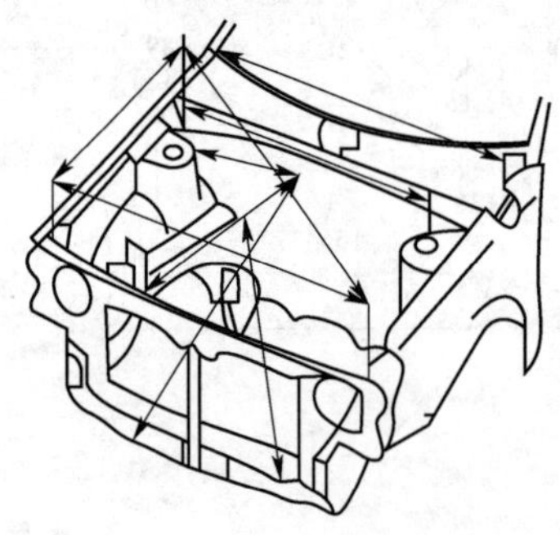

图 9-47　车身前部常用的测量点

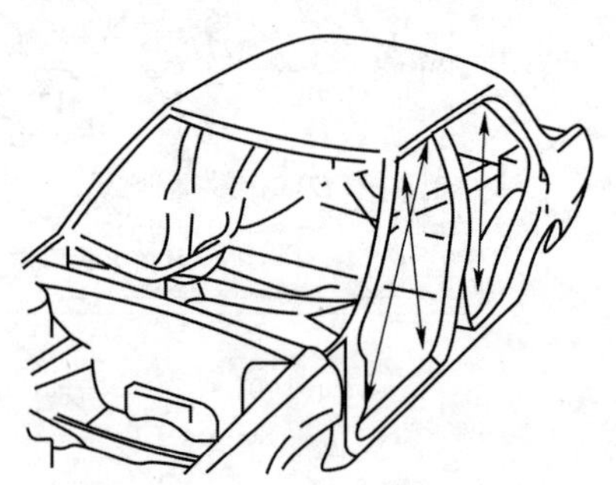

图 9-48　车身侧面常用的测量点

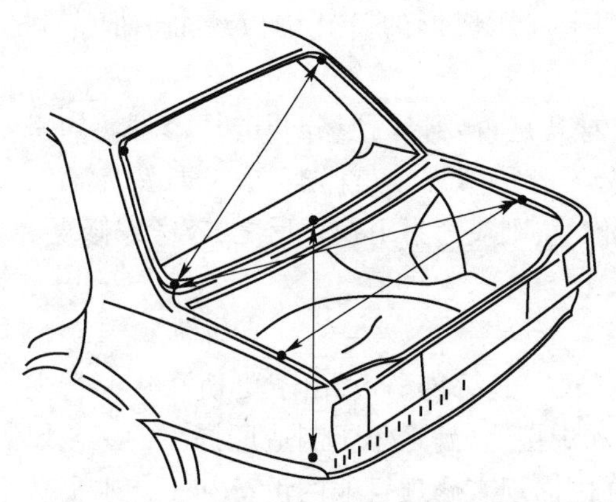
图 9-49　车身后部常用的测量点

三、常损零件维修与更换

在汽车的损失评估中,受损零件修与换的标准是一个难题。在保证汽车修理质量的前提下,“用最小的成本完成受损部位修复”是评估受损汽车的原则。碰撞中常损零件有承载式车身结构钣金件、非结构钣金件、塑料件、机械件及电器件等。

1. 承载式车身结构钣金件的修与换

车身结构钣金件是指通过点焊或激光焊接工艺连在一起,构成一个高强度的车身箱体的各组成件,通常包括纵梁、横梁、减振器塔座、前围板、散热器框架、车身底板、门槛板、立柱、行李舱底板等。

车身结构钣金件碰撞受损后修复与更换的判断原则是“弯曲变形就修,折曲变形就换”。零件发生弯曲变形,其特点是:损伤部位与非损伤部位的过渡平滑、连续;通过拉拔矫正可使它恢复到事故前的形状,而不会留下永久的塑性变形。

零件发生折曲变形,其特点是:变形剧烈,曲率半径小于3mm,通常在很短长度上弯曲可达90。以上;矫正后,零件上仍有明显的裂纹或开裂,或者出现永久变形带,不经调温加热处理不能恢复到事故前的形状。

2. 非结构钣金件的修与换

非结构钣金件又称车身覆盖钣金件,它们通过螺栓、胶粘、铰接或焊接等方式覆盖在车体表面,起到密封车身、减小空气阻力、美化车辆的作用。承载式车身的覆盖钣金件通常包括可拆卸的前翼子板、车门、发动机罩、行李舱盖和不可拆卸的后翼子板、车顶等。

1)可拆卸件的修与换

(1)前翼子板。

损伤程度没有达到必须将其从车上拆下来才能修复,如整体形状还在,只是中间局部凹陷,一般不考虑更换。

损伤程度达到必须将其从车上拆下来才能修复,并且前翼子板的材料价格低廉、供应流畅,材料价格达到或接近整形修复的工时费,可以考虑更换。

如果每米长度超过 3 个折曲、破裂变形,或已无基准形状,应考虑更换(一般来说,当每米折曲、破裂变形超过 3 个时,整形和热处理后很难恢复其尺寸)。

如果每米长度不足 3 个折曲、破裂变形,且基准形状还在,应考虑整形修复。

如果修复工时费明显小于更换费用应考虑以修复为主。

(2)车门。

如果门框产生塑性变形,一般来说是无法修复的,应考虑更换。

许多车的车门面板是作为单独零件供应的,损坏后可单独更换,不必更换总成。

其他同前翼子板。

(3)发动机罩和行李舱盖。

绝大多数汽车的发动机舱和行李舱盖，是用两个冲压成形的冷轧钢板经翻边胶粘制成的。

判断碰撞损伤变形的发动机罩或行李舱盖，应看其是否要将两层分开进行修理。如果不需将两层分开，则应考虑不予更换；若需将两层分开整形修理，应首先考虑工时费加辅料与其价值的关系，如果工时费加辅料接近或超过其价值，则应考虑更换。反之，应考虑修复。

其他同车门。

2）不可拆卸件的修与换

碰撞损伤的汽车中最常见的不可拆卸件就是三厢车的后翼子板，由于更换需从车身上将其切割下来，而国内绝大多数汽车维修厂在切割和焊接上，满足不了制造厂提出的工艺要求，从而造成车身结构方面新的修理损伤。所以，在国内现有修理行业的设备和工艺水平条件下，后翼子板只要有修理的可能都应采取修理的方法修复，而不应像前翼子板一样存在值不值得修理的问题。

3. 塑料件的修与换

随着汽车工业的发展，车身各种零部件越来越多地使用了各种塑料，特别是在车身前端（包括保险杠、格栅、挡泥板、防碎石板、仪表工作台、仪表板等）。许多损坏的塑料件可以经济地修理而不必更换，如划痕、擦伤、撕裂和刺穿等。此外，由于某些零件更换不一定有现货供应，修理往往可迅速进行，从而缩短修理工期。

不同车型、不同部位所用塑料材料不尽相同，即使是同一款汽车或同一部件也有可能使用不同的塑料材料。这通常是因为汽车制造厂更换了配件供应商，或者是改变了设计或生产工艺而致。

塑料件的修与换应从以下几个方面考虑：

（1）对于燃油箱及要求严格的安全结构件，必须考虑更换。

（2）整体破碎以更换为主。

（3）价值较低、更换方便的零件应以更换为主。

（4）应力集中部位，应以更换为主。

（5）基础零件尺寸较大，受损以划痕、撕裂、擦伤或穿孔为主，这些零件拆装麻烦、更换成本高或无现货供应，应以修理为主。

（6）表面无漆面的、不能使用氰基丙烯酸酯黏结法修理的且表面粗糙度要求较高的塑料零件，由于修理处会留下明显的痕迹，一般考虑更换。

4. 机械类零件的修与换

1）悬架系统、转向系统零件

汽车悬架系统中的任何零件是不允许用校正的方法进行修理的，当车轮定位仪器检测出车轮定位不合格时，用肉眼和一般量具无法判断出具体损伤和变形的零部件，不要轻易做出更换悬架系统中某个零件的决定。

悬架系统与车轮定位的关系为：对非承载式车身而言，正确的车轮定位的前提是正确的车架形状和尺寸；对承载式车身而言，正确的车轮定位的前提是正确的车身定位尺寸。车身定位尺寸的允许偏差一般在1～3mm。

车轮外倾、主销内倾、主销后倾等参数都与车身定位尺寸密切相关。如果数据不对，首先分析是否因碰撞造成，由于碰撞事故不可能造成轮胎的不均匀磨损，可通过检查轮胎的磨损是否均匀，初步判断事故前的车轮定位情况。再检查车身定位尺寸，相关定位尺寸正确后，做车轮定位检测。如果此时车轮定位检测仍不合格，再根据其结构、维修手册判断具体的损伤部件，逐一更换、检测，直至损伤部件确认为止。上述过程通常是一个非常复杂而烦琐的过程，又是一个技术含量较高的工作，由于悬架系统中的零件都属于安全部件，价格较高，鉴定评估工作切不可轻率马虎。

转向机构中的零件也有类似问题。

2）铸造基础件

发动机缸体、变速器、主减速和差速器的壳体往往用球墨铸铁或铝合金铸造而成。在遭受冲击载荷时，常常会造成固定支脚的断裂，而球墨铸铁或铝合金铸件都是可以焊接的。

一般情况，对发动机缸体、变速器、主减速和差速器的壳体的断裂是可以通过焊接修复的。当然，不论是球墨铸铁或铝合金铸件，焊接都会造成变形。这种变形通常用肉眼看不出来，如果焊接部位附近对形状尺寸要求较高，如在发动机汽缸壁、变速器、主减速和差速器的轴承座附近产生断裂，用焊接的方法修复常常是行不通的，一般应考虑更换。

5. 电器件的修与换

有些电器件在遭受碰撞后，虽然外观没有损伤，然而"症状"却是"坏了"，是真的"坏了"，还是系统中的电路保护装置出现问题了呢？对此一定要认真检查。

如果电路过载或短路就会出现大电流，导致导线发热、绝缘损伤，可能会酿成火灾。因此，电路中必须设置保护装置。熔断器、熔丝链、大限流熔断器和断路器都是过载保护装置，它们可单独使用，也可配合使用。碰撞会造成系统过载，熔断器、熔丝链、大限流熔断器和断路器等会因过载而停止工作，出现断路，"症状"就是"坏了"。

6. 橡胶及纺织品的修与换

汽车上的纺织品、橡胶很多（如内饰、坐垫、轮胎等）。发生碰撞时，纺织品的损坏形式一般是漏油污染、起火燃烧、撕裂等。只要纺织品受到损坏，一般需更换，个别污染不太严重的，可通过清洗等方式予以恢复。

橡胶具有良好的耐磨性、柔性、不透水性、不透气性及电绝缘性等，主要用作轮胎、垫圈、地板等，起到耐磨、缓冲、防尘、密封等作用。汽车上的橡胶制品损坏形式一般为老化、破损、烧损等。损坏后，无法修复或没有修复价值的，只能更换。

7. 常损零件的更换原则

1）无修复价值的零件

汽车发生事故后，某些损坏的零部件，虽然从技术的角度可以修复，但从经济学的角度考虑，基本没有修复价值了，即修复价值接近或超过零部件原价值的零部件。

2）结构上无法修复的零部件

某些结构件，由于所用原材料的缘故，发生碰撞后，一旦造成破损，一般无法进行维修，只能进行更换。脆性材料的结构件，一般都具有这一特性，如：汽车灯具的损毁，汽车玻璃的破碎等。

3）安全上不允许修理的零部件

为保证使用安全，汽车上的某些零部件，一旦发生故障或造成损坏，往往不允许修复后再用,如行驶系的车桥和悬架、转向系的所有零部件、制动系的所有零部件、安全气囊的传感器等。

4)工艺上不可修复后再使用的零部件

某些结构件,由于工艺设计就存在不可修复后再使用的特点,如:粘贴的风窗玻璃饰条、粘贴的门饰条、翼子板饰条等。这些零部件一旦被损坏或开启后,就无法再用。

四、汽车碰撞损失项目确定

1. 车身及附件

1)前、后保险杠及附件

保险杠主要起装饰及初步吸收前部、后部碰撞能量的作用,大多用塑料制成。对于用热塑性塑料制成、价格昂贵、表面烤漆的保险杠,如破损不多,可焊接。

保险杠饰条破损后以更换为主。

保险杠使用内衬的多为中高档轿车,常为泡沫制成,一般可重复使用。

对于铁质保险杠骨架,轻度碰撞常采用钣金修复,价值较低的或中度以上的碰撞常采用更换的方法。铝合金的保险杠骨架修复难度较大,中度以上的碰撞多以更换为主。

保险杠支架多为钢质,一般价格较低,轻度碰撞常用钣金修复,中度以上碰撞多为更换。

保险杠灯多为转向信号灯和雾灯,表面破损后多更换,对于价格较高的雾灯,且只损坏少数支撑部位的,常用焊接和黏结修理的方法予以修复。

2)前格栅及附件

前格栅及附件由饰条、铭牌等组成,破损后多以更换为主。

3)玻璃及附件

风窗玻璃因撞击而损坏时基本以更换为主。前风窗玻璃胶条有密封式和粘贴式,密封式无须更换胶条;粘贴式必须同时更换。粘贴在前风窗玻璃上的内视镜,破损后一般更换。

需注意的是,后风窗玻璃为带加热除霜的钢化玻璃,价格可能较高。有些汽车的前风窗玻璃带有自动灯光和自动刮水功能,价格也会偏高。对车窗玻璃、天窗玻璃,破碎时,一般需更换。

4)照明及信号灯

现代汽车灯具的表面多为聚碳酸酯或玻璃制成。常见损坏形式有:调节螺钉损坏,需更换,并重新校光。

表面用玻璃制成的,破损后如有玻璃灯片供应的,可考虑更换玻璃灯片;若整体式的结构,只能更换总成;若只是有划痕,可以考虑通过抛光去除划痕;对于氙气前照灯,需要注意更换前照灯时,氙气发生器是无须更换的;价格昂贵的前照灯,只是支撑部位局部破损的,可采取塑料焊接法修复。

5)发动机罩及附件

轿车发动机罩绝大多数采用冷轧钢板冲压而成,少数高档轿车采用铝板冲压而成。冷轧钢板在遭受撞击后常见的损伤有变形、破损,钢质发动机罩是否需更换主要依据变形的冷作硬化程度及基本几何形状程度,冷作硬化程度较少、几何形状程度较好的发动机罩常采用钣金修理法修复,反之则更换。铝质发动机罩通常产生较大的塑性变形需更换。

发动机罩锁遭受碰撞变形、破损以更换为主。

发动机罩铰链碰撞后会变形，以更换为主。

发动机罩撑杆有钢质撑杆和液压撑杆两种，钢质撑杆基本上可校正修复，液压撑杆撞击变形后以更换为主。

发动机罩拉线在轻度碰撞后一般不会损坏，碰撞严重会造成折断，应更换。

6）梁类零件

汽车上的梁类结构件一般采用锻造等方式加工而成，如汽车前纵梁、前横梁、后纵梁、车顶纵梁、车顶横梁、车架等。

发生碰撞、翻滚、倾覆等故障后，容易造成扭曲、弯曲、变形、折断等，直接影响了汽车的使用，可以通过整形、焊接的方式恢复其变形，损坏严重的需要更换。

7）前翼子板

前翼子板的损伤程度没有达到必须将其从车上拆下来才能修复，如整体形状还在，只是中间局部凹陷，一般不考虑更换。损伤程度达到必须将其从车上拆下来才能修复，并且前翼子板的材料价格低廉、供应流畅，材料价格达到或接近整形修复的工时费，才考虑更换。

如果每米长度超过3个折曲、破裂变形，或已无基准形状，应考虑更换（一般来说，当每米折曲、破裂变形超过3个时，整形和热处理后很难恢复其尺寸）。如果每米长度不足3个折曲、破裂变形，且基准形状还在，应考虑整形修复。如果修复工时费明显小于更换费用应考虑以修复为主。

前翼子板的附件有饰条、砾石板等。饰条损伤后以更换为主，即使未被撞击，也常因钣金整形翼子板需拆卸饰条，拆下后就必须更换；砾石板因价格较低撞击破损后一般更换即可。

8）车门

如果门框产生塑性变形，一般无法修复，应考虑更换。许多车的车门面板是作为单独零件供应的，损坏后可单独更换，不必更换总成。其他同前翼子板。

车门防擦饰条碰撞变形后应更换，车门变形后，需将防擦饰条拆下整形。多数防擦饰条为自干胶式，拆下后重新粘贴上不牢固，用其他胶粘贴影响美观，应更换。门框产生塑性变形后，一般不好整修，应考虑更换。门锁及锁芯在严重撞击后会产生损坏，一般以更换为主。后视镜镜体破损以更换为主，对于镜片破损，有些高档轿车的镜片可单独供应，可以通过更换镜片修复。玻璃升降机是碰撞中经常损坏的部件，玻璃导轨、玻璃托架也是经常损坏的部件，碰撞变形后一般都要更换。

9）柱类零件

货车的驾驶室、客车的车身一般都有立柱。在轿车车身上，左右侧自前至后均有三个立柱，依次为前柱（A柱）、中柱（B柱）、后柱（C柱），它们除了起支撑作用外，也起到门框的作用。

汽车的柱类结构件在发生碰撞、翻滚、倾覆等故障时，一般会发生扭曲、弯曲、变形、折断等，直接影响汽车的美观和使用，必须立即修复。修复时可以采用整形、焊接等方式使其外形恢复，损坏严重的需要更换。

10)后翼子板

三厢车后翼子板属于不可拆卸件,由于更换它需从车身上将其切割下来,而国内绝大多数汽车维修厂在切割和焊接方面满足不了制造厂提出的工艺要求,从而造成车身新的损伤。所以,后翼子板只要有修理的可能都应修复,而不应像前翼子板一样存在值不值得修的问题。

11)行李舱盖

行李舱盖大多用冲压成形的冷轧钢板经翻边胶粘制成。判断其是否碰撞损伤变形,应看是否要将两层分开修理。如不需分开,则不应考虑更换;若需分开整形修理,应首先考虑工时费与辅料费之和与其价值的关系,如果工时费加辅料费接近或超过其价值,则应考虑更换。反之,则考虑修复。行李舱工具盒在碰撞中时常破损,评估时不要遗漏。后轮罩内饰、左侧内饰板、右侧内饰板等在碰撞中一般不会损坏。其他部位同车门。

12)后搁板及饰件

后搁板碰撞后基本上都能整形修复,严重时应更换。后搁板面板用毛毡制成,一般不用更换。后搁盖板也很少破损,如果损坏以更换为主。高位制动灯的损坏按前照灯方法处理。

13)仪表台

因正面或侧面撞击常造成仪表台整体变形、皱折和固定爪破损。整体变形在弹性限度内,待骨架校正后重新装回即可。皱折影响美观,对美观要求较高的新车或高级车最好更换。因仪表台价格较贵,老旧车型更换意义不大。少数固定爪破损常以焊修为主,多数固定爪破损以更换为主。

左右出风口常在侧面撞击时破碎,右出风口也常因二次碰撞被副驾驶人右手支承时压坏。

左右饰框常在侧面碰撞时破损,严重的正面碰撞也会造成支爪断裂,以更换为主。

杂物箱常因二次碰撞被副驾驶人膝盖撞破,一般以更换为主。

严重的碰撞会造成车身底板变形,车身底板变形后会造成过道罩破裂,以更换为主。

2. 发动机

1)铸造基础件

发动机缸体大多是用球墨铸铁或铝合金铸造。受到冲击载荷时,常常会造成固定支脚的断裂,而球墨铸铁或铝合金铸件都是可以焊接的。

一般情况下,对发动机缸体的断裂是可以进行焊接的。当然,不论是球墨铸铁或铝合金铸件,焊接都会造成其变形。这种变形通常用肉眼看不出来,当焊接部位附近对形状尺寸要求较高,如在发动机汽缸壁附近产生断裂,用焊接的方法修复常常是行不通的,一般应考虑更换。

2)发动机附件

发动机及附件因撞击破损和变形以更换为主。油底壳轻度变形一般无须修理,放油螺塞处碰伤至中度以上的变形以更换为主。发动机支架及胶垫因撞击变形、破损以更换为主。进气系统因撞击破损和变形以更换为主。排气系统中最常见的撞击损伤形式为发动机移位造成排气管变形。由于排气管长期在高温下工作,氧化严重,通常无法整修。消声器吊耳因变形超过弹性极限破损,也是常见的损坏现象,应更换。

3）散热器及附件

铝合金散热器修与换的掌握，与汽车的档次相关。中低档车的散热器一般价格较低，中度以上损伤一般可更换；高档车的散热器价格较贵，中度以下损伤常可采用氩弧焊修复。但水室破损后，一般需更换，而水室在遭受撞击后最易破损，水管破损应更换。水泵皮带轮变形后通常以更换为主。轻度风扇护罩变形一般以整形校正为主，严重变形需更换。主动风扇与从动风扇的损坏常为叶片破碎，由于扇叶做成了不可拆卸式，破碎后需要更换总成。风扇皮带在碰撞后一般不会损坏，即使正常使用也会磨损，拆下后如需更换，应确定是否是碰撞所致。

散热器框架根据“弯曲变形整修，折曲变形更换”的基本维修原则，考虑到散热器框架形状复杂，轻度变形时可以钣金修复，中度以上的变形往往不易修复，只能更换。

3. 底盘

1）铸造基础件

变速器、主减速和差速器的壳体往往用球墨铸铁或铝合金铸造。受到冲击载荷时，常常会造成固定支脚的断裂，而球墨铸铁或铝合金铸件都是可以焊接的。

变速器、主减速和差速器的壳体断裂可以焊接。但焊接会造成壳体的变形，这种变形虽然用肉眼看不出来，但会影响尺寸精度，若在变速器、主减速和差速器等的轴承座附近产生断裂，用焊接的方法修复常常是行不通的，一般应考虑更换。

2）变速器及传动轴

变速器损坏后，内部机件基本都可独立更换，对齿轮、同步器、轴承等的鉴定，碰撞后只有断裂、掉牙才属于保险责任，正常磨损不属于保险责任，在评估中要注意界定和区分。从事故角度来看，变速器的损失主要是拖底，其他类型的损失极小。

变速操纵系统遭撞击变形后，轻度的常以整修修复为主，中度以上的以更换为主。

中低档轿车多为前轮驱动，碰撞常会造成外侧等角速万向节破损，需更换。有时还会造成半轴弯曲，也以更换为主。

3）前悬架及转向系统零件

承载式车身的悬架座属于结构件，按结构件方法处理。

前悬架系统及相关部件，如悬架臂、转向节、稳定杆、发动机托架均为安全部件，变形后均应更换。减振器主要鉴定是否在碰撞前已损坏。减振器是易损件，正常使用到一定程度后会漏油，如果外表已有油泥，说明在碰撞前已损坏；如果外表无油迹，碰撞造成弯曲变形，应更换。

4）后桥及悬架

后桥按副梁方法处理，后悬架按前悬架方法处理。

5）车轮

轮辋遭撞击后以变形损伤为主，应更换。轮胎遭撞击后会出现爆胎，应更换。轮罩遭撞击后常会产生破损，应更换。

4. 电气设备

汽车上的电气设备品种繁多，评估时应该根据相关件的特点以及可能遭遇到的情况，分门别类地进行。

1）蓄电池

蓄电池的损坏多以壳体四个侧面破裂为主，应更换。

2）发电机

发电机常见撞击损伤为皮带轮、散热叶轮变形，壳体破损，转子轴弯曲变形等。皮带轮变形应更换，散热叶轮变形可校正，壳体破损、转子轴弯曲以更换发电机总成为主。

3）刮水系统

刮水片、刮水臂、刮水器电动机等，因撞击损坏主要以更换为主。而固定支架、联动杆等，中度以下的变形损伤以整形修复为主，严重变形需更换。刮水器喷水壶只有在较严重的碰撞中才会损坏，损坏后以更换为主。刮水器喷水电动机、喷水管和喷水嘴被撞坏的情况较少，若撞坏以更换为主。

4）仪表类

一旦碰撞导致仪表损坏或者疑似损坏，由于一般的修理厂都没有检测的手段，并且仪表也不容易检测，因此，只要发现有明显的损伤、破损，都应该予以更换。

更换时，假如可以单独更换的仪表，要注意不去更换总成；但若遇到某些整个仪表都安装在一体的仪表台破损，只好更换整个仪表台。

需要注意的是，在检测仪表的工作状态以判别其是否损坏时，不能单纯看仪表自身是否有所反应，还要充分注意相关传感器工作是否正常、线路中的熔断丝是否断路、开关工作是否灵敏。

5）收音机、DVD 或 CD

在比较大的碰撞事故中，收音机、DVD 或 CD 一般会有所损坏，但损失一般不大，只是损坏旋钮、面板等。汽车音响设备在各地都有特约维修点，可以定点选择维修点，同时对损坏设备可以商定零部件的换修价格，而不是一律都交给汽车修理厂去“更新”。一般说来，收音机、DVD 或 CD 的修理价格都在新件的 15% ~40%。

6）汽车电脑

汽车电脑价值较高，设计时充分考虑了其防振、防撞性能，一般的碰撞不会导致损坏。假如怀疑或者修理人员言称损坏了，可以采用“比较法”判别，即：第一，在其他所有零部件均不改变的前提下，将库存的新电脑装到车上，看是否可以恢复正常工作；第二，将怀疑损坏了的电脑装到同类型的其他车上，看是否可以正常工作。假如通过比较，发现电脑确实坏了，再做更换。

7）安全气囊

安全气囊遭到撞击损伤后，从安全角度出发应该更换。安装有安全气囊系统的汽车，驾驶人气囊都安装在转向盘上，当气囊因碰撞引爆后，不仅要更换气囊，通常还要更换气囊传感器与控制模块等。需要注意的是，有些车型的碰撞传感器是与 SRS/ECU 装在一体的，要避免维修厂重复报价。安全气囊系统的控制电脑，假如发生气囊爆开的碰撞故障，一般需要更换电脑，以免在以后的碰撞事故中，万一气囊没有打开造成乘员受伤，引发法律诉讼。

8）空调系统

空调冷凝器采用铝合金制成，中低档车的冷凝器一般价格较低，中度以上损伤一般可更换；高档车的冷凝器价格较贵，中度以下损伤常可采用氩弧焊修复。储液罐因碰撞变形一般以更换为主。如果系统在碰撞中以开口状态暴露于潮湿的空气中时间较长，则应更换干燥器，否则会造成空调系统工作时的“冰堵”。压缩机因碰撞造成的损伤有壳体破裂，皮带轮、离合器变形等，壳体破裂一般更换，皮带轮变形、离合器变形一般也更换。空调管有多根，损伤的空调管一定要注明是哪一根；汽车空调管有铝管和胶管两种，铝管常见的碰撞损伤有变形、折弯、断裂等，变形后一般校正；价格较低的空调管折弯、断裂时一般更换；价格较高的空调管折弯、断裂时一般采取截去折弯、断裂处，再接一节用氩弧焊的方法修复。破损的胶管一般更换。

空调蒸发箱大多用热塑性塑料制成，常见损伤多为箱体破损。局部破损可用塑料焊修复，严重破损一般需更换，决定更换时一定要考虑有无壳体单独更换。蒸发器换与修基本同于冷凝器，膨胀阀因碰撞损坏的可能性极小。

9）电气设备保护装置

有些电器件在遭受碰撞后，外观虽无损伤，却停止工作，表明“坏了”，其实这有可能是假象。如果电路过载或短路会出现大电流，导致导线发热、绝缘损伤，可能酿成火灾。因此，电路中必须设置保护装置。熔断器、熔丝链、大限流熔断器和断路器都是过电流保护装置，它们可单独使用，也可配合使用。碰撞会造成系统过载，相关保护装置会因过载而停止工作，出现断路，导致相关电气装置无法工作。此时只需更换相关的熔断器、熔丝链、大限流熔断器和断路器等即可，无须更换相连的电器件。

第三节　汽车水灾损失分析

一、汽车水灾损失影响因素

1. 水的种类

评估水淹汽车损失时，通常将水分为淡水和海水。同时，还应该对水的混浊情况进行认真了解。多数水淹损失中的水为雨水和山洪形成的泥水，但也有由于下水道倒灌而形成的浊水，这种城市下水道溢出的浊水中含有油、酸性物质和各种异物。油、酸性物质和其他异物对汽车的损伤各不相同，必须在现场查勘时仔细检查，并作准确记录。

2. 水淹高度

水淹高度是确定水损程度非常重要的参数，水淹高度通常不以高度作为计量单位，而是以汽车上重要的具体位置作为参数。以轿车为例，水淹高度通常分为6级：

1级——制动盘和制动毂下沿以上，车身地板以下，乘员舱未进水。

2级——车身地板以上，乘员舱进水，而水面在驾驶人座椅坐垫以下。

3级——乘员舱进水，水面在驾驶人座椅坐垫面以上，仪表工作台以下。

4级——乘员舱进水，仪表工作台中部。

5级——乘员舱进水，仪表工作台面以上，顶篷以下。

6级——水面超过车顶，汽车被淹没顶部。

3. 水淹时间

水淹时间（t）的长短对汽车所造成的损伤差异很大。水淹时间以小时为单位，通常分为

6 级：

1 级——$t \leqslant 1h$。

2 级——$1h < t \sim < 4h$。

3 级——$4h < t \leqslant 12h$。

4 级——$12h < t \sim < 24h$。

5 级——$24h < t \leqslant 48h$。

6 级 $t > 48h$。

二、汽车水灾损失评估

1. 水淹高度为 1 级时的损失评估

当汽车的水淹高度为 1 级时，可能造成的受损零部件主要是制动盘和制动毂。损坏形式主要为生锈，生锈的程度主要取决于水淹时间的长短以及水质。通常情况下，无论制动盘和制动毂的生锈程度如何，所采取的补救措施主要是四轮的维护。因此，当汽车的被淹高度为 1 级，被淹时间也为 1 级时，通常不计损失；被淹时间为 2 级或 2 级以上时，水淹时间对损失金额的影响也不大，损失率通常为 0.1% 左右。

2. 水淹高度为 2 级时的损失评估

当汽车的水淹高度为 2 级时，除造成 1 级水淹高度时所造成的损失以外，还会造成以下损失：四轮轴承进水；全车悬架下部连接处因进水而生锈；配有 ABS 的汽车的轮速传感器的磁通量传感失准；地板进水后车身地板如果防腐层和油漆层本身有损伤就会造成锈蚀；少数汽车将一些控制模块置于地板上的凹槽内（如上海大众帕萨特 B5），会造成一些控制模块损毁（如果水淹时间过长，被淹的控制模块有可能彻底失效）。损失率通常为 0.5% ~2.5%。

3. 水淹高度为 3 级时的损失评估

当汽车的水淹高度为 3 级时，除造成 2 级水淹高度所造成的损失以外，还会造成以下损失：座椅潮湿和污染；部分内饰的潮湿和污染；真皮座椅和真皮内饰损伤严重。一般说来，水淹时间超过 24h 以后，还会造成：桃木内饰板会分层开裂；车门电动机进水；变速器、主减速器及差速器可能进水；部分控制模块被水淹；起动机被水淹；中高档车行李舱中 CD 换片机、音响功放被水淹。损失率通常为 1% ~5%。

4. 水淹高度为 4 级时的损失评估

当汽车的水淹高度为 4 级时，除造成 3 级高度所造成的损失以外，还可能造成以下损失：发动机进水；仪表台中部分音响控制设备、CD 机、空调控制面板受损；蓄电池放电、进水；大部分座椅及内饰被水淹；音响的喇叭全损；各种继电器、熔断丝盒可能进水；所有控制模块被水淹。损失率通常为 3% ~15%。

5. 水淹高度为 5 级时的损失评估

当汽车的水淹高度为 5 级时，除造成 4 级高度所造成的损失以外，还可能造成以下损失：全部电气装置被水泡；发动机严重进水；离合器、变速器、后桥可能进水；绝大部分内饰被泡；车架大部分被泡。损失率通常为 10% ~30%。

6. 水淹高度为 6 级时的损失评估

当汽车的水淹高度为 6 级时，汽车所有零部件都受到损失。损失率通常为 25% ~60%。

第四节 汽车火灾损失分析

一、汽车火灾分类

火灾对车辆损坏一般分为整体燃烧和局部燃烧。

1. 整体燃烧

整体燃烧是指:机舱内线路、电器、发动机附件、仪表台、内装饰件、座椅烧损,机械件壳体烧融变形,车体金属(钣金件)件脱炭(材质内部结构发生变化),表面漆层大面积烧损,该情况下的汽车损坏通常非常严重。

2. 局部烧毁

局部烧毁分三种情况:

(1)机舱着火造成发动机前部线路、发动机附件、部分电器、塑料件烧损。

(2)轿壳或驾驶室着火,造成仪表台、部分电器、装饰件烧损。

(3)货运车辆货箱内着火。

二、汽车火灾损失评估的步骤

(1)对明显烧损的进行分类登记。

(2)对机械件应进行测试、拆解检查。特别是转向、制动、传动部分的密封橡胶件。

(3)对金属件(特别是车架,前、后桥,壳体类)考虑是否因燃烧而退火、变形。

(4)对于因火灾使车辆遭受损害的,拆解检查工作量很大,且检查、维修工期较长,一般很难在短时期内拿出准确估价单,只能是边检查边定损,反复进行。

三、汽车火灾的损失评估

汽车起火燃烧以后,其损失评估的难度相对较大。

如果汽车的起火燃烧被及时扑灭了,可能只导致一些局部的损失,损失范围也只是局限在过火部分的车体油漆、相关的导线及非金属管路、过火部分的汽车内饰。只要参照相关部件的市场价格,并考虑相应的工时费,即可确定出损失的金额。

如果汽车的起火燃烧持续了一段时间之后才被扑灭,虽然没有对整车造成毁灭性的破坏,但也可能造成比较严重的损失。凡被火“光顾”过的车身的外壳、汽车轮胎、导线线束、相关管路、汽车内饰、仪器仪表、塑料制品、外露件的美化装饰等可能都会报废,定损时需考虑到相关需更换件的市场价格、工时费用。

如果起火燃烧程度严重,外壳、汽车轮胎、导线线束、相关管路、汽车内饰、仪器仪表、塑料制品、外露件的美化装饰等肯定会被完全烧毁。部分零部件,如控制电脑、传感器、铝合金铸造件等,可能会被烧化,失去任何使用价值。一些看似“坚固”的基础件,如发动机、变速器、离合器、车架、悬架、车轮轮毂、前桥、后桥等,在长时间的高温烘烤作用下,会因“退火”而失去应有的精度,无法继续使用,此时,汽车离完全报废的距离已经很近了。

第五节 工时费、涂饰费的确定

一、工时费的确定

工时费的计算方式是:

工时费 = 工时定额 × 工时单价

其中:工时定额是指实际维修作业项目核定的结算工时数,工时单价是指在生产过程中单位小时的收费标准。

对于事故车的估损,工时定额一般有以下几个来源,可供估损员参考:

(1)对于部分进口乘用车,可以查阅该车型的《碰撞估损指南》,如 MITCHELL 公司和 MOTOR 公司编写的《碰撞估损指南》,不仅提供了各总成的拆装和更换工时,部分总成还提供了大修工时,并且考虑到了各部件之间的重叠工时,是比较适用的估损工具。

(2)对国产车型和部分进口车型,可以参照各车型主机厂的《工时手册》和《零件手册》中的各个项目的工时,然后累加即可。但要注意剔除重叠的工时部分。

(3)如果没有《工时手册》和《零件手册》或手册中没有列出相应工时,则可参考各地汽车维修主管部门制定的《汽车维修工时定额与收费标准》。工时单价一般随着地域、修理厂类别、工种的不同而不同。

根据修理作业的不同,工时可分为五项:拆装和更换工时、修理工时、钣金工时、辅助工时、涂饰费。

拆装和更换工时是指把损坏的零件或总成从车上拆下来,拆下该零件上的螺栓安装件或卡装件,把他们并转移到新件上,然后再把这个新零件或总成安装到车辆上,并调整和对齐所需的工时。有时,拆装还包括把一些没有损伤的零部件或总成,由于结构的原因,当维修人员更换、修复、检验其他部件时,需要拆下该零部件或总成,并在完成相关作业后再重新装回。所以,此时要求评估人员对被评估汽车的结构非常清楚,对汽车修理工艺了如指掌。

维修工时是指对某些零部件或总成进行分解、检查、测量、调整、诊断、故障排除、重新组装等操作所需要的工时。修理工时的确定非常复杂,零部件价格的不同、地域的不同、修理工艺的不同等都可能造成修理工时的不同。

钣金工时与汽车的档次直接相关。对于完全相同的一个部位,如果发生在低档车上,由于技术水平要求低,可能所需要的工时不是太高,假如发生在高档车上,则由于技术要求高,所花费的时间、精力以及所要求的技术水平均高,所需要的工时也自然要高。

辅助工时的确定通常包括:把待修汽车安放到修理设备上并进行故障诊断所需要的工时;用推拉、切割等方式拆卸撞坏的零部件所需要的工时;相关零部件的矫正与调整所需要的工时:去除内漆层、沥青、油脂及类似物质所需要的工时;修理生锈或腐蚀的零部件所需要的工时;松动锈死或卡死的零部件所需要的工时;检查悬架系统和转向系统的定位所需要的工时;拆去破碎的玻璃所需要的工时;更换防腐蚀材料所需要的工时;修理作业中当温度超过60℃时,拆装主要电脑模块所需要的工时;拆卸及装回车轮和轮毂罩所需要的工时。虽然每项工时都不大,但对于较大的碰撞事故,各作业项累计工时通常是不能忽视的。

最后必须注意，将各类工时累加时，各损失项目在修理过程中有重叠作业项目时，必须考虑将劳动时间适度核减。

二、涂饰费的确定

涂饰费的计算有两种方法。

1. 按喷漆工时计算

喷漆工时来源包括：一是部分进口车型配有专业估损手册，规定了新更换件的喷涂工时、维修过的零件的喷涂工时等；二是查找该车型的主机厂的《工时手册》或《零件手册》，一般也规定了各个主要板件或部件的喷漆工时；三是各地维修管理部门规定或推荐的工时，表 9-1 为山东省于 2006 年 1 月 1 日开始实施的汽车车身烤漆项目工时定额。

汽车车身烤漆项目工时 表 9-1

漆面类型	单位	外履件	内构件（涂胶/胶漆）	
			承载式车身	非承载式车身
单层漆（面漆、素色漆类）	m^2	3	1.5	1
双层漆（底漆/清漆、金属漆类）	m^2	4	2	1.5
三层漆（底层/中间层/清漆、珍珠漆类）	m^2	5	2	1.5

注：（1）腻子处理面积占烤漆漆面积 40% 的事故车，单位工时可上浮 30%。

（2）三厢类轿车的前盖、后盖、车顶部位做漆，单位工时可上浮 20%。

（3）在柔性塑料上烤漆，可增加 5% ~10% 的费用。

按喷漆工时计算涂饰费是用喷漆工时乘以预先设定的每工时耗漆费用。例如，如果预先确定的每工时耗漆费用为 200 元，车门的喷漆工时为 3h，则喷涂车门的涂饰费就是 600 元。每工时耗漆费用通常是维修站根据当地的漆料价格增加一些利润后预先设定的。

2. 按喷漆面积计算

除按喷漆工时计算涂饰费用外，还可以按喷漆面积计算涂饰费用，尤其是对那些没有专业估损手册和主机厂的《工时手册》的车型，或虽有手册，但只是板件上的部分区域需要喷漆时，使用面积计算方法比较方便。此时，汽车涂饰费用取决于烤漆面积及漆种单价。

1）喷漆面积计算方法

烤漆面积的计算，并非利用数学方法简单计算其实际面积，而是采用实践经验法。下面列举两种计算方法，供业内人士参考：

方法一：计算单位按 m^2，不足 $1m^2$ 按 $1m^2$ 计价，第 $2m^2$ 按 $0.9m^2$ 计算，第 $3m^2$ 按 $0.8m^2$ 计算，第 $4m^2$ 按 $0.7m^2$ 计算，第 $5m^2$ 按 $0.6m^2$ 计算，第 $6m^2$ 以后，每 m^2 按 $0.5m^2$ 计算。例如：某车需烤漆 $7.9m^2$，计算结果为：烤漆面积 $=1+0.9+0.8+0.7+0.6+0.5+0.5+0.5=5.5(m^2)$。

方法二：烤漆面积不足 $0.5m^2$，按 $0.5m^2$ 计；大于 $0.5m^2$ 不足 $1m^2$，按 $1m^2$ 计；大于 $1m^2$ 小于 $3m^2$，按实际面积计：大于 $3m^2$ 小于 $12m^2$，按实际面积的 80% 计；大于 $12m^2$，按实际面积的 70% 计。

2）漆种单价

丙烯酸磁漆与丙烯酸氨基磁漆是汽车碰撞修理中常用的两种面漆材料，有各种漆色，包括纯色漆、金属漆和珠光漆等,其中丙烯酸氨基磁漆与丙烯酸磁漆相比,其硬度和耐久性更好一点。纯色漆中没有反光粉或云母片。金属漆中含有细小但可以看得见的铝粉或聚酯粉颗粒。珠光漆中含有非常细小的颜料颗粒,一般为闪光的云母粉,其光泽可以随视角不同而改变,又称其为变色漆。

另外,还有部分车的车身使用硝基漆作为面漆。但硝基漆是一种比较老式的漆,正逐渐被磁漆替代。

硝基漆与磁漆的不同点在于其干燥和固化的方式。硝基漆通过溶剂的挥发而干燥,磁漆的干燥则通过溶剂的挥发与油漆中分子的交联作用来实现,简单地说,硝基漆的固化过程为物理变化,而磁漆的固化过程是物理和化学变化的过程。

关于面漆种类的鉴别,可采用如下方法:用醮有香蕉水的白布摩擦漆膜判断漆种。观察漆膜溶解程度,如漆膜溶解,并在白布上留下印迹,则是硝基漆,反之为磁漆。如果是磁漆再用600号的砂纸在损伤部位轻轻打磨几下,鉴别是否喷有透明漆层,如果砂纸磨出白灰,就是透明漆层,如果砂纸磨出颜色,就是单级有色漆层,最后借光线的变化,用肉眼看一看颜色有无变化,如果有变化为变色漆。

市场上所能购买的面漆大多为进口和合资品牌,世界主要汽车面漆的生产厂家,如美国的杜邦和PPG、英国的ICI、荷兰的新劲等,单价都不一样,估价时常采用市场公众都能够接受的价格。

单位面积的烤漆费用中包含材料费和工时费,而各地的工时费差别较大。表9-2提供了某地区的收费参考价。

汽车烤漆收费参考表

表9-2

车型 / 费用 / 项目		轿车					客车		货车	
		微型	普通型	中级	中高级	高级	普通	豪华	车厢	驾驶室
硝基漆	元/m^2						100		50	
单涂层漆	元/m^2	200	250	300	400	500	200	300		250
双涂层漆	元/m^2	300	350	400	500	600		400		
变色漆	元/m^2			600	700	800				

第六节　材料价格、修复价值和残值

一、材料价格

事故车辆的维修过程中,需要大量更换损坏且不能再使用的零配件,这就需要确定更换零配件的价格。

汽车配件价格信息的准确度对准确评估事故车辆维修费用具有举足轻重的影响。由于零配件生产厂家众多,市场上不但有原厂或正规厂家生产的零配件,而且还有许多小厂家生产的零配件,因此市场价格差异较大。另外,由于生产厂家的生产调整、市场供求变化、地域差别等多种原因也会造成零配件价格不稳定,处于波动状态,特别是进口汽车零部件缺乏统一的价格标准,其价格差异更大。因此,如何如确定零部件价格,是困扰事故汽车评估的一大难题。

目前,各保险公司都建立了一个完整、准确、动态的询报价体系,如人保建立了独立的报价系统《事故车辆定损系统》,使得估损人员在评估过程中能够争取主动,保证定出的零配件价格符合市场行情,大大加快了评估速度。而对一些特殊车型,报价系统中可能没有,则可采用与专业机构合作的方式或安排专人定期收集整理配件信息,掌握和了解配件市场行情变化情况,与各汽配商店及经济信息部门联系,并与当地配件价格比较(要避免在配件价格方面出入较大)。

二、修复价值

理论上讲,任何一辆损坏的汽车都是可以通过修理恢复到事故前状况的。但是,有时修复的做法往往是不经济的或没有意义的。

对于事故车辆,如果损失严重,要考虑是否具有修复价值:如果修复费用明显小于重置费用,完全有必要修复;修复费用接近重置费用甚至大于重置费用,一般说来就没有修复的必要了。有些事故中,可能事故本身导致的车辆损失不是非常严重,但其他损失比较高,如施救费用非常高,此时,事故车辆本身虽然具有修复价值,但考虑到过高的施救费用,通常会对车辆按全损评估,即按推定全损处理。

三、残值

残值是指事故车辆整体损伤严重,按全损处理后,对残余物的价值进行评估,或某些零部件、总成损伤严重,更换新的零部件、总成后,对原有的零部件、总成的残余物部分进行价值评估。

保险条款一般规定汽车的残值按协商方式作价归被保险人所有,当保险公司与被保险人或修理厂协商残值价格时,保险公司为了提高效率和减少赔付,常常会做出一些让步,即在评估实务中评估单上的残值价值通常会低于整车或零部件残值的实际价值。

当事故造成的损失较大,更换件也较多,保险公司通常会要求确定残值,残值的确定步骤如下:①列出欲更换项目的清单;②将被更换的旧件分类;③估定各类旧件的质量;④根据旧材料价格行情确定残值。

第七节 乘用车碰撞修复后变值分析

随着我国经济的快速发展,居民的经济收入不断提高,汽车已经逐步进入人们的家庭,由此引发的交通事故纠纷也日渐增多。其中,车辆减值损失这个昔日前所未闻的词汇,也日渐走入普通市民的生活,丰富了法学界和司法部门的视野。但是在我国,对于车辆减值损失,是否予以赔偿,至今为止没有明确的司法解释。根据《中华人民共和国民法通则》第117条第2款,损坏国家的、集体的财产或者他人财产的,应当恢复原状或者折价赔偿;第3款,受害人因此遭受其他重在损失的,侵害人应当赔偿损失。从这两条法律文来看,交通事故车辆减值损失致害人应当赔偿。从司法实践来看,大多数基层人民法院在受理此案件时,按现行的《中华人民共和国民法通则》的理解认为如果不赔是权益之“坑”未被“填平”,即民事侵权损害赔偿“填平”原则。

尤其在道路交通事故民事损害赔偿案件的审理中，双方当事人对于受害人的受损车辆的减值损失是否赔偿存在争议。有些司法部门也开始委托机动车专业评估机构进行价格鉴定和减值评估，但是各类鉴定或评估报告参差不齐，常经不起法庭质证，给司法部办理案件带来很大困难。

一、乘用车碰撞修理后的变值定义

乘用车碰撞修理后的变值是指乘用车碰撞发生前的实际价值与碰撞修理后的实际价值之差。

二、碰撞修理后影响乘用车的价值因素

图 9-50 所示是乘用车碰撞修理后的变值分析图。

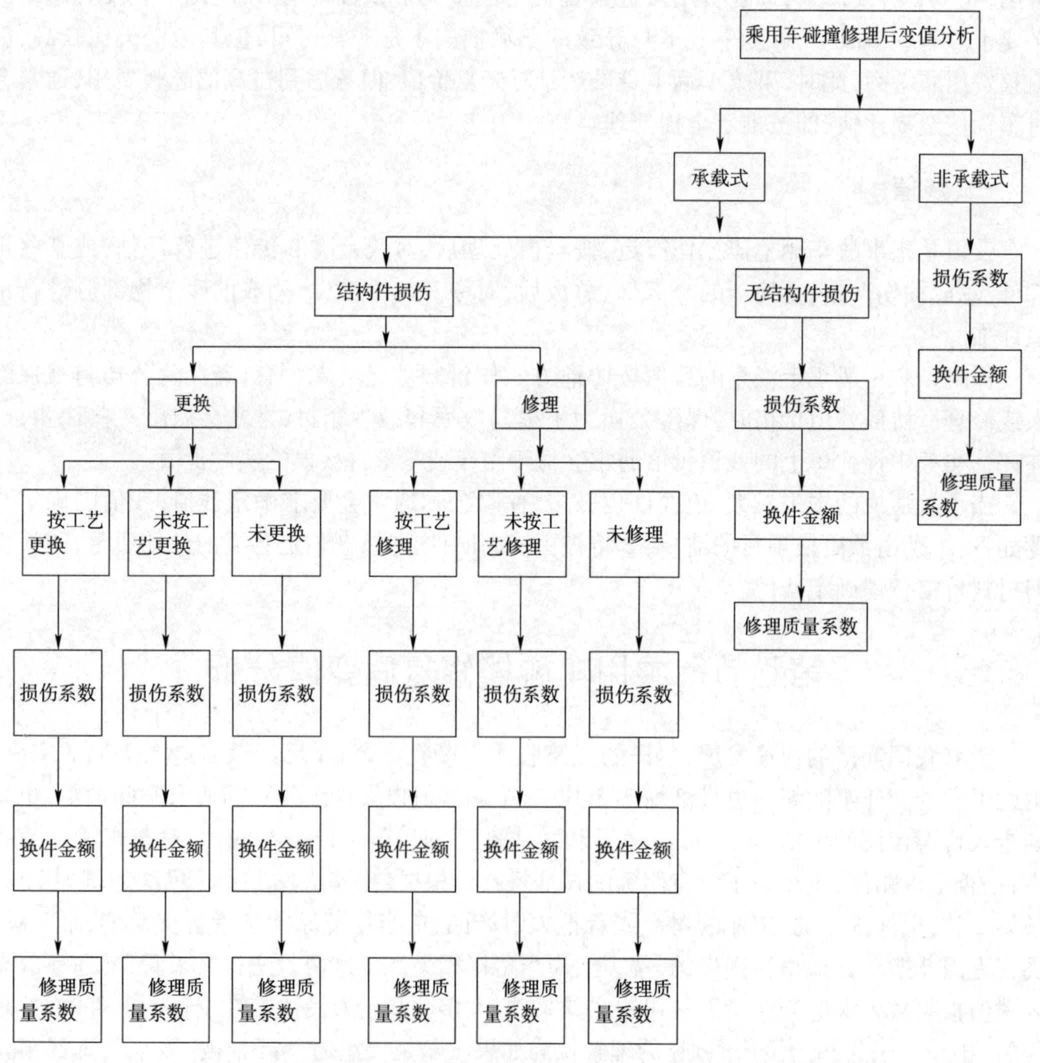

图 9-50　是乘用车碰撞修理后的变值分析图

三、乘用车碰撞修理后贬值因素

用实际修理金额、损伤系数、修理质量系数和经济性贬值系数来综合考虑贬值因素。

(1)实际修理金额。实际修理金额是汽车碰撞损伤程度的一项指标。

(2)损伤系数。通过损伤类别和修理工艺确定损伤程度的又一项重要指标。损伤系数使用见表9-3。

损　伤　系　数　　　　表9-3

损伤分类			损伤系数	备　注
1	非承载式车身		0.1～0.3	
2	承载式车身	无结构件损伤	0.1～0.3	
3		结构件损伤按工艺修理	0.2～0.4	
4		结构件损伤未修理	0.3～0.5	
5		结构件损伤未按工艺修理	0.6～0.9	指未在车身校正设备上校正修理
6		结构件损伤未更换	0.4～0.7	指按标准应该更换未更换
7		结构件损伤按工艺更换	0.2～0.4	
8		结构件损伤未按工艺更换	1.0～1.5	未用点焊钻分离结构件,未按工艺要求焊接结构件

(3)修理质量系数。综合修理质量系数是指根据相应的技术工艺规范要求,结合实际修理情况,评估修理质量,在一定程度上反映了碰撞损伤的贬值情况。修理质量系数见表9-4。

修理质量系数　　　　表9-4

类　别		综合修理质量系数
1	差	0.3～0.5
2	一般	0.2～0.4
3	好	0.1～0.3

(4)经济性贬值系数。汽车碰撞受损后,或多或少地对人们的心理会造成一定的损伤,从而使得社会对事故车的认识不全面。经济性贬值因社会环境、人的不同而不同,差异较大。评估师应结合全车辆损失情况、社会情况、委托人的个性,确定经济性贬值系数。建议评估师以0.03～0.3范围内取值。

四、变值金额的计算

(1)贬值金额。

贬值金额=实际修理金额×(损伤系数+修理质量系数+经济性贬值系数)

(2)升值金额。汽车修理中的零配件的更换会在一定程度上造成汽车实际价值的升值。升值金额又可称作换件升值金额,计算如下

升值金额=换件系数×∑换件金额×(1-成新率)

换件系数取决于被换件技术状况,被换件技术状况越好,换件系数越小,建议换件系数为0.1～0.9。

换件由于车身结构件的更换通常会造成车身结构一定程度的损伤。所以,换件金额不

含更换车身(非车身总成)结构件金额。

换件金额是指修理中某一零部件更换实际金额,这个零部件应是新的原厂件;而成新率在理论上应是相应被更换件成新率。实际计算中常用碰撞前标的碰撞前的成新率替代。

但由于修理中常会出现更换副厂件(或称不达标产品)或部分更换副厂件的现象,对于更换件项目中的非原厂件,在评估中不作为升值因素认定,严重的可以用升值金额负值认定。

(3)变值金额。

变值金额 = 贬值金额 + 升值金额
= 实际修理金额 ×(损伤系数 + 修理质量系数 + 经济性贬值系数)+ 换件升值金额

(4)评估。

【例 9-1】 一辆马自达 6 轿车,型号为 CA7230AT,使用性质为非营运,注册登记日为 2006 年 10 月 17 日,同年 12 月 21 日发生碰撞事故,事故发生时该车行驶里程 9000km,事故修理更换项目清单见表 9-5。

事故修理更换项目清单 表 9-5

序号	项 目	数 量	单价(元)	小计(元)
1	左刮水器组件	1	157.24	157.24
2	发动机罩隔热板	1	278.41	278.41
3	安全气囊控制单元	1	3204.21	3204.21
4	驾驶人侧气囊	1	2860.00	2860.00
5	氙气灯泡	1	1272.49	1272.49
6	散热器支架总成	1	1160.28	1160.28
7	蓄电池	1	391.51	391.51
8	空调暖风壳体“A”	1	222.94	222.94
9	仪表板面板总成	1	2719.66	2719.66
10	熔断丝	2	4.88	9.76
11	空调暖风壳体“C”	1	115.03	115.03
12	转向柱护罩总成	1	137.36	137.36
13	发动机罩	1	1934.89	1934.89
14	左前悬架总成	1	1048.63	1048.63
15	前部线束总成	1	2714.78	2714.78
16	左前翼子板	1	950.00	950.00
17	空气滤清器总成	1	1095.00	1095.00
18	发动机罩锁体总成	1	301.96	301.96
19	左前翼子板密封板	1	81.29	81.29
20	水槽右盖板总成	1	260.94	260.94
21	空调暖风壳体“B”	1	222.94	222.94
22	蓄电池托架总成	1	91.48	91.48
23	前刮水器双连杆机构总成	1	426.03	426.03
24	发动机舱拉线	1	115.26	115.26
25	刮水器电动机及支架总成	1	1015.48	1015.48

续上表

序号	项　　目	数　量	单价(元)	小计(元)
26	发动机右悬置软垫总成	1	589.56	589.56
27	水槽总成	1	535.68	535.68
28	行李舱挡雨密封条	1	200.73	200.73
29	发动机冷却液	2	118.40	236.80
30	制动液	2	96.01	192.02
31	左转向节与轮毂轴承总成	1	1061.00	1061.00
32	左前轮盖防护件总成	1	215.19	215.19
33	发动机罩前挡雨密封条	1	64.39	64.39
34	发动机罩左铰链总成	1	82.73	82.73
35	前保险杠面罩左卡板	1	23.69	23.69
36	左前门锁总成	1	713.14	713.14
37	内球头总成	1	327.04	327.04
38	水槽左盖板总成	1	220.36	220.36
39	制动主缸带制动液罐总成	1	1300.98	1300.98
40	前风窗玻璃	1	2295.34	2295.34
41	副驾驶侧预紧安全带	1	890.00	890.00
42	空调滤芯	1	168.51	168.51
43	右刮水器片组件	1	76.79	76.79
44	左刮水器片组件	1	154.40	154.40
45	空调制冷剂	2	49.04	98.08
46	空调器壳体 D	1	79.43	79.43
47	发动机罩右铰链	1	82.73	82.73
48	门铰链	1	147.54	147.54
49	左前照灯罩总成	1	3292.48	3292.48
50	组合开关本体	2	612.88	1225.76
51	气囊前部传感器	1	929.64	929.64
52	散热器总成	1	2472.00	2472.00
53	驾驶人侧预紧安全带	1	1197.16	1197.16
54	左后视镜分总成	1	690.45	690.45
55	蓄电池盖	1	86.23	86.23
56	右刮水器片组件	1	127.24	127.24
57	侧转向灯总成	1	90.14	90.14
58	仪表板左下护板总成	1	261.84	261.84
59	左前门保护条	1	160.16	160.16
60	副驾驶侧气囊	1	3861.00	3861.00
61	左前悬架上控制臂总成	1	663.50	663.50
62	自动变速器油	1	329.10	329.10
63	左前减振器	1	685.77	685.77
合计(元)				

修理费总金额为60806.51元,其中工时及油漆12158元。该车实际修理费不超过5.5万元。

该车本次事故修理前的评估单有更换左前纵梁,校正右前纵梁、左前立柱、车顶及前围等,可见本事故车有较严重的车身结构件损伤,评估值为65336元,其中工时及油漆3550元。从实际更换清单来看并未更换左前纵梁,损伤系数取0.5;该车修复后经检验有如下问题:

(1)转向盘(杆)位置不下,行驶跑偏。

(2)高速行驶时(120km/h以上)车身不稳,有抖动现象。

(3)纵梁修理未按工艺操作。

(4)发动机噪声大。

请进行变值评估。

根据示例1给的评估要素,损伤系数取0.5,修理质量系数取0.3,经济性贬值系数取0.1,实际修理金额按5.5万计算,由于该车只使用了2个月,忽略换件升值影响。

变值金额=实际修理金额×(损伤系数+修理质量系数+经济性贬值系数)+换件升值金额

变值金额=5.5×(0.5+0.3+0.1)+0=4.95(万元)

【例9-2】 某捷达车碰撞造成车门损毁,型号为FV7160CL,使用性质为非营运,注册登记日为1993年10月17日,2007年10月某日发生碰撞事故,事故发生时该车行驶里程40万km,事故修理更换项目清单如下:左前车门、左前门中饰条更换,左前门做漆;换件金额1400元,修理金额2000元,修理质量很好,被更换的车门技术状况一般,车门中饰条已破损,该车技术状况正常,请进行升值评估。

(1)计算该车的成新率,成新率为10%(过程略)。

升值金额=换件系数×换件金额(1-成新率)

(2)根据示例给出的评估要素,换件系数取0.5。

升值金额=0.5×1400(1-10%)=630(元)

第十章　旧汽车收购估价与销售评估

第一节　旧汽车交易市场

一、旧汽车交易市场概述

旧汽车交易市场是旧机动车信息和资源的聚集地，是买卖双方在一起进行交换的场所。

在市场营销者来看，卖主构成行业，买主构成市场。这个市场是指具有特定需求和欲望，而且愿意并能够通过交换满足这种需求或欲望的全部潜在顾客。因此，旧汽车交易市场的大小，取决于那些有某种需求，并拥有人们感兴趣的旧汽车及相关资源，同时愿意以这种资源来换取需求满足的人数。

二、旧汽车市场交易分营销

旧汽车市场营销可理解为与市场有关的企业经营活动，即以满足人们的某种需求和欲望为目的，通过市场变潜在交换为现实交换的活动。旧汽车营销活动内容十分丰富，它包括市场营销研究、市场需求预测、车辆信息收集与发布、购买咨询、旧机动车的鉴定估价、收购与销售、代购代销、寄售租赁、投标拍卖、旧车置换、代理过户保险、检测维修、配件供应、车辆美容等多种业务和服务。因此，旧汽车交易市场从业人员充当着多种角色，如被咨询者、评估者、收购者（买主）、销售者（卖主）及服务者等。

三、旧汽车交易市场分析

1. 影响旧汽车交易市场营销的环境

旧机动车流通企业在市场营销过程中，许多因素对其发生影响，这些因素有的是企业内部的，有的是企业外部的，所谓“市场营销环境”是指作用于企业营销活动的一切外界因素和力量的总和。

1）影响旧机动车交易市场营销的微观环境

微观环境包括企业本身及其旧汽车交易市场的经纪人、顾客、竞争者和各种公众，这些都会影响其企业的经营活动。

（1）企业本身。它的微观环境包括市场营销管理部门、其他职能部门和最高管理层。如董事会，经理，职工，物资厅（局）、公安、工商、税务、物价等行业主管部门和市场监督管理部门。

（2）经纪人。在旧机动车流通企业的组织下，为买卖双方撮合成交，以取得一定佣金的人。

(3)顾客。顾客是指旧机动车交易的买主、卖主和旧机动车流通企业的服务对象。

(4)竞争者。本地区从事旧机动车交易的流通企业和开展以旧换新业务活动的生产企业和经销商。

(5)公众。公众是指对旧机动车流通企业实现经营目标的能力具有实际或潜在利害关系和影响力的一切团体和个人,它包括金融机构、媒体、政府、群众团体、当地公众、一般公众、内部公众。

2)影响旧机动车交易市场的宏观环境

宏观环境是指那些给市场造成机会和环境威胁的主要社会力量。如人口环境、经济环境、自然环境、政治和法律环境以及社会和文化环境。

(1)人口环境。构成市场的三个主要因素:有某种需要的人,为满足这种需要的购买能力和购买欲望。旧机动车交易市场主要是由那些想买旧机动车,并且有购买力的人构成,这种人越多,市场的规模就越大。

(2)经济环境。购买力是构成市场和影响市场规模大小的一个重要因素。一个地区社会购买力越强,这个地区的社会车辆保有量越多,旧机动车交易市场规模可能越大。社会购买力又直接或间接受消费者收入、价格水平、储蓄、信贷等经济因素的影响。

(3)自然环境。一是机动车的燃料短缺或即将短缺;二是环境污染日益增加;三是政府对自然资源的管理和环境污染的干预日益加强。

(4)政治和法律环境。国家的法令、条例,特别是经济立法,对市场消费需求的形成和实现,对机动车的交易、交易价格等都起着至关重要的作用。

(5)社会和文化环境。人们在社会中生活,久而久之必然会形成某种特定的文化,包括一定的态度和看法,价值观念、道德规范以及世代相传的风俗习惯等。

市场营销学认为:企业必须建立适当的系统,指定一些专业人员,采取适当的措施,经常监视和预测其周围的市场营销环境的发展变化,并善于分析和鉴别由于环境变化而造成的主要机会或威胁,及时采取适当的对策,使其经营管理与其市场营销环境的发展变化相适应。

2. 旧汽车交易动机分析

1)顾客买卖旧机动车是一种需要

随着市场经济体制的建立和发展,各经济组织和行政事业单位根据自己的需要,将汽车使用于市场经济的各个领域和社会交际的各种场合,在变化的市场经济环境中,人们根据自己在生产、工作和生活的需要,不断地调整和配置车辆,使得这些车辆的流动和转让成为一种必然,成为一种经济现象。

2)买卖旧汽车的心理动机

顾客买卖双方交易旧机动车辆,因为每个人的需要不同,经济条件、购买能力不同,再加上社会的、周围的各种环境的影响作用,使得他们在买卖时的心理活动也因人而异,形成各式各样的具体的交易动机。从各自表现特点,粗略归纳为如下三类:

(1)求实心理动机。以注重车辆的使用价值为主要特征,他们使用购买或转让车辆时,重视车辆的实际效用,经济实惠、省钱省事。

(2)求新心理动机。购买者大多数是经济条件较好,购买能力很强。使用、购买车辆时

追求“时髦、新颖”，喜欢尝新。

(3)求名心理动机。以追求名牌、优质车辆为主要特征，重视车辆的品牌和品质，他们以品牌象征自己的名誉、地位、购买能力，满足自己优越感的心理需要。

上述心理动机中，以求实心理动机为主要特征的顾客多数是旧机动车的购买者，他们根据自己的实际需要，通过交易都获得了更多的使用价值。他们从中得到了许多实惠。

以后两种心理动机为特征的顾客基本上是旧机动车的转让者，受这些心理动机的驱使，他们不断卖旧车、换新车、换名牌车。

3. 旧汽车消费者购买决策过程

1)参与购买的角色

人们在购买决策过程中可能扮演不同的角色，包括：发起者，即首先提出或有意想购买旧汽车的人；影响者，即其看法或建议对最终决策具有一定影响得人；决策者，即对是否买、为何买、如何买等方面的购买决策做出完全或部分最后决定的人；购买者，即实际采购人；使用者，即实际使用车辆的人。

2)购买行为

当消费者购买一辆旧汽车时是有风险的，由于车辆品牌差异大，而且对车辆的性能、新旧程度的识别存在信息不对称，所以购买者需要有一个学习过程，广泛了解产品性能和特点，反复调研、权衡车辆的新旧程度与价格的关系，从而对车辆产生某种看法，最后决定是否购买。

3)购买决策过程

在旧汽车的复杂购买行为中，购买者的购买决策过程由引起需要、产生动机、收集信息、比较挑选、决定购买和购买后的感受等阶段构成。

购买者引起的需要和产生的动机不是马上就能满足的，他们要寻找某些相关信息。购买者的信息来源主要有个人来源(家庭、朋友、邻居、熟人)，市场来源(广告、车辆展示、销售人员、旧车市场)和经验来源(实际使用、联想、推断)。这一阶段购买者在寻求的中心问题是：“该买什么样的车?”“去哪里买?”

比较挑选阶段，是购买者决定购买的前奏，他们根据收集的信息，知道市场上正在销售的旧车品牌后，进行比较、评价、衡量。他们常常根据购买目的设想出一种“理想”的品牌和车辆，然后在市场上找到实际品牌车辆，通过比较，衡量车辆的效用大小、新旧程度与价格的关系以及今后收益的大小等。找到接近理想的品牌车辆，就是购买者选中的对象。

决定购买阶段。顾客选定购买对象后，还没有最后采取购买行为，他们还要根据选定对象的过户手续的简繁、费用大小、资金的筹措等，最后做出具体决定，购买决定一经确定，随即采取购买行为。

购买后的感受。顾客购买后，一般通过维修后试用，通常对自己的选择进行检验和反省。如购买这部车辆是否理想、价格与新旧程度是否相当、服务是否周到等。如得出满意的结论，购买者就会成为义务宣传员。

四、旧汽车流通企业应树立的市场观念

旧汽车流通企业的经营有其特殊性，它既不同于生产资料流通企业的汽车贸易公司，也

不同于提供纯服务性质的中介服务企业，其经营方式介于两者之间。旧汽车交易市场的营销管理是在特定市场营销管理哲学或经营观念指导下进行的。所谓市场营销管理哲学，就是企业在开展市场营销管理过程中，在处理企业、顾客和社会三者利益方面所持的态度、思想和观念。旧汽车交易市场是在市场经济条件下产生的现代市场，旧汽车流通企业应该树立社会市场营销观念。社会市场营销观念认为，企业的任务是确定各个目标市场的需要、欲望和利益，并采用保护或提高消费者的社会福利的方式，比竞争者更有效、更有力地向目标市场提供能够满足其需要、欲望和利益的物品或服务。

五、顾客让渡价值

在现代市场营销观念的指导下，旧汽车交易企业应致力于顾客服务和顾客满意。而要实现顾客满意，需要在众多方面开展工作。事实上，顾客在选择旧汽车交易市场时，价格只是考虑的因素之一，他们真正看重的是"顾客让渡价值"。

1. 顾客让渡价值的含义

顾客让渡价值是指顾客总价值与顾客总成本之间的差额。顾客总价值是指顾客购买某一产品与服务所期望获得的一级利益，它包括产品价值、服务价值、人员价值和形象价值等。顾客总成本是指顾客为购买某一产品所耗费的时间、精神、体力以及所支付的货币资金等，因此，顾客总成本核算包括货币成本、时间成本、精神成本和体力成本等。

顾客在选购旧汽车时，总希望把有关成本包括货币、时间、精神和体力等降到最低限度，而同时又希望从中获得更多的实际利益，以使自己的需要得到最大限度的满足。因此，顾客在购买产品时，往往从价值与成本两个方面进行比较，从中选择出价值最高、成本最低，即顾客让渡价值最大的产品作为优选的对象。

2. 顾客购买的总价值

使顾客获得更大顾客让渡价值的途径之一，是增加顾客购买的总价值。顾客总价值由旧汽车产品价值、服务价值、人员价值和形象价值构成，其中每项价值因素的变化均对总价值产生影响。

(1)旧汽车产品价值。产品价值是由产品的功能、特性、品牌等产生的价值。它是顾客需要的中心内容，也是顾客选购产品的关键和主要因素。

(2)服务价值。服务价值是指伴随产品实体的出售，旧汽车交易中心向顾客提供的各种附加服务，如为顾客寻找资源、提供信息服务、免费刊登广告、提供咨询服务、代办工商验证、领号牌、车籍过户等产生的价值。

(3)人员价值。人员价值是指旧汽车交易市场企业员工的经营思想、知识水平、业务能力、工作效率与质量、经营作风、应变能力等所产生的价值。企业员工的高素质决定着为顾客提供质量的服务。

(4)形象价值。形象价值是旧汽车交易市场及其产品、服务在社会公众中形成的总体形象所产生的价值，包括市场的展车、工作场所及工作场所的硬件设施所构成的有形形象产生的价值，企业员工的职业道德行为、经营行为、服务态度、工作作风等行为形象所产生的价值，以及企业的价值观念、管理哲学等观念、形象所产生的价值等。形象价值与产品价值、服务价值、人员价值密切相关，在很大程度上是上述三个方面价值综合作用的反映和结果。形象对于企业来说是宝贵的无形资产，良好的形象会对企业的产品产生巨大的支持作用，赋予产品较高的价值，从而带给顾客精神上和心理上的满足感、信任感，使顾客的需要获得更高层次和更大限度的满足感，从而增加顾客购买的总价值。

3. 顾客购买的总成本

使顾客获得更大顾客让渡价值的另一个途径是降低顾客购买的总成本。顾客总成本不仅包括货币成本，而且还包括时间成本、精神成本、体力成本等非货币成本。一般情况下，顾客购买产品时首先考虑货币成本的大小，因此，货币成本是构成顾客总成本大小的主要和基本因素。在货币成本相同的情况下，顾客在购买时还要考虑所花费的时间、精力等，因此这些支出也是构成顾客成本的重要因素。

(1)货币成本。货币成本是指顾客购买旧汽车的货币总支出，包括车辆自身的购置价格、运输费、交易手续费、转籍过户的手续费等。

(2)时间成本。时间成本是指顾客购买旧汽车，从比较挑选阶段至车辆转籍过户所花费的总时间，它包括本人对车辆的考察比较、挑选和成交手续以及转籍过户手续所花费的时间。在顾客总价值与其他成本一定的情况下，时间成本越低，顾客购买的总成本越低，从而该利用自身的资源优势协助顾客分析信息资料，比较选择车辆，协助指导顾客办理过户手续，尽可能为顾客减少时间成本。

(3)精力成本，即精神与体力成本。它是指顾客购买旧汽车时，在精神、体力方面的耗费与支出。在顾客总价值与其他成本一定的情况下，精神与体力成本越低，顾客为购买产品所支出的总成本就越低，从而让渡价值越大。

以现代市场经济条件下，旧汽车交易市场树立顾客让渡价值观念，对于加强市场营销管理，提高企业经济效益具有十分重要的意义。顾客获得顾客让渡价值的最大化，必然导致企业成本增加，利润减少，因此市场管理者应该兼顾两方面的利益，不可偏废一方。

第二节　旧汽车收购估价

一、二手车收购

二手车收购是对社会上二手车进行统一的收购，以免二手车的浪费。要开展二手车收购，首先就要建立起一个二手车的质量认证和价格评估体系。通过该体系对每一辆欲收购的二手车进行统一的质量认证和价格评估，从而以统一的价格标准收购符合质量要求的二手车。

1. 二手车收购评估思路

二手车收购评估有其特定的目的，其评估的方法是在二手车鉴定评估的基础上充分考虑市场的供求关系，对评估的价格作快速变现的特殊处理。

1)以重置成本、现行市价折扣的思想方法估算收购价格

这种方法是先以重置成本法、现行市价法对二手车进行鉴定估算出现时的客观价格，再根据快速变现原则，估定一个折扣率并以此估算收购价格。例如运用重置成本法估算某机动车辆价值为 4 万元；根据市场销售情况调查，估定折扣率为 20% 时可当即出售，则该车辆

收购价格为 4 万元×(1－20%)＝3.2 万元。

2)以快速折旧的思想方法估算收购价格

机动车辆的折旧是根据车辆的价值采用使用年限法计算折旧额,在所有折旧方法中,使用年限法是应用最广泛的方法。但是使用年限法不能反映当代科学技术进步的客观要求,不能准确反映机动车辆价值损耗的客观实际,因此,推荐引用快速折旧的思想方法来估算收购。

3)以清算价格的思想方法估算收购价格

清算价格的特点是企业(或个人)由于破产或其他原因(如急于转向投资、急还贷款等),要求在一定的期限内将车辆快速转卖变现或顾客要求快速转卖变现,因此其收购价格大大低于二手车市场成交的同类型车辆的公平市价,一般来说也低于车辆现实状态的价格。

2.二手车收购评估与鉴定评估的区别

二手车收购是二手车交易市场的经营业务之一,二手车收购评估与二手车鉴定评估的实质都是对二手车作现时价格评估,但两者相比较有明显的区别。

1)评估的主体不同

二手车收购评估的主体是买卖当事人,它是以购买者的身份与卖方进行的价格估算与洽谈,根据供求价格规律可以讨价还价、自由定价;而二手车的鉴定评估是公正性、服务性的买卖中间人,它是遵循独立的原则,通过对评估车辆的技术鉴定进行全面判断来反映其客观价格,不可以随意变动。

2)评估的目的不同

二手车收购评估是购买者当事人估算车辆价格,以把握事实真相,心中有数地与卖主讨价还价,它是以经营为目的;二手车鉴定评估是受委托人委托,为被评估对象将要发生的经济行为提供价值依据,它是以服务为目的。

3)评估的思想和方法不同

二手车鉴定评估,它要求严格遵守国家颁布的有关评估法规,按特定的目的选择与之相匹配的评估标准和方法,具有约束性;二手车收购评估接受国家有关评估法规的指导,根据评估目的,参照评估的标准和方法进行,具有灵活性。

4)评估的价值概念不同

虽然鉴定评估与收购评估其价值概念都具有交易价值和市场价值,而收购价格受快速变现原则的影响,其价格低于“市场价格”。

二、二手车收购定价

1.重置成本法确定收购价格

运用重置成本法确定二手车收购价格的基本思路是:首先对二手车进行鉴定评估,然后根据快速变现的原则,估定一个折扣率,将被收购车辆的估算价格乘以折扣率,即得二手车的收购价格。其工作流程如下。

1)确定重置成本

重置成本是以被评估车辆在评估基准日时的全新车辆价格(包括上牌的各种税费),一般是通过市场寻价而取得;通过从新车生产厂家、经销商、各种媒体上取得,它是评估的第一步,价格资料、技术资料的准确与否直接关系到评估结论是否正确。

2)确定成新率

一般采用等速折旧法估算二手车的成新率。

3)确定综合调整系数

根据对二手车技术状况鉴定,确定其各个调整系数,再考虑其对应的权重,确定综合调整系数。

4)确定评估价格

评估价格为重置成本、成新率和综合调整系数三项之积,即:

$$评估价格=重置成本\times成新率\times综合调整系数$$

5)确定折扣率

根据快速变现的原则,估定二手车的折扣率。折扣率是指车辆能够当即出售的清算价格与现行市场价格之比值。它的确定是经营者对市场销售情况的充分调查和了解凭经验而估算的。

6)确定收购价格

二手车收购价格的计算公式为:

$$收购价格=重置成本确定的评估价格\times折扣率$$

2. 现行市价法确定收购价格

若能找到与被收购二手车相同或类同的参照车辆,可采用现行市价法确定二手车的收购价格,其工作流程如下。

1)收集资料

收集评估对象的资料,包括车辆的类别名称、车辆型号和性能、生产厂家及出厂年月、车辆目前使用情况、实际技术状况以及尚可使用的年限等。

2)选定二手车交易市场上可进行类比的对象

所选定的类比车辆必须具有可比性,可比性因素包括:

(1)车辆型号。

(2)车辆制造厂家。

(3)车辆来源,是私用、公务、商务车辆,还是营运出租车辆。

(4)车辆使用年限,行驶里程数。

(5)车辆实际技术状况。

(6)市场状况。

(7)交易动机和目的。

(8)车辆所处地理位置。

(9)成交数量。

(10)成交时间。

按以上可比性因素选择参照对象,一般选择与被评估对象相同或相似的三个以上交易案例。某些情况找不到多辆可类比的对象时,应按上述可比性因素,仔细分析选定的类比对象是否具有一定的代表性,其成交价是否合理。只有满足这些条件,才能作为参照物。

3)分析类比

综合上述可比性因素,对待评估的车辆与选定的参照车辆进行认真的分析类比。

4)计算评估价格

分析调整差异,做出结论。

5)确定折扣率

根据快速变现的原则,估计二手车的折扣率。

6)运用现行市价法,估算二手车收购价格

二手车收购价格的计算公式为:

$$收购价格 = 现行市价法确定的评估价格 \times 折扣率$$

3. 快速折旧法确定收购价格

运用快速折旧法确定二手车收购价格的基本思路是:首先计算出二手车已使用年数的累计折旧额,然后,将重置成本全价减去累计折旧额,再减去车辆需要维修换件的总费用,即得二手车收购价格。其工作流程如下。

1)确定重置成本全价

采用国内现行市场价格作为被收购车辆的重置成本全价。

2)确定累计折旧额

先采用年份数求和法,或双倍余额递减法计算二手车的年折旧额。

累计折旧额的计算方法是:计算出年折旧额后,将已使用年限内各年的折旧额汇总累加,即得累计折旧额。

3)确定维修费用

维修费用是指车辆现时状态下,某功能完全丧失,需要维修和换件的费用总支出。

4)确定收购价格

运用快速折旧法估算二手车收购价格的计算公式为:

$$收购价格 = 重置成本全价 - 累计折旧额 - 维修费用$$

4. 注意事项

在二手车的收购评估中,应注意如下几个问题:

(1)二手车收购要充分考虑车辆的完全价值,即车辆实体的产品价值和车辆牌证、税费等各项手续的价值。如果收购车辆的证件和税费凭证不全,不但会造成经济损失,而且可能造成转籍过户中意想不到的麻烦和带来许多难以解决的后续问题。

(2)二手车收购要密切注视市场的微观环境,也要关注宏观环境,即注意国家宏观政策、国家和地方法规的因素变化和影响导致的车辆经济性贬值。如某车辆燃油消耗量较高,在实行公路养路费的时期中收购车辆不会引起足够的注意。但刚刚收购后不久,国家实施以公路养路费改征燃油附加税,则这辆车因为油耗量高、附加费用高而难以销售出手。

(3)要考虑二手车收购后应支出的费用。二手车收购除了支付车辆产品的货币以外,从收购到售出时限内,还要支出的费用有:保险费、日常维护费、停车费、收购支出的货币利息和其他管理费等。

(4)二手车收购要防止收购偷盗车、伪劣拼装车,要预防收购那些伪造手续凭证和车辆档案的车辆。一旦有所失误,不仅给公司造成直接经济损失,更重要的是造成社会的不良影响从而损害公司的公众形象。

(5)二手车收购价格的确定是指被收购车辆手续齐全的前提下对车辆实体价格的确定。

如果所缺失的手续能以货币支出补办,则收购价格应扣除补办手续的货币支出、时间和精力的成本支出。

第三节　旧汽车的销售定价

在旧汽车收购与销售经营活动中,旧汽车的销售价格是决定旧汽车流通企业收入和利润的唯一因素。决定价格是一个十分复杂又充满风险的过程,它往往决定企业的命运。因此,企业必须根据成本、需求、竞争及国家方针、政策、法规,并运用一定的定价方法、技巧来对其产品制定切实可行的价格政策。为了使定价工作有效、顺利地进行,保证定价工作的规范化,按以下五个步骤进行。即:分析定价因素→确定定价目标→选择定价方法→制定定价策略→确定最终价格

一、旧汽车销售定价应考虑的因素

1. 成本因素

在旧汽车销售定价时,成本是首先必须考虑的基本因素。旧汽车的销售价格如果不能补偿成本,企业的经营活动就难以继续维持。旧汽车销售定价时应考虑收购车辆的总成本费用,总成本费用是由固定成本费用和变动成本费用构成。

(1)固定成本费用。固定成本费用是指在既定的经营范围内,不随收购车辆的变化而变动的成本费用。如分摊在这一经营项目的固定资产的折旧、管理人员的工资等项支出。

(2)固定成本费用摊销率。固定成本费用摊销率是指单位收购价值所包含的固定成本费用,即分摊固定成本费用与收购车辆总价值之比。某企业根据经营目标,预计某年度收购100万元的车辆,分摊固定成本费用1万元,则单位固定成本费用摊销率为1%。如花费4万元收购一辆旧桑塔纳轿车,则应该将400元计入固定成本费用。

(3)变动成本费用。变动成本费用指收购车辆随收购价格和其他费用而相应变动的费用,主要包括车辆的实体价格、运输费、公路养路费、保险费、日常维护费、维修费、资金占用的利息等。

由上面成本分析可知,一辆旧汽车收购的总成本费用是这辆车收购价格、应分摊的固定成本费用以及变动成本费用之和,用数学式表达为:

一辆旧汽车的总成本费用 = 收购价格 ×(1 + 固定成本费用摊销率) + 变动成本费用

2. 供求关系

在市场经济体系下,供求状态也是制定销售价格时所依据的基本因素之一。旧汽车的销售定价,一方面必须补偿所付出的成本费用并保证一定利润的获得;另一方面也必须适应市场对该产品的供求变化,能够为购买者接受。否则,旧汽车的销售价格便只是一厢情愿,难于出手。旧汽车的销售同其他商品的销售一样要遵守供求价格规律。

3. 竞争状况

旧汽车的销售定价要考虑本地区同行业竞争对手的价格状况,根据自己的市场地位和定价目标,确定自己的价格水平。

以上三个因素的关系是,某种产品的最高价格取决于市场需求,最低价格取决于这种产

品的成本费用，在产品的最高价格和最低价格的幅度内，企业能把产品价格制定多高，则取决于竞争者同种产品的价格水平，因为供求价格规律是市场经济的基本规律。

二、旧汽车销售定价的目标

旧汽车销售定价的目标是指企业通过制定价格水平，凭借价格产生的效用来达到预期目的。企业在定价之前，必须根据企业的内部和外部环境，制定出既不违背国家方针政策，又能体现企业的其他经营目标的价格。企业定价目标类型较多，见表10-1。旧汽车流通企业应根据市场观念、市场微观和宏观环境，确立自己的销售定价目标。

企业定价目标　　表10-1

利润目标	销量目标	竞争目标
最大利润目标 适度利润目标 预期投资收益目标	最大销量目标 保持和扩大市场占有率目标 保持和分销渠道的良好关系目标	维持企业生存目标 保持和稳定价格目标 应付和避免价格竞争目标 取得市场领先地位目标

1. 追求利润最大化的定价目标

追求利润最大化的定价目标指企业希望获得最大限度的销售利润或投资收益。这种定价目标是在对需求和成本的充分了解基础上，从而制定确保当期利润最大化的价格。

2. 获取适度利润的定价目标

适度利润目标又称“满意利润目标”，是一种使企业经营者和股东(所有者)都感到比较满意，比较适当的利润目标，利润既不太高，也不是太低。企业采用这种定价目标时，通常是根据以下几种情况：在市场竞争中，为保全自己，减少风险，抛弃高利企图，维持平均利润；根据企业自身的实力，追求适度的利润水平，比较合情、合理、合法；其他的定价目标，难以保证相应利润水平和营销目的实现。

3. 以取得预期投资收益为定价目标

预期投资收益目标又称“目标投资利润目标”。企业确定一定的投资收益率或资金利润率，使产品定价在成本的基础上加入企业预期收益。企业预期销售实现了，预期收益也就实现了。

4. 以保持或扩大市场占有率的定价目标

旧机动车流通企业的市场占有率是旧机动车流通企业旧机动车的销售量或销售额在同行业市场销售总量中的比例。市场占有率是企业经营状况和企业竞争力的直接反映。一个企业只有在市场份额逐渐扩大，销售逐渐增加，竞争力逐渐增强的情况下，才有可能得到正常发展。

三、旧汽车销售定价方法

定价方法是企业为实现其定价目的所采用的具体方法。根据企业的定价目标，价格的计算方法有成本导向定价、需求导向定价、竞争导向定价三大类，每大类中又有许多种具体方法。根据旧汽车销售的实际，选择性地介绍如下。

1. 成本加成定价法

成本加成定价法是成本导向定价法大类中的一种，按照单位成本加上一定百分比的加成来制定产品的销售价格，其计算公式为：

旧机动车销售价格 = 单位完全成本 ×（1 + 成本加成率）

成本加成法的关键在于确定成本加成率，前面讲过旧机动车的需求弹性较大，应该把价格定得低一些，加成率宜低，由此薄利多销。

2. 需求导向定价法

这种定价方法又称“顾客导向定价法”、“市场导向定价法”。它不是根据产品成本状况来定价，而是根据市场需求状况和消费者对产品的感觉差异来确定价格。其特点是产品的销售价格随需求的变动而变化。

3. 竞争导向定价法

这种定价方法是企业根据自身的竞争力，参考成本和供求情况，将价格定得高于、等于或低于竞争者价格，以实现企业定价目标和总体经营战略目标，谋求企业的生存和发展的一种方法。

上述定价方法中，成本加成定价法深受企业欢迎，主要因为：

（1）成本的不确定性一般比需求的不确定性小，将价格与单位成本联系，可以大大简化企业定价程序，而不必根据需求情况的瞬息万变而作调整。

（2）如果行业中所有企业都采取这种定价方法，则价格在成本与加成相似的情况下也大致相似，价格竞争也会因此减至最低限度。

（3）许多人感到成本加成法对买方和卖方都比较公平，当买方需求强烈时，卖方不利用这一有利条件谋取额外利益而仍能获得公平的投资报酬。因此，这里推荐使用成本加成法来对旧汽车销售进行定价。

四、旧汽车的销售定价策略

定价方法为定价人员或价格决策者指出了通过何种方法计算旧机动车销售的基本价格。定价策略则考虑市场环境的各种要素，对基本价格进行权衡、调整和修改，使之更加适合于市场条件。企业常用的价格策略有心理定价策略、阶段性定价策略等。

五、旧汽车销售最终价格的确定

经过以上分析、判断、比较、计算、调整和修改，价格制定者或价格决策者最终得到实际执行价格。

参 考 文 献

[1] 张克明. 汽车评估[M]. 北京:机械工业出版社,2002.
[2] 陈家瑞. 汽车构造[M].4 版. 北京:人民交通出版社,2004.
[3] 刘仲国,鲁植雄. 旧汽车鉴定与评估[M]. 北京:人民交通出版社,2006.
[4] 毛矛,张鹏九. 汽车评估实务[M]. 北京:机械工业出版社,2008.
[5] 李景芝,赵长利. 汽车碰撞事故查勘与定损实务[M]. 北京:人民交通出版社,2009.

人民交通出版社汽车类本科教材部分书目

书号	书名	作者	定价	出版时间	课件
1. “十二五”普通高等教育规划教材 车辆工程专业					
978-7-114-10437-4	●汽车构造（第六版）上册	史文库、姚为民	48.00	2016.07	配光盘
978-7-114-10435-0	●汽车构造（第六版）下册	史文库、姚为民	58.00	2016.08	配光盘
978-7-114-13444-9	●汽车发动机原理（第四版）	张志沛	38.00	2017.04	有
978-7-114-09527-6	★汽车排放及控制技术（第二版）	龚金科	28.00	2016.07	有
978-7-114-09749-2	★汽车检测技术与设备（第三版）	方锡邦	25.00	2015.04	有
978-7-114-09545-0	★汽车电子控制技术（第二版）	冯崇毅、鲁植雄、何丹娅	35.00	2016.07	有
978-7-114-09675-4	车身CAD技术（第二版）	陈　鑫	18.00	2012.04	有
978-7-114-09681-5	汽车有限元法（第二版）	谭继锦	25.00	2015.12	有
978-7-114-09493-4	电动汽车（第三版）	胡　骅、宋　慧	40.00	2012.01	有
978-7-114-09554-2	汽车液压控制系统	王增才	22.00	2012.02	有
978-7-114-09636	汽车构造实验教程	阎　岩、孙　纲	29.00	2012.04	有
978-7-114-09555-9	汽车内饰设计概论（第二版）	泛亚内饰教材编写组	29.00	2016.08	
978-7-114-11612-4	★汽车理论（第二版）	吴光强	46.00	2014.08	有
978-7-114-10652-1	★汽车设计（第二版）	过学迅、黄妙华、邓亚东	38.00	2013.09	有
978-7-114-09994-6	★汽车制造工艺学（第三版）	韩英淳	38.00	2016.02	有
978-7-114-11157-0	★汽车振动与噪声控制（第二版）	陈　南	28.00	2015.07	有
978-7-114-05467-9	★汽车节能技术	陈礼璠、杜爱民、陈明	19.00	2013.08	
978-7-114-10085-7	汽车车身制造工艺学	钟诗清	27.00	2016.02	有
978-7-114-10056-7	汽车试验技术	何耀华	28.00	2012.11	有
978-7-114-10295-0	汽车专业英语（第二版）	黄韶炯	25.00	2016.05	有
978-7-114-12515-7	汽车安全与法规（第二版）	刘晶郁	35.00	2015.12	有
978-7-114-10547-0	汽车造型	兰　巍	36.00	2013.07	有
978-7-114-11136-5	汽车空气动力学	胡兴军	22.00	2014.04	有
978-7-114-09884-0	★专用汽车设计（第二版）	冯晋祥	42.00	2013.07	有
978-7-114-09975-5	汽车车身结构与设计	曹立波	24.00	2012.10	有
978-7-114-11070-2	汽车电器与电子控制技术	周云山	40.00	2014.03	有
978-7-114-10944-7	大客车车身制造工艺	张德鹏	25.00	2014.04	有
978-7-114-11730-5	汽车内饰模具结构及工艺概论	周　强、成　薇	48.00	2016.08	
978-7-114-12863-9	新能源汽车原理技术与未来	陈丁跃	36.00	2016.05	有
978-7-114-12649-9	汽车油泥模型设计与制作	黄国林	69.00	2016.03	
978-7-114-12261-3	汽车试验学（第二版）	郭应时	32.00	2015.01	有
2. “十二五”普通高等教育规划教材　汽车服务工程专业					
978-7-114-13643-6	★汽车电子控制技术（第四版）	舒　华	48.00	2017.03	有
978-7-114-09573-3	交通运输系统工程（第三版）	刘舒燕	30.00	2016.07	有
978-7-114-09882-6	汽车文化（第二版）	宋景芬	25.00	2015.01	有
978-7-114-09821-5	汽车金融（第二版）	强添纲	29.00	2016.01	有
978-7-114-09561-0	★汽车运行材料（第二版）	孙凤英	16.00	2016.05	有
978-7-114-08869-8	汽车运用工程	陈焕江、胡大伟	38.00	2015.06	
978-7-114-11616-2	●汽车运用工程（第五版）	许洪国	39.00	2016.07	有
978-7-114-07419-6	★汽车营销学	张国方	41.00	2016.07	
978-7-114-11522-6	★汽车发动机原理（第二版）	颜伏伍	42.00	2014.09	有
978-7-114-11672-8	★汽车事故工程（第三版）	许洪国	36.00	2015.11	有
978-7-114-10630-9	★汽车再生工程（第二版）	储江伟	35.00	2013.08	有
978-7-114-10605-7	汽车维修工程（第二版）	储江伟	48.00	2015.06	有
978-7-114-12636-9	汽车新能源与节能技术（第二版）	邵毅明	36.00	2016.03	有
978-7-114-12173-9	汽车检测与诊断技术（第二版）	陈焕江	45.00	2015.07	有
978-7-114-12543-0	汽车服务工程（第二版）	刘仲国、何效平	45.00	2016.03	有
978-7-114-10849-5	工程热力学与传热学（第二版）	李岳林	32.00	2015.04	有

书号	书名	作者	定价	出版时间	课件
978-7-114-10789-4	汽车检测诊断与维修	王志洪	45.00	2013.12	有
978-7-114-10887-7	旧机动车鉴定评估（第二版）	鲁植雄	33.00	2013.12	有
978-7-114-10367-4	现代汽车概论（第三版）	方　遒、周水庭	28.00	2016.01	有
978-7-114-11319-2	交通运输专业英语	杨志发、刘艳莉	25.00	2014.06	有
978-7-114-10848-8	道路交通安全工程	刘浩学	35.00	2013.09	有
978-7-114-11668-1	道路交通事故处理	王洪明	36.00	2015.02	
3. 应用技术型高校汽车类专业规划教材					
978-7-114-13075-5	汽车构造·上册（第二版）	陈德阳、王林超	33.00	2016.08	有
978-7-114-13314-5	汽车构造·下册（第二版）	王林超、陈德阳	45.00	2016.12	有
978-7-114-11412-0	汽车液压与气压传动	柳　波	38.00	2014.07	有
978-7-114-11411-3	汽车营销	谢金法、赵　伟	35.00	2014.07	有
978-7-114-12846-2	汽车电器设备	吴　刚	39.00	2016.04	有
978-7-114-11281-2	汽车电气设备	王慧君、于明进	32.00	2015.07	有
978-7-114-11280-5	发动机原理	訾　琨、邓宝清	40.00	2014.07	有
978-7-114-11279-9	汽车维修工程	徐立友	43.00	2014.07	有
978-7-114-11508-0	汽车电子控制技术	吴　刚	45.00	2014.08	有
978-7-114-13147-9	汽车试验技术	门玉琢	33.00	2016.08	有
978-7-114-11446-5	汽车试验学	付百学、慈勤蓬	35.00	2014.07	有
978-7-114-11710-7	汽车评估	李耀平	29.00	2014.10	有
978-7-114-11874-6	汽车专业英语	周　靖	22.00	2015.03	有
978-7-114-11904-0	新能源汽车	徐　斌	29.00	2015.03	有
978-7-114-11677-3	汽车制造工艺学	石美玉	39.00	2014.10	有
978-7-114-11707-7	汽车 CAD/CAM	王良模、杨　敏	45.00	2014.10	有
978-7-114-11693-3	汽车服务工程导论	王林超	25.00	2016.05	
978-7-114-11897-5	汽车保险与理赔	谭金会	29.00	2015.01	有
4.21 世纪交通版高等学校教材　汽车服务工程专业					
978-7-114-06712-9	汽车构造（上册）	冯晋祥	33.00	2015.07	
978-7-114-06716-7	汽车构造（下册）	冯晋祥	36.00	2015.07	
978-7-114-12270-5	现代汽车检测与故障诊断（第二版）	刘仲国	38.00	2015.09	
978-7-114-05111-1	汽车服务工程	刘仲国、何效平	24.00	2014.01	
978-7-114-05892-6	汽车维修企业设计与管理	傅厚扬、冉广仁	21.00	2014.08	
978-7-114-06124-0	汽车电器与电子技术	蹇小平、麻友良	35.00	2015.05	
978-7-114-08604-5	汽车发动机原理与汽车理论	陈　燕	40.00	2014.12	
978-7-114-08206-1	汽车文化概论	陈燕、王昕彦	28.00	2016.06	
978-7-114-07879-8	当代汽车电控系统结构原理与检修（第二版）	吴际璋、王林超	35.00	2016.01	
978-7-114-07842-2	汽车运行材料（第二版）	郎全栋、董元虎	25.00	2016.06	
978-7-114-07490-5	汽车文化（第二版）	郎全栋	15.00	2016.06	
5. 普通高等教育规划教材　汽车服务工程专业					
978-7-114-07164-5	汽车评估	杜　建	33.00	2016.07	
978-7-114-13673-3	★汽车排放与噪声控制（第二版）	李岳林	35.00	2017.04	有
978-7-114-07155-3	汽车新能源与节能技术	邵毅明	30.00	2015.07	
978-7-114-06849-2	汽车服务企业管理	王生昌	26.00	2015.07	
978-7-114-07290-1	汽车服务工程专业英语	于明进	28.00	2015.07	
978-7-114-07829-3	汽车试验学	关　强、杜丹丰	22.00	2015.11	
978-7-114-08576-5	汽车服务场站设计	崔淑华	32.00	2016.07	
978-7-114-07256-7	汽车可靠性	肖生发、郭一鸣	23.00	2016.01	
978-7-114-08028-9	汽车零部件经营与销售	孙凤英、朱世杰、袁开愚	20.00	2016.07	
978-7-114-13723-5	汽车美容（第三版）	鲁植雄	30.00(估)	2017.05	有

●为“十二五”普通高等教育本科国家级规划教材；★为普通高等教育“十一五”国家级规划教材

咨询电话：010-85285253；010-85285977. 咨询 QQ：64612535；99735898